MUSEUM DR. GUISLAIN GENT / MUSEUM BOERHAAVE LEIDEN

Het gewichtige lichaam

OVER DIK, DUN,
PERFECT OF GESTOORD

Le corps imposant

OBÉSITÉ OU MAIGREUR,
PERFECTION OU PERTURBATION

The Weighty Body

FAT OR THIN,
VANITY OR INSANITY

LANNOO

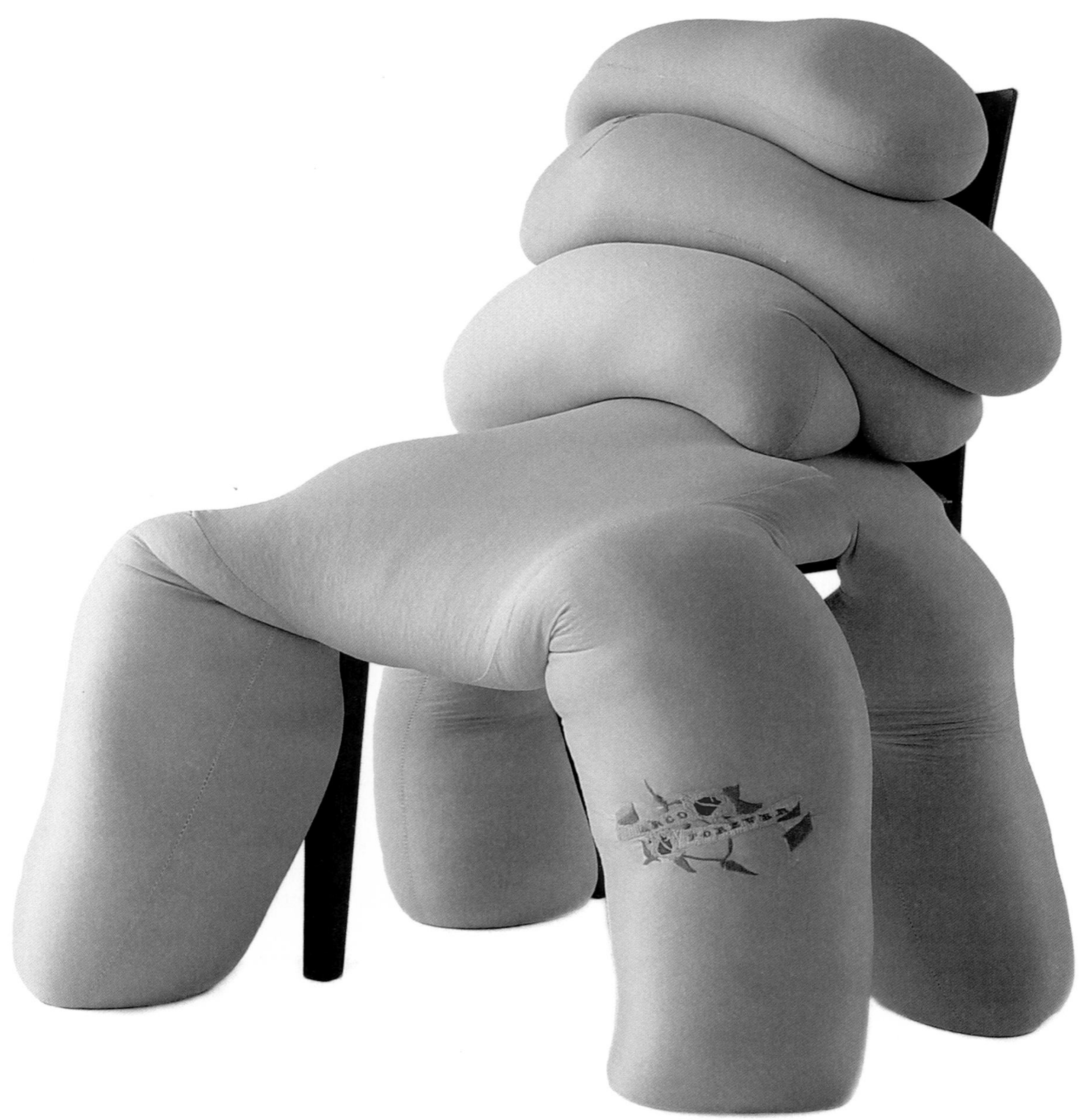

XXL Chair (2005) is een designstoel van het ontwerpersduo Janneke Hooymans en Frank Tjepkema. Het is een maatschappijkritisch werk dat reageert op de ziekte van onze tijd: massaconsumptie met obesitas als grootste gevolg. Zelf zeggen ze: 'zoals de proporties van mensen meegroeien met de standaarden van het westerse consumentisme, zo zien we dat ook gebeuren met de afmetingen van objecten die ons omringen. We ontwierpen deze stoel met een supersized esthetiek in ons hoofd.'

Tjep, XXL Chair, nylon en rijst, 2005. Courtesy ontwerpers

niet zó

niet zó

maar zó

maar zó

Denk om Uw houding

BOLLEMAN

BR. DR. RENÉ STOCKMAN

Woord vooraf

In 1986 namen wij het initiatief om een museum op te richten over de geschiedenis van de geestelijke gezondheidszorg. Het was de bedoeling om de geschiedenis van de psychiatrie, die zo sterk vervlochten is met die van de Broeders van Liefde, op een aanschouwelijke wijze te kunnen presenteren. Beter inzicht krijgen in, maar ook natuurlijk zorg dragen voor het erfgoed van de psychiatrie was van meet af aan een hoofdbekommernis. Niet alleen de eigen, Belgische, geschiedenis had onze aandacht. We wilden deze geschiedenis plaatsen in een breder kader. De eigen instituten, de eigen grote figuren zoals kanunnik Petrus Jozef Triest en professor Jozef Guislain, de eigen visies op het omgaan met mensen in psychische nood stonden centraal, maar ook de internationale contacten, invloeden en praktijken die de geestelijke gezondheidszorg mee vorm gaven. Zo verzamelden we medisch materiaal, gravures, foto's, handboeken, getuigenissen, beeldend werk. Het materiaal was ongemeen rijk. Het vertelde veel over een medische praktijk en haar geschiedenis, maar we wilden deze geschiedenis plaatsen in haar bredere sociale en cultuurhistorische context. Dit alles vormde het uitgangspunt bij de creatie van de vaste collectie in het museum.

Naast het opbouwen van een vaste collectie, wilden we de mogelijkheden onderzoeken om via tijdelijke tentoonstellingen in te zoomen op deelaspecten van de geestelijke gezondheidszorg. De eerste tijdelijke tentoonstelling bijvoorbeeld was gewijd aan het werk van de Vlaamse expressionistische kunstenaar Oscar Colbrandt, die gestorven is in het P.C. Dokter Guislain. Vanaf dat ogenblik volgden er tientallen tijdelijke tentoonstellingen over bepaalde thema's in de psychiatrie zoals de frenologie en de fysionomie, over sociale items als de 'de-institutionalisering' van de psychiatrie in sommige landen en de gevolgen daarvan, over nazisme en psychiatrie. Gaandeweg werd er meer en meer aandacht gegeven aan de hoge kwaliteit van het beeldende werk van patiënten. We toonden werk uit grote historische verzamelingen outsiderkunst zoals de Prinzhorncollectie uit Heidelberg, de Morgenthalercollectie uit Bern of recentelijk de abcd-collectie uit Parijs.

In de prille jaren van het museum, meer bepaald in 1991, maakten we met de vrij beperkte mogelijkheden eigen aan de pioniersperiode een kleine tentoonstelling over de geschiedenis van magerzucht. Het was in het Museum Dr. Guislain de eerste tentoonstelling die een actuele psychische aandoening voorstelde in zijn historische betekenis. Met *Het gewichtige lichaam* gaan we opnieuw in op deze nog altijd actuele problematiek. Er zitten twee decennia tussen de eerste tentoonstelling en deze nu, twee decennia waarin we geprobeerd hebben om de actualiteit van de psychische problematiek door middel van een museale benadering breder bespreekbaar te maken en meer en meer van haar taboesfeer te ontdoen. Het is een leerzaam parcours geworden. (RS)

leman. **Niet zo maar zo, denk om uw houding**, affiche, ca. 1970. Sportimonium, Hofstade

6)

PATRICK ALLEGAERT & ANNEMIE CAILLIAU

Het gewichtige lichaam

OVER DIK, DUN, PERFECT OF GESTOORD

Het Museum Dr. Guislain, geschiedenis van de geestelijke gezondheidszorg, opende zijn deuren in september 1986. In de eerste jaren werd er voornamelijk gewerkt aan het verwerven en presenteren van een overzicht van deze geschiedenis. In 1989 markeerde de publicatie van de eerste catalogus – *Geen rede mee te rijmen* – de rijkdom van de collectie en de vele thema's die in de geschiedenis van de geestelijke gezondheidszorg verscholen zitten.

Het is voor het jonge museum van meet af aan een keuze om via tijdelijke tentoonstellingen specifieke aspecten van de geschiedenis te belichten. Bij de keuze van de onderwerpen laten we ons leiden door de maatschappelijke relevantie, de 'aanwezigheid' van een bepaalde problematiek. De eerste tijdelijke thematentoonstelling die het museum maakte, was in 1991 en droeg als titel: *Vastenheiligen, wondermeisjes en hongerkunstenaars. Een geschiedenis van magerzucht.* De vertaling van de doctoraatsthesis van Walter Vandereycken en Ron van Deth *Van vastenwonder tot magerzucht. Anorexia nervosa in historisch perspectief* (1988) naar een tentoonstelling, een publicatie en een symposium was een boeiende ervaring. Reactie van pers en publiek waren zeer positief. Het smaakte naar meer.

Van 1992 tot nu heeft het museum dan ook jaarlijks (minstens) één tentoonstelling georganiseerd die een bepaald aspect van het psychiatrische erfgoed in een breder cultureel en historisch daglicht plaatst. Tentoonstellingen zoals *Uit het geheugen. Over weten en vergeten* (2009), *Het spel van de waanzin. Over gekte in film en theater* (2008) en *Ziek. Tussen lichaam en geest* (2007) zijn recente voorbeelden.

Onlangs groeide de wens om die allereerste tijdelijke tentoonstelling eens 'opnieuw te maken': na twintig jaar ervaring, met gelukkig ook meer financiële mogelijkheden en met een veel ruimere belangstelling. Het concept van de tentoonstelling van 1991 wordt voor een stuk overgenomen, maar aangepast, deels verscherpt, deels verruimd. Met *Het gewichtige lichaam. Over dik, dun, perfect of gestoord* maakt het Museum Dr. Guislain voor het eerst een tentoonstelling 'opnieuw', maar toch anders.

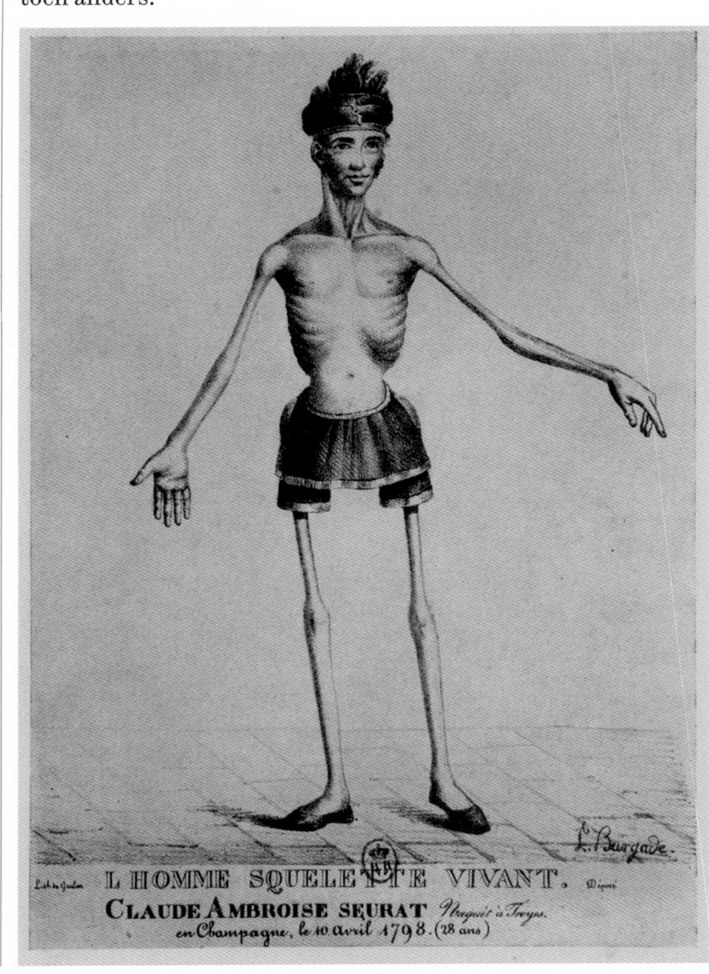

Claude-Ambroise Seurat. L'homme squelette vivant, litho van Gaulon naar L. Burgade (gepubliceerd in 1826) in: *Aesculape*, nr. 11, november 1936. Museum Dr. Guislain, Gent

rsten, dijen, buik en billen van dit vijfentwintigduizend jaar oude beeldje zijn vandaag der vetzucht te klasseren. Er wordt verondersteld dat deze voor de maker welvaart, verloop van een zwangerschap of vruchtbaarheid symboliseerden. Wegens dit laatste wordt vaak aangenomen dat de in Oostenrijk gevonden Venus van Willendorf een oermoeder voorstelt. ıus van Willendorf (replica). Museum Dr. Guislain, Gent

Alphonse Steurs was begin twintigste eeuw Belgisch kampioen worstelen. Ook in het buitenland was hij actief, hij vocht in 1907 te Montreal tegen Yankee Rogers en Tom Jenkins, de oud-Amerikaanse kampioen.
Alphonse Steurs. Belge, champion du monde de luttes, litho Patria, affiche, ca. 1910. Sportimonium, Hofstade

STRIJD

Beginnen we met een eigen citaat uit de catalogus van *Vastenheiligen, wondermeisjes en hongerkunstenaars. Een geschiedenis van magerzucht*: 'Het lichaam is een verzamelplaats van tekens, een opslagplaats van waarden, een product van maatschappelijke en historische factoren. De kenmerken van "schoonheid" worden onophoudelijk geconstrueerd en stap voor stap "genaturaliseerd" door middel van het lichaam. De cultuur maakt de mens, de kleren maken de man. "Kleren maken – dat wil zeggen: gezichten of maskers, gebaren, zelfbeelden, of: cultuur maken", is aldus Kurimoto, *"a fight against the body that is other than the self"*. "Het is gevecht met het lichaam dat we niet zelf hebben gekozen", schrijft Bart Verschaffel. Deze strijd uit zich in onuitputtelijke variaties. Kijk maar naar de verbluffende verscheidenheid van silhouetten: nu eens rond, dan weer rank, puntig of stomp. Het lichaam wordt beschilderd, geparfumeerd, vervormd, verminkt, bedekt met stoffen, pruiken.

Men zoekt er naar de ideale gestalte, de mooiste verschijningsvorm binnen de codes van een tijd te benaderen. Zo is er een onophoudelijke invloed van het ideale lichaam op het werkelijke. Dit leidt tot soms bijzonder pijnlijke ingrepen op het lichaam: in een korset geduwd, op te hoge schoenen lopend, constant onder druk om niet tegen het dieet te zondigen.'

Het gewichtige lichaam toont het omgaan van de mens met zijn lichaam, dit is zelden gratuit en krijgt veel gewicht in onze aandacht. Het is precies, delicaat en ernstig. De vraag stelt zich wanneer de relatie tussen het zelf en het lichaam ontspoort in iets 'gestoords'. Voor de tentoonstelling hebben we dit onderzoek aangevat vanuit aspecten als 'eten' en 'hongeren', 'onthouding' en 'overvloed'.

CONCEPT

Hongeren als 'trend' en als 'probleem' is actueel. Anorexia nervosa is een ziektebeeld dat in onze tijd zeer bekend is, de medische term is doorgedrongen tot het gewone taalgebruik. De tentoonstelling en deze publicatie plaatsen anorexia in een ruimere geschiedenis van het hongeren. Het vormt een rode draad doorheen de tentoonstelling. Waarom eten mensen zeer weinig en stoppen ze er zelfs mee? Is dit een bewuste keuze? Zijn de motieven voornamelijk esthetisch, religieus, politiek of economisch? Wanneer is er sprake van een verstoorde omgang met het lichaam?

En zijn we vandaag wel zelf baas over hoe we met ons eigen lijf omgaan? Vroeger waren er, zo lijkt het, meer exclusieve gedragsvoorschriften van religie of ideologie, nu zouden we eindelijk zélf kunnen kiezen wie we willen zijn. Maar is dit wel zo? In zijn bijdrage voor dit boek leidt de filosoof Ignaas Devisch het aldus in: '"Je moet gewoon jezelf zijn!" Geen uitspraak die meer de paradox weergeeft van waaruit we vandaag in de West-Europese samenleving onze lichamelijkheid lijken te beleven. Want zodra iets moet, is het "ik" al lang niet meer gewoon zichzelf, maar iemand die het zou willen of zou moeten zijn: mooi, slank, aantrekke-

Opgelegde vrije oefeningen voor het XIXde Bondsfeest, gegeven door Lyra, affiche (foto Syl. Kerstens), 1934. Sportimonium, Hofstade

lijk, wat het ook mag wezen. En zelfs al ben "ik" het die mezelf in eigenste persoon iets opleg, de vraag blijft of en op welke wijze mijn wil niet ook door iets van buitenaf is getekend. Beschikken we wel over onszelf zoals we ons voorhouden? Of we nu een marathon willen lopen, dan wel een dieet volgen, doen we die zaken wel echt zomaar alleen? En als dat wel het geval zou zijn, waarom beslissen we dan vandaag vrij massaal om in fitnesscentra aan ons lijf te werken en niet te dik te worden?' De overtuiging dat de mens nu 'autonoom' lijkt om te gaan met zijn lichaam wordt door Ignaas Devisch geplaatst in de spanning met het heteronome: 'Misschien doorbreekt op het ogenschijnlijke hoogtepunt van de individuele autonomie, iets onze verhouding tot onszelf?' Lijken we dan meer autonoom dan we echt zijn?

HET VERHEVEN LICHAAM. LEVEN EN VASTEN IN HET GELOOF

Het lichaam symboliseert in heel wat religies de verbinding tussen God en zijn onderdanen. Gelovigen besluiten te hongeren en stellen daarmee hun lichaam in dienst van de Heer. De ascese van de vastenheiligen strekt hierbij tot voorbeeld. Afbeeldingen van de gulzigheid moeten de gelovigen weerhouden van zondig (eet-) gedrag. Kunsthistorica Yoon Hee Lamot beklemtoont hoe complex deze relatie religie en hongeren wel is: 'Er is niet één reden aan te wijzen, verschillende motieven duiken op. Zo was het een middel om christenen een gevoel van verbondenheid te geven, maar ook een uitdrukking van verdriet over het lijden van Christus. Volgens sommige kerkvaders kon de gelovige door het vas-

ten de terugkeer naar het paradijs bereiken als compensatie voor het verbreken van de vastenregel door Adam en Eva.'

Het verheven lichaam vormt het eerste deel van de tentoonstelling en toont beelden die de religieuze opvattingen over lichaam en vasten vormgeven. De katholieke godsdienst krijgt veel aandacht, maar het is opvallend dat vasten in verschillende religies als thema naar voren komt. Vasten werd binnen de katholieke kerk van zijn troon gestoten als heiligenideaal en langzamerhand vervangen door liefdadigheid, onderricht en zorgzaamheid. Het vasten kwam zo meer en meer buiten de religieuze context. Hongeren was 'spektakel': wondermeisjes vormden vanaf de zestiende eeuw een attractie, levende geraamtes waren goed voor volksvermaak. Hongeren was eind negentiende eeuw tot 'kunst' verheven: men sprak van hongerkunstenaars, die hun uitgemergelde lichaam – tegen betaling – trots tentoonstellen.

De heilige Hiëronymus leefde gedurende lange perioden als kluizenaar, eerst in Antiochië, later in de Egyptische woestijn en nog vierendertig jaar in de buurt van Betlehem. Hij leidde er het bestaan van een klassieke woestijnvader: hij sliep op de grond en deed aan zelfkastijding. Zijn dagen werden gevuld met vasten, bidden en studeren.
Anoniem (Zuidelijke Nederlanden),
Heilige Hiëronymus gezeten op een rots, olieverf op doek, 17de eeuw. Sint-Bernardusabdij, Bornem

DE BELOFTEN VAN HET LICHAAM. LEVEN EN LIJNEN VOOR EEN POLITIEKE WAARHEID

In een meer politieke en ideologische context heeft het lichaam ook een zeer symbolische betekenis. Zelfbeheersing, matigheid, controle zijn sleutelwoorden. De historicus Evert Peeters beschrijft de socialistische soberheidsidealen in dit boek: 'Wie in het gevecht voor de vestiging van de socialistische samenleving een hefboom en geen belemmering wilde zijn, moest zelfbeheersing tonen. Vooral lichamelijke harding hielp "de klip van uw onoverwonnen ik-heid" slechten. Van jongs af aan dienden socialisten zich te trainen in "de moeilijkste aller kampen: de overwinning van onszelf" [Hendrik De Man]. Onthouding van alcohol en tabak waren belangrijke stappen in die strijd [...]. Maar ook turnen en andere sporten maakten deel uit van het programma.' Door sportbeoefening traint men het lichaam en draagt men een collectieve identiteit uit. Ideologieën bepalen duidelijk wie we zijn en hoe we eruit moeten zien. De opvoering van het lichaam in politieke propaganda en als nationale trots toont ons de beloften van het lichaam.

Maar het lichaam kan op een andere, radicale, manier ook politiek worden ingezet, met name door de dreiging van de dood bij de hongerstaking. Dit probate actiemiddel zet het leven op het spel om politieke aandacht te krijgen. Dankzij de media-aandacht die de hongerstakers krijgen, wordt het publiek zich bewust van hun situatie.

DE GRENS VAN DE SCHOONHEID. OVER ANOREXIA EN BOULIMIA

De laatste decennia heeft magerzucht of anorexia nervosa zich ontwikkeld van een zeldzaam ziektebeeld tot een modieuze aandoening. Nadat de grote Wetten en Waarheden zijn verdwenen vraagt de mens zich af wie hij is en wie hij zou willen zijn. Indien we niet weten wie we zijn, indien we niet over een duidelijke identiteit beschikken, dan drijven we op los zand. Het verlangen naar een identiteit is een moeilijke kwestie waar we vandaag enorm mee worstelen. Het lichaam is bij uitstek een symbool geworden van het verlangen naar een identiteit: ik wil slank zijn, ik wil er zus of zo uitzien.

vreetnar

enk alleen maar
mijn buik
mest me vol
een jong zwijn.
et ik meer dan ik
dragen kan,
braak ik alles
oon weer uit.
rom krijg ik
een loon
s het elk
en toekomt.

stoph Weigel,
Fress-Narr,
sburg, gravure
720. Privécollectie

Deze zoektocht naar een nieuwe identiteit kent zijn excessen, want waar ligt de grens van de schoonheid, waar kantelt 'mooi' naar 'ziekelijk'? Psychiater Walter Vandereycken en psycholoog Ron van Deth gaan in hun bijdrage in op de geschiedenis van dik en dun. Ze zoeken de wortels van onze hedendaagse slankheidscultus: 'Naast fitnesstraining, laxeermiddelen, eetlustremmers en dubieuze afslankpreparaten beproeven ontelbare vrouwen vandaag de meest diverse diëten om zo snel mogelijk het "ideale gewicht" te bereiken. De grootschaligheid van deze slankheidsobsessie is een modern fenomeen. In een niet zo ver verleden kon het gros van de bevolking zich de luxe van het lijnen niet eens veroorloven. Het dagelijkse leven was allereerst een overleven: voldoende voedsel vergaren om niet te verhongeren. In een dergelijk onzeker bestaan, dat tot in de negentiende eeuw kon worden geteisterd door hongersnoden, lag een streven naar slankheid allerminst voor de hand. Zoals magerte werd geassocieerd met armoede, ziekte en misère, zo koppelde men molligheid aan welvaart, gezondheid en voorspoed. In tijden van voortdurende dreiging van voedselschaarste was het geenszins raadzaam te streven naar een slanke lijn, zeker niet voor vrouwen op wier lichamen de dagelijkse arbeid, verscheidene zwangerschappen en langdurige borstvoeding een zware wissel trokken. Niet voor niets beschikte de volksgeneeskunde over talrijke middelen om magerte tegen te gaan: "aankomen" in plaats van "afslanken" was eeuwenlang het devies.'

Dik en dun zijn in onze samenleving dikwijls 'problematisch'. Men spreekt van eetstoornissen. Psychiaters, psychologen en andere deskundigen pogen de ziekte te onderkennen. Volgens Vandereycken en Van Deth vertelt dat veel over het zieke individu maar wellicht ook veel over de samenleving: 'Ons lichaam verhaalt niet enkel een persoonlijke biografie maar ook een maatschappelijke geschiedenis. We moeten daarom elk lichaam leren "lezen": van verzorging en versiering tot en met allerlei littekens zit er een reeks boodschappen ingeprent die we moeten decoderen. Vrouwen met eetstoornissen zouden een bijna prototypisch verhaal belichamen: in hun spiegel staat onze samenleving te kijk, op hun weegschaal wordt de man/vrouw-balans gewogen. Maar in de spiegel van de eetstoornissen is meer te zien dan het beeld van geproblematiseerde vrouwen. Gaat het niet evenzeer om de "ondraaglijke lichtheid" van het bestaan: het leven van velen lijkt innerlijk zo inhoudsloos dat de verpakking gewichtiger wordt. Met andere woorden: het uiterlijk – dik of dun – heeft vaak meer te verbergen dan uit te drukken!'

Hoe het ook zij, de bedreiging van anorexia en boulimia nervosa kan levensgroot zijn. Therapeutische deskundigheid in de benadering van personen en hun omgeving is uiterst belangrijk. Psycholoog Myriam Vervaet doet autobiografisch verslag van haar uitgebreide klinische ervaring. 'Opgesloten zitten' is voor haar een centrale notie: 'Deskundigheid is een voorwaarde sine qua non en een professionele opleiding moet ten grondslag liggen aan psychologische interventies, al dan niet gecombineerd met het voorschrijven van psychofarmaca. Wat een evidentie lijkt is tot op heden in België niet het geval. [...] Deskundigheid is een noodzakelijke, maar zeker geen voldoende voorwaarde. Om de associatie met "het opgesloten zitten" verder te trekken heb ik destijds het leven met een eetstoornis een "veilige hel" genoemd. Door de angst om "niet goed genoeg" bevonden te worden, trekken deze meisjes zich terug uit de voor hen bedreigende wereld van verwachtingen en beoordeling in een wereld waar zij de regels bepalen waaraan ze moeten voldoen. Die wereld lijkt hen veilig en aan deze regels houden ze zich krampachtig en halsstarrig vast, maar helaas wordt dit toevluchtsoord hun eigen ondergang op lichamelijk, psychologisch en sociaal gebied. Op zoek naar de perfectie stranden ze op een geïsoleerd eiland, waar de communicatie met de buitenwereld compleet wordt afgesneden.'

DE TOEKOMST VAN HET LICHAAM. MEDISCHE TECHNOLOGIE ALS MIDDEL OM JE 'ZELF' VORM TE GEVEN

De omgang met het lichaam zal in de toekomst veranderen. Hulpmiddelen vergroten onze lijfelijke mogelijkheden, verleggen grenzen, verbergen aandoeningen. We kunnen ons lichaam vormen zoals we het zelf wensen. Van de vernieuwingen in de chirurgie na de Eerste Wereldoorlog, over transplantaties, naar implantaten: er is een grote evolutie te zien in hoe geneeskunde en technologie lichamelijke beperkingen tenietdoen. Er is de explosieve groei van de plastische chirurgie: we kiezen de vorm van onze neus uit een catalogus, we blijven eeuwig botoxjong, we boetseren ons eigen – ranke – lijf en onze eigen identiteit. De toekomst van het lichaam vormt het sluitstuk van *Het gewichtige lichaam*. De ethicus Pieter Bonte over het 'verbeteren' van het lichaam: 'Aan ons lichaam kan al diepgaand worden gesleuteld, van brein tot teen. Wie door de natuur werd misdeeld, hoeft steeds minder te berusten in zijn biologische bakvorm. Raap je moed (en geld) bijeen, dan kun je jouw lot – jouw lichaam verbeteren. Een veelzijdige "verbeterkunde" maakt opgang in onze cultuur: esthetische chirurgie voor een mooier of unieker lijf; doping voor meer fut en fitheid; drugs of elektronische implantaten voor een beter gevoelsleven en krachtiger gedachten, en uiteindelijk zelfs verbetering van de diepste bouwstenen van ons bestaan: verbetering van onze genen, "eugenetica".' De (morele) vragen die deze spectaculaire evolutie van de geneeskunde oproept, zijn immens. Bonte pleit voor een behoedzame benadering en waarschuwt. Voer voor debat.

Het gewichtige lichaam. Over dik, dun, perfect of gestoord is meer dan een tentoonstelling. Het Museum Dr. Guislain wil met dit initiatief de aandacht richten op belangwekkende psychiatrische problemen in hun bredere maatschappelijke en culturele context. Met de tentoonstelling, dit boek, een symposium en allerhande initiatieven zal dan ook de omgang met het lichaam in deze en in vroegere tijden 'tegen het licht gehouden' worden. We hopen zo als museum enerzijds de geschiedenis van de psychiatrie mee te documenteren en anderzijds de actualiteit van de therapeutische urgentie op de agenda te plaatsen.

We willen hier uitdrukkelijk een aantal mensen bedanken die op een zeer deskundige en betrokken wijze ons bij de totstandkoming van *Het gewichtige lichaam* hebben geholpen. Onze bijzondere dank gaat uit naar professor Walter Vandereycken (Universiteit Leuven), professor Myriam Vervaet en professor Ignaas Devisch (beiden Universiteit Gent). (PA, AC)

L'ILLUSTRATION

Prix du Numéro : 75 cent. SAMEDI 13 FÉVRIER 1897 55e Année. – N° 2816

Le Président de la Société des Cent Kilos au pesage. (Voir l'article, p. 115.)

Op 13 februari 1897 publiceert het tijdschrift *L'Illustration* een reportage over de Société des Cent Kilos. De vereniging werd in Parijs opgericht om een alternatief te bieden voor de vele sportclubs waarin deze dikke mannen niet werden toegelaten. Terwijl hun kennissen lid waren van een of meer verenigingen voelden zij zich steeds meer uitgesloten. Als reactie richtten ze samen een club op met als toetredingsvoorwaarde: minstens honderd kilo wegen. De heer die op de weegschaal wordt afgebeeld, weegt 160 kilo. Hij is dan ook voorzitter.

Société des Cent Kilos

in: *L'Illustration*, 13 februari 1897. Privécollectie

De Heer Victor Van Hamme,
vóór...

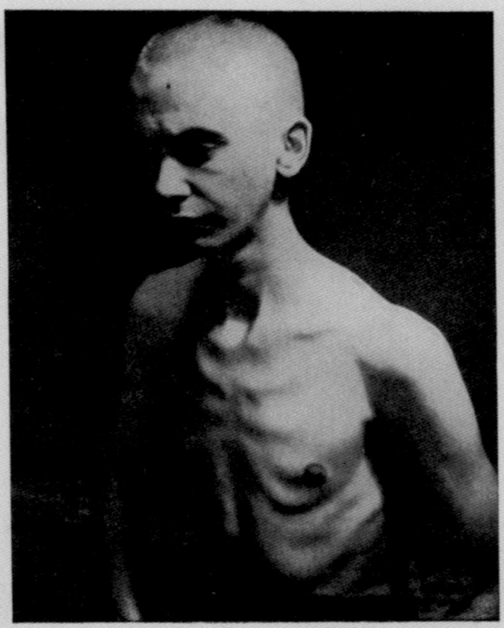

... en na zijn opsluiting.

Na de Tweede Wereldoorlog werden de misdaden van de bezetter en de collaborateurs onderzocht en hierover verscheen een reeks publicaties.

Illustratie in:
Ministerie van Justitie. Commissie Oorlogsmisdaden. De oorlogsmisdaden. Bedreven onder de bezetting van België 1940-1945. Het folteringskamp Breendonk. Luik, 1949. Museum Dr. Guislain, Gent

De Heer François Vanderveken vóór...

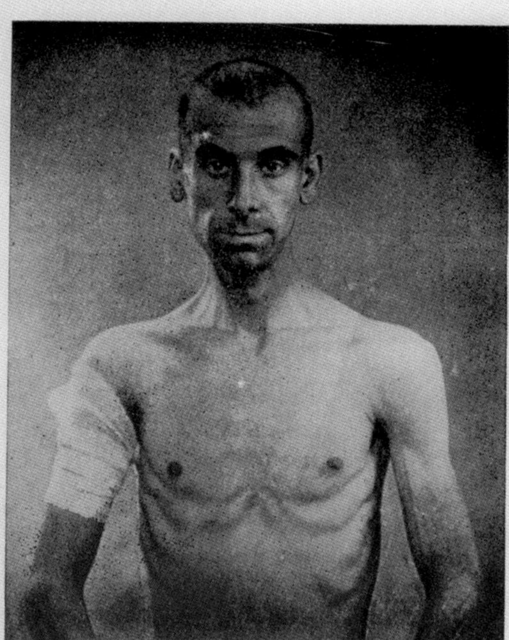

... en na zijn opsluiting.

Illustratie in: *Ministerie van Justitie. Commissie Oorlogsmisdaden. De oorlogsmisdaden. Bedreven onder de bezetting van België 1940-1945. Het folteringskamp Breendonk*, Luik, 1949. Museum Dr. Guislain, Gent

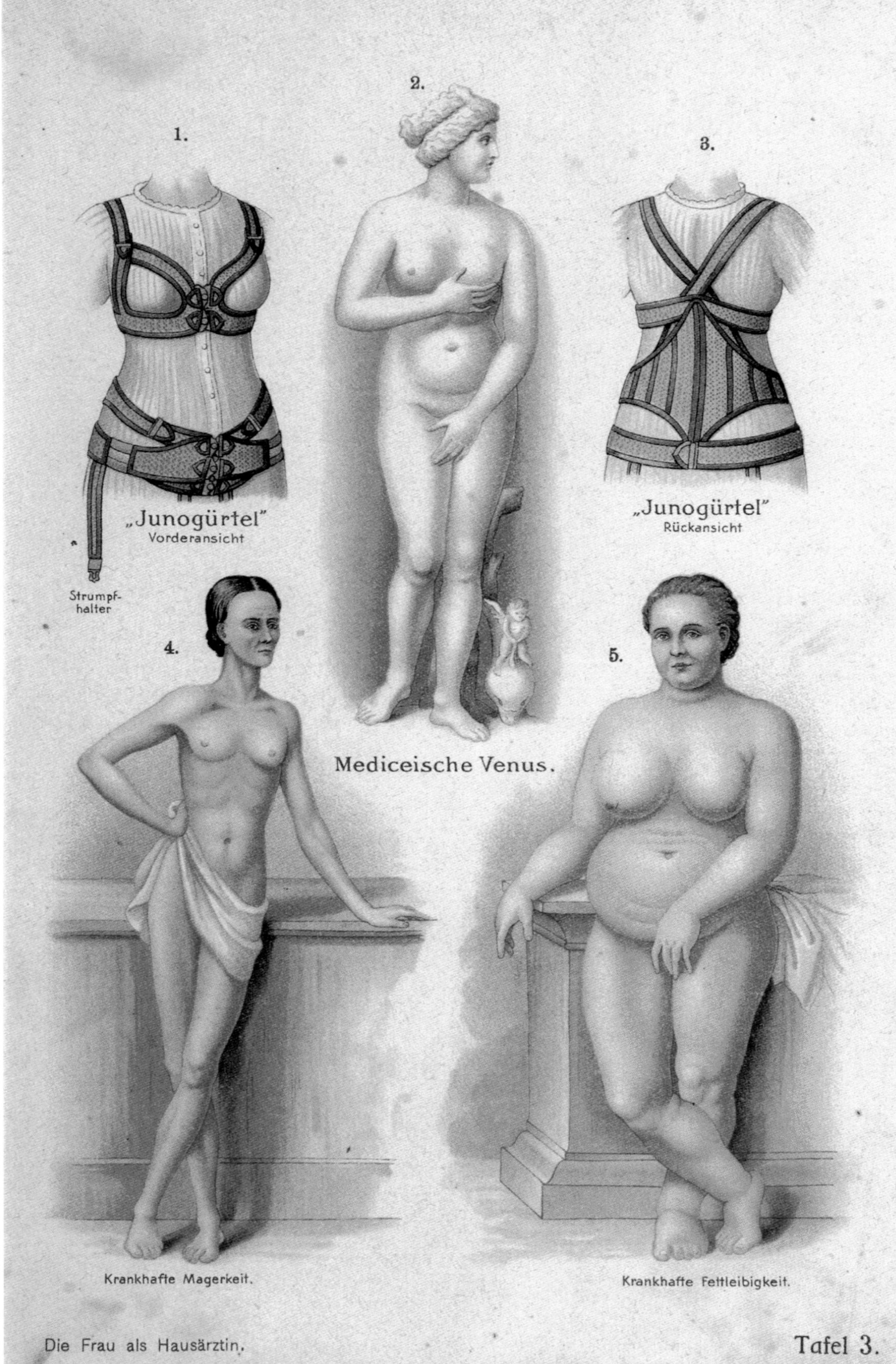

Die Frau als Hausärztin. Tafel 3.

Vorzüge und Fehler des weiblichen Körpers.

IGNAAS DEVISCH

Dit is mijn lichaam

Diep ademen, tot jezelf komen
(vrij naar Ingeborg, Lightbodydocente)

ZIEKTEN EN STOORNISSEN

'Je moet gewoon jezelf zijn!' Geen uitspraak die meer de paradox weergeeft van waaruit we vandaag in de West-Europese samenleving onze lichamelijkheid lijken te beleven. Want zodra iets moet, is het 'ik' al lang niet meer gewoon zichzelf, maar iemand die het zou willen of zou moeten zijn: mooi, slank, aantrekkelijk, wat het ook mag wezen. En zelfs al ben 'ik' het die mezelf in eigenste persoon iets opleg, de vraag blijft of en op welke wijze mijn wil niet ook door iets van buitenaf is getekend. Beschikken we wel over onszelf zoals we ons voorhouden? Of we nu een marathon willen lopen, dan wel een dieet volgen, doen we die zaken wel echt zomaar alleen? En als dat wel het geval zou zijn, waarom beslissen we dan vandaag vrij massaal om in fitnesscentra aan ons lijf te werken en niet te dik te worden? Zou het bijgevolg niet kunnen dat onze zelfbeschikking, onze autonomie, niet ook steeds getekend is door een heteronomie, door iets dat van buitenaf (*heteros*: vreemd) op ons afkomt en mee ons handelen bepaalt? Misschien doorbreekt op het ogenschijnlijke hoogtepunt van de individuele autonomie, iets onze verhouding tot onszelf? Dit is alvast de kernvraag van dit betoog. Omdat die vraagstelling niet vanzelfsprekend is – vandaag zijn we vooral geneigd om zo ongeveer van het tegendeel uit te gaan – zullen we nagaan of hiervoor argumenten te vinden zijn.

Laten we beginnen met het bespreken van een aantal symptomen in onze lichaamsbeleving waar deze tentoonstelling rond opgebouwd is. Zoals wel vaker met symptomen het geval is, verwijzen deze naar iets anders dan zichzelf. In onze samenleving komen in het bijzonder een aantal ziekten voor die je zou kunnen rangschikken onder de categorie van het 'overschot' of het 'teveel'. Een goede eeuw geleden, gingen we vooral dood aan ziekten die te maken hadden met een tekort: tekort aan voedsel, tekort aan hygiënische woningen, tekort aan medische zorgen, enzovoort.[1] Vandaag echter lijden we veeleer aan ziekten die te maken hebben met een teveel van iets: te veel stress, te veel voedsel, te veel alcohol, te veel roken, te veel in de zetel liggen, enzovoort. Bovendien lijken we niet zozeer 'ziek' te zijn, maar eerder last te hebben van 'stoornissen': identiteitsstoornissen, eetstoornissen, hyperactieve stoornissen, angststoornissen, leesstoornissen; het lijstje is lang.

Stuk voor stuk zijn die stoornissen veelal verklaarbaar vanuit fysische, neurologische dan wel genetische gronden. En met de verklaring is bijgevolg ook een farmacologisch middel voorhanden dat de symptomen vermindert of doet verdwijnen – de cynicus zou hier al zeggen: 'eerst was er het medicijn en daarna de stoornis' en helemaal ongelijk heeft hij niet; we komen hier nog op terug. Ook al zijn die stoornissen (natuurlijk) medisch gegrond, het is toch een opvallend cultureel gegeven dat bepaalde stoornissen in welbepaalde tijdsgewrichten voorkomen. Ian Hacking heeft dit fenomeen omschreven als *'transient mental illnessess'*: bepaalde (mentale) ziekten zijn typisch voor bepaalde tijdsperioden.[2] In dit kader hebben we hierboven een lijstje opgesomd.

VERMOEIDHEID EN AUTONOMIE

Het interessante aan dit cultuurkritische perspectief is dat het de individuele medische casussen overstijgt en zich de vraag stelt: wat is er van onze tijd – met onszelf – dat we cultureel, medisch en maatschappelijk deze symptomen genereren? Deze vraag dreigt moraliserend te zijn en ze zou het ook echt zijn mocht de vraag luiden: 'wat is er mis met onze tijd?' om vervolgens vanuit een buitenperspectief te wijzen op hoe het

rent *Voortreffelijkheden en fouten van het vrouwelijke lichaam* toont een magere en een zwaarlijvige vrouw, en naakt afgebeeld. Erboven staat centraal een tekening van de Medici Venus met langs weerszijden afbeeldingen de zogenaamde Junogordel, die geschikt was voor zeer dikke vrouwen en bestond uit een step-in en een bustehouder: bovenste deel moest de borsten ondersteunen en vormgeven, het onderste deel was een verkorte versie van het korset.
üge und Fehler des Weiblichen Körpers in: Anna Fischer-Dückelmann, *Die Frau als Hausärztin*, Stuttgart, 1905. Privécollectie

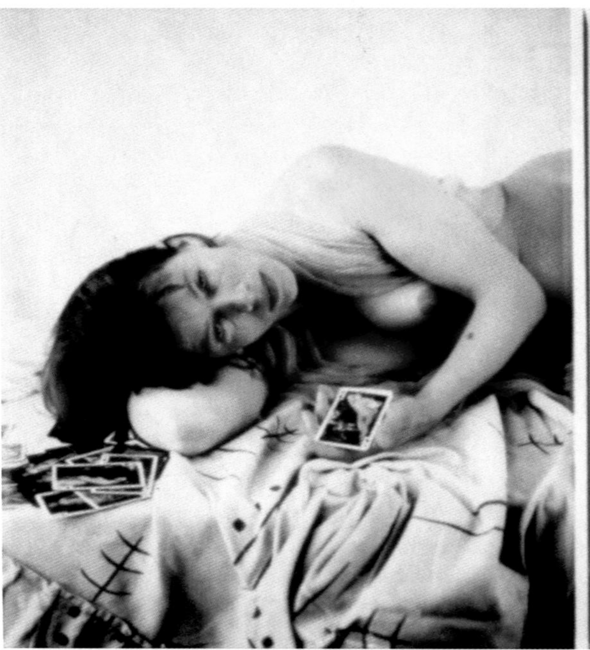

wel moet. We gaan uit van de gedachte dat in de vraag naar iets, ook degene die de vraag stelt, mee in het probleem is betrokken en zich er niet zonder meer aan kan onttrekken.

Het gaat er bijgevolg niet om te wijzen op wat mis is, maar de aandacht te vestigen op datgene waarmee we allemaal worstelen, waar we geen blijf mee weten en waar we symptomen rond ontwikkelen. Dat zijn complexe zaken die we niet zomaar in kaart kunnen brengen en van een instantoplossing voorzien. Met de vraag naar onszelf en de wijze waarop we met ziekte en gezondheid omgaan, willen we in deze tekst niet zozeer de weg uit onze problemen aanduiden, maar eerder wijzen op een ongemak dat ons door en door tekent. De hele gedachte dat voor deze problemen kant-en-klare (farmacologische) oplossingen bestaan, willen we juist mee aan een kritische vraagstelling onderwerpen.

Het 'ongemak van onze tijd' is vrij goed samengevat in wat de Franse socioloog Alain Ehrenberg treffend omschrijft als *'la fatigue d'être soi'*: de vermoeidheid om zichzelf te (moeten) zijn.[3] Ehrenberg voerde een onderzoek uit naar het verband tussen de toename aan individuele vrijheid enerzijds en het voorkomen van depressies anderzijds. Dit verband is volgens hem overduidelijk aanwezig in onze samenleving. Wij mogen en dus moeten dag in dag uit over onszelf beschikken en dat brengt een enorme druk met zich mee, aldus Ehrenberg. We mogen slagen in studies en werk, in het gezin en in de vrije tijd, we mogen kiezen hoe we eruitzien, of en hoe en wanneer we een baby willen enzovoort. Het goede leven gaat niet langer uit van het volgen van een aantal regels, maar van het beschikken over zichzelf. We zijn bijgevolg moe van almaar te moeten kiezen, van onszelf te moeten zijn, zo concludeert de auteur.

Met deze laatste zin komen we stilaan tot de kern van onze vraagstelling, de verhouding van autonomie tot heteronomie met betrekking tot onze lichaamsbeleving. Wat is het geval? Indien we kijken naar onze globale houding tegenover ziekte en lijden, dan kunnen we gerust stellen dat we ons leven niet langer beschouwen als een lotsbeschikking, maar iets waarover we zelf kunnen en bijgevolg moeten beschikken. Indien we ziek zijn, doen we er alles aan om aan dit lot te ontsnappen; ook onze lichamelijkheid is meer en meer het toneel van wat we wensen te zijn, eerder dan wat we zijn.[4] Je zou met gemak autonomie op die manier kunnen omschrijven: het over zichzelf beschikken.

De Nederlandse fotografe Toto Frima (Den Haag, 1953) werkt vooral met een polaroidcamera.
Vanaf 1985 fotografeert ze een deel van het lichaam waarbij de serie het lichaam als een geheel toont.
Na een aantal reeksen van drie, vier en vijf delen, fotografeert ze zichzelf steeds vaker in een beperkte serie van twee beelden. Frima leed zelf aan anorexia en boulimia en haar foto's hadden voor haar een therapeutische waarde.
In dit zelfportret beeldt ze zichzelf af met reproducties van kunstwerken waarin het ideale vrouwenlichaam wordt geportretteerd.
© Toto Frima, **Zelfportret**, polaroids op papier, ca. 1990. Musée de la Photographie, Charleroi

Zelfbeschikking of autonomie wordt veelal in stelling gebracht als de antagonist van heteronomie. In het christendom bijvoorbeeld, zoals de kerkvader Augustinus dit heeft geschetst, is het leven en bijgevolg ook het lichaam niet van ons. Onze existentie is bepaald door een wet – *nomos* – die van buitenaf – *heteros* – ons leven gestalte geeft. Het leven is een geschenk van God, een lot dat we moeten aanvaarden zoals het is, met alle gebreken en ongemakken die dat met zich meebrengt. Het christelijk-augustiniaanse universum vertrekt vanuit een zeer duidelijke visie op pijn en lijden. Omdat de orde door God is geschapen en dus goed is, is alle pijn en lijden een gevolg van het kwade handelen van de mens. Ziekte en lijden zijn een straf van God die de mens aan zichzelf te danken heeft. Onze taak als mens is er bijgevolg in gelegen dit lot te kunnen dragen en als een straf te aanvaarden.[5]

Het christendom gaat dus niet uit van de mens als een autonoom wezen – een wezen dat zichzelf (*autos*) tot wet en maat (*nomos*) is – maar integendeel van een heteronoom menselijk wezen dat zijn wet van ergens anders ontvangt, in casu van God. De christelijke mens vertrekt fundamenteel van de gedachte dat wij de grond van ons bestaan niet zelf in handen hebben en daar bijgevolg ook moeten naar handelen. Het leven is een lotsbeschikking, een geschenk, en soms is het lot je gunstig, een andere keer niet.

TOTALITARISME

Historisch gezien is het individuele lichaam bijgevolg lange tijd geen eigendom geweest van onszelf, en daarbij moeten we niet enkel aan religieuze heteronomie denken. Ook in politiek opzicht is het lichaam een instrument geweest waarmee de mens met een politieke Wet of een Waarheid verstrengeld was. Het lichaam was bij uitstek datgene wat de horigheid aan de Wet symboliseerde. Niet toevallig is een van de metaforen van totalitaire regimes het 'lichaam': de samenleving als een groot orgaan waarin de individuen alleen maar van tel zijn voor zover ze een plaatsje krijgen in dat lichaam, maar waarin ze nooit als individu meetellen.

In het totalitarisme staat het verlangen voorop dat het volk met de macht samenvalt. Het volk is een homogeen lichaam, een organisch geheel waaraan iedereen zich moet onderwerpen. In het totalitarisme staat het beeld van het Ene volk voorop dat samengaat met dat van de Ene macht: het volk is een homogeen lichaam dat zich als een collectief subject gedraagt. Deze beide voorstellingen worden uiteindelijk geconcentreerd in de figuur van één enkel individu die de eenheid en de wil van het volk belichaamt, de totalitaire leider, die het sluitstuk van de heteronomie uitmaakt.[6]

Met het beeld van het homogene lichaam wordt niet alleen elke zweem van andersheid uit de maatschappij

Ivonne Thein, Proforma 08,
c-print op alu-dibond, 2009. Courtesy Galerie Voss, Düsseldorf

Ivonne Thein, Proforma 14,
c-print op alu-dibond, 2009. Courtesy Galerie Voss, Düsseldorf

gestoten – omdat die andersheid een bedreiging vormt voor de integriteit van het homogene lichaam, moet deze als een vijand worden geweerd. Bovendien is elk individu dat opkomt voor zijn autonome belangen principieel een verrader van de homogene samenleving. Hij of zij hoort immers niet met zichzelf bezig te zijn (autonomie), maar met het hogere belang, met datgene wat hem of haar overstijgt (heteronomie).

Het lichaam is hier geen zaak van individuele zelfbeschikking, maar van het collectief gestalte geven aan een bepaalde politieke gedachte. De massavoorstellingen en parades in sportstadions of openbare plaatsen zijn een typisch voorbeeld van hoe totalitaire regimes die collectiviteit kracht bijzetten: alle lichamen gaan op in de voorstelling van een homogeen lichaam. De lichamen lijken op elkaar, ze zijn gemodelleerd naar een

Na de gezonde vrouwelijke topmodellen van de jaren 1980 maakte de *waif look* van de jaren 1960 opnieuw zijn opgang, met magere modellen als Kate Moss. Sinds het begin van haar carrière is Moss hét voorbeeld voor jonge meisjes die streven naar een extreme slanke lijn. Moss zelf heeft er geen problemen mee, ze noemde zichzelf in 2007 nog 'Rexy', een combinatie van het Engelse *'anorexic'* en *'sexy'*. Eind 2009 kwam ze opnieuw onder vuur omdat ze tijdens een interview zei dat een van haar motto's was: 'Niets smaakt zo goed als mager zijn.' De kunstenaar Daniele Buetti gebruikt modefoto's en bewerkt ze, waardoor ze een bevreemdende uitstraling krijgen en de perfectie van het model doorbroken wordt.
Daniele Buetti, **Looking for Love**, foto, 1997. Courtesy Aeroplastics Contemporary, Brussel

ideaalbeeld waaraan ze zo goed als mogelijk moeten beantwoorden. Of om het met de woorden van dit betoog te stellen: in een totalitair regime is op een radicale wijze in en met het lichaam, heteronomie aan het werk.

HAPERING

Alles wat ruikt naar moderniteit, democratie en individualiteit is niet in de laatste plaats een poging om af te rekenen met deze vormen van heteronomie. Noem het autonomie, rationaliteit, zelfbeschikking of maakbaarheid, de verlichtingsidealen van de Franse Revolutie tonen zich bij uitstek in de gedachte dat de mens voortaan zelf in staat was en is om zijn leven vorm te geven op een manier die hij het meest wenselijk acht. Zowel op medisch als op cultureel gebied wil de westerse mens vooral in vrijheid zichzelf zijn en het eigen leven zelf boetseren.

Vanuit dit perspectief staat het streven naar zelfbeschikking voor niets minder dan het afrekenen met heteronomie. Zoals ook Luc Ferry enkele decennia terug stelde in *L'Homme-Dieu ou de sens de la vie*: we zijn geëvolueerd van een handelen vanuit een *'hétero-sacrifice'* – handelen door zich op te offeren voor een of ander groot Subject (Kerk, Natie) – naar een handelen dat gemotiveerd is door *'auto-sacrifice'* – de mens die bij zichzelf is aangekomen en daarbij alleen nog keuzes maakt indien hij en niemand anders ze als goed beschouwt.[7]

Op het eerste gezicht is dit een eenduidig positieve evolutie: wij zijn vrij en moeten ons als handelend wezen niet langer verschuilen achter regeltjes die we moeten volgen. We kunnen voortaan zelf ons leven gestalte geven zonder om te kijken naar wat moet of hoort. In die logica is het ook evident dat de toegenomen wetenschappelijke, medische en culturele mogelijkheden om ons leven zelf in te vullen, van de geboorte tot aan de dood, vanzelfsprekend zouden moeten resulteren in een beter leven. Want over hoe meer we zelf beschikken, hoe dichter we bij onszelf zijn aangekomen.

Wie maatschappelijk en medisch een klein beetje om zich heen kijkt, weet dat iets in deze logica hapert. Er is minstens een keerzijde aan die evolutie zoals hierboven door Ferry beschreven: wij *moeten* altijd zelf kiezen. Of met die plicht ook de autonomie is toegenomen, is maar zeer de vraag. Ten eerste laten steeds meer mensen zich vandaag in hun alledaagse activiteiten uit hun privéleven adviseren door zogenaamde experts, zowel op het gebied van voeding, beweging, opvoeding van kinderen, manier van vrijen enzovoort. Deze experts weten ons elke keer opnieuw te vertellen hoe we moeten leven en wat we eraan moeten doen om gezond te leven. Dit zijn stuk voor stuk zaken die ons leven veel heteronomer maken dan het was, want hiermee besteden we zaken die tot onze eigen leefwereld behoren, uit aan anderen.

Vervolgens hebben we onmiskenbaar te maken met een toename aan stoornissen die vooral een problematische omgang met onszelf doet vermoeden, eerder dan dat we het stadium van de autonomie en de zelfbeschikking zijn ingerold. Niet alleen is er een toename van allerlei stoornissen bij jongeren en volwassenen, ook het aantal mensen dat zijn lichaam laat verbouwen naar een maatschappelijk ideaal om op die manier 'zichzelf' te zijn, doet een heteronome omgang met dat 'zelf' vermoeden. Indien een meisje van zeventien jaar haar buitenste paar schaamlippen laat corrigeren omdat die niet goed gevormd zouden zijn, dan is het maar zeer de vraag in welke mate ze daarmee over zichzelf beschikt. Nogmaals, dit is geen aanklacht over hoe erg het met onszelf is gesteld, wel een vraag naar de mate waarin we daadwerkelijk op een autonome manier over ons lichaam (denken te) beschikken.

De tweelingzussen Liesbeth en Angelique Raeven (Heerlen, 1971) vormen sinds de jaren 1990 een kunstenaarsduo. De maakbaarheid van en de macht over het lichaam zijn belangrijke motieven in hun werk. De video *Kelly* toont de dagelijkse routine van een meisje uit Manhattan met een eigenaardige eetstoornis. Om volledige controle te houden op haar eetgedrag, eet ze alleen gratis 'proefhapjes' die ze verzamelt op strooptochten langs de meest luxueuze delicatessenwinkels van New York. De grote keuzevrijheid aan voedsel ontloopt ze door te eten wat de winkel voor haar 'klaarlegt' (Nikkie Herberigs).
L.A. Raeven, **Kelly**, video, 45 min., 2006. Courtesy Ellen de Bruijne Projects, Amsterdam

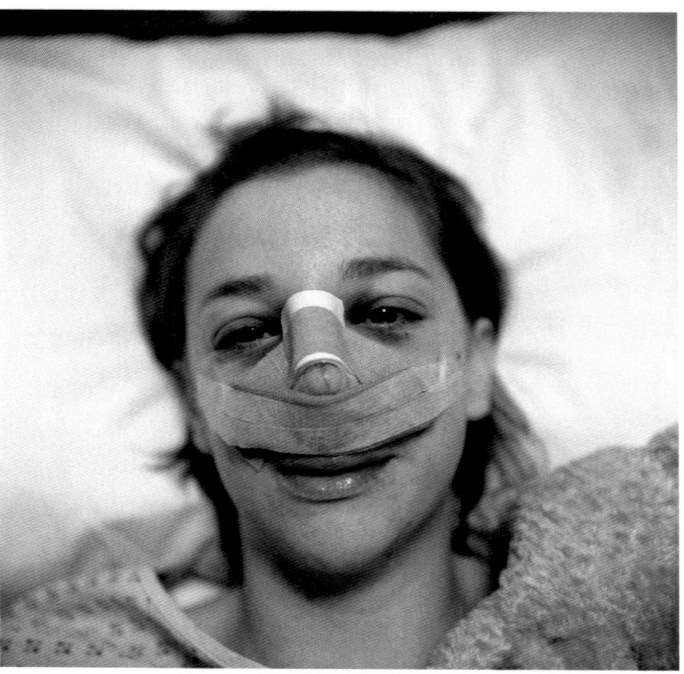

BEVRIJDING?

De historische evolutie van heteronomie naar autonomie in onze samenleving is in die zin een nader onderzoek waard. We mogen dan grosso modo afscheid hebben genomen van de christelijke kijk op het lichaam als een noodzakelijk instrument, een vehikel in afwachting van het eeuwige leven in het Rijk Gods. De hele gedachte dat de moderne mens in vrijheid zichzelf zou zijn, na zich van het christelijke juk te hebben bevrijd, is minstens twijfelachtig. Alleen al de gedachte dat we onszelf per se moeten bevrijden van iets – een op en top christelijke gedachte – staat centraal in onze samenleving. Zoals het opschrift van deze tekst stelt: we moeten tot onszelf komen en ons verlossen van alle onzuiverheden. Het toppunt van de autonomie lijkt hier hardnekkig verweven met een heteronome logica waarvan het dacht zich voorgoed te hebben verlost.

Is bijgevolg niet veeleer de volgende stelling aannemelijk: pas in en met zijn 'bevrijding', pas nadat de mens de vraag naar zichzelf stelt, is hij – om het freudiaans uit te drukken – *'nachträglicherwijze'* een individu geworden. Dat individu bevrijdt zich daarmee niet in de eerste plaats van een aantal ketenen, maar stelt voor het eerst de vraag naar zichzelf. Pas nadat het zelf een instantie wordt, een referentiepunt, stelt het een identiteitsvraag: 'wie ben ik?' en vooral 'wie zou ik willen zijn?' Die vragen mogen dan het uitgangspunt van autonomie en zelfbeschikking uitmaken en individualisme in de strikte zin van het woord verwezenlijken, daarom brengen ze ons nog niet vanzelfsprekend tot het punt van zelfbeschikking. Wel integendeel, indien we niet over een buitenaf vastgelegde identiteit beschikken, maar alleen bestaan als een niet-aflatende vraagstelling naar wie of wat we zijn, dan is voorlopig ons enige bezit de wens tot zelfbeschikking. Niet zozeer zijn we iemand die over zichzelf beschikt, maar verlangen we ernaar om een 'ik', om iemand te zijn.

Het lichaam is, misschien niet toevallig, bij uitstek symbool geworden van dat verlangen. Van de strijd voor 'baas in eigen buik' naar idealen van fitheid of schoonheid, het lichaam is meer en meer de spiegel geworden van ons verlangen naar een autonome identiteit. Of exacter, in de omgang met ons lichaam wordt duidelijk dat onze identiteit uitgaat van een spiegelverhouding tussen wie we zijn en wie we zouden willen zijn. Bekijk één aflevering van de talloze make-overprogramma's en de gedachte dat een verbouwd lichaam meteen een nieuwe identiteit oplevert, staat als een paal. Trouwens, dat verlangen is niet nieuw, alleen beschikken we vandaag over zoveel nieuwe medische en biotechnologische mogelijkheden, dat we het voortaan fysiek gestalte kunnen geven in een nieuwe of gewijzigde lichamelijkheid. Mijn lichaam is wat ik wens te zijn. Anders gezegd: tussen 'ik' en 'mezelf' in staat een verlangen naar een zelf waardoor 'ik' nooit zomaar gewoon mezelf kan zijn. Of ook: geen autonomie zonder heteronomie.

Tegelijk is het lichaam symbool geworden voor het feit dat de vraag naar onze identiteit, ons een crisis bezorgt. Indien we onszelf voortdurend confronteren met de vraag naar onszelf, juist op het ogenblik dat een duidelijk maatschappelijk en cultureel antwoord hierop is verdwenen – voorheen bepaalde de religieuze of ideologische wet zeer duidelijk wie ik was: een christen, een Duitser, een socialist enzovoort – is het bijzonder moeilijk om met die vraag om te gaan. Indien we niet weten wie we zijn, indien we over geen duidelijke identiteit beschikken, dan hoeft het niet te verwonderen dat we hardnekkig met deze vragen worstelen.

Het uiterlijk van de mens is maakbaar, nu meer dan ooit. De cosmetische chirurgie geeft ons de mogelijkheid om te worden wie we willen zijn. Tegelijkertijd verwijderen we ons daarmee steeds verder van onszelf ten behoeve van de schoonheidswaan van de dag en in uiterste consequentie worden we allemaal aan elkaar gelijk: allemaal hetzelfde ideaaltype. Bovendien is er sprake van verslaving: de Kate die in deze foto's van Victor Boullet (Oslo, 1969) figureert, wil meer 'laten doen' en nog meer en daarna nog weer meer. Het kan niet ideaal genoeg en middel wordt doel. Er is steeds een nieuw shot nodig en uiteindelijk worden we in dit proces allemaal Michael Jackson: het ideaalbeeld is tot freak geworden. (Philip Peters)
Victor Boullet, **Kate in bed on day 1**, digital print, 2002. Courtesy kunstenaar

CULTUURKRITIEK

De bovenstaande stelling over de verwevenheid van autonomie en heteronomie is ruw en vraagt evident om veel detailanalyse die we in dit korte bestek niet kunnen bieden. Niet dat die analyse met zekerheid ons van een aantal symptomen zal verlossen, maar het in kaart brengen ervan kan ons misschien wel wapenen tegen de al te makkelijke gedachte dat er in deze materie kant-en-klare oplossingen zouden bestaan. Dat brengt mij tot het laatste concept dat we in deze tekst binnenbrengen: het fenomeen 'medicalisering'. Die term drukt twee zaken uit. Ten eerste dat de medische wereld op zich almaar uitdeint, maar ook, ten tweede, dat de medische blik steeds meer terreinen van ons leven gaat 'bezetten'; zaken die voorheen geen object van medische beschouwing waren, zijn dat vandaag wel. Verlegenheid wordt zo een angstsyndroom, niet stil zitten een hyperactieve stoornis enzovoort. In zijn boek *Shyness: How Normal Behavior Became a Sickness* heeft Christopher Lane deze evolutie met een boutade samengevat: *'We used to have a word for sufferers of ADHD. We called them boys.'*[8]

Zoals gezegd, het is een boutade, maar het wijst wel op een zorgwekkend fenomeen waar we al even op alludeerden aan het begin van de tekst: wat is er eerst, het medicijn of de stoornis? Medicalisering uit zich vandaag onder meer in het massaal voorschrijven van antidepressiva, angstremmers, middelen tegen ADHD, stuk voor stuk ziekten of stoornissen die blootleggen dat de oorzaak van medische problemen vooral gezocht worden – en wie zoekt, die vindt – in het individu, veeleer dan in de samenleving of 'het systeem' zoals sinds de jaren 1960 het geval was. Op zich is er met die zoektocht niets aan de hand, maar de vraag is of ze uitsluitend vanuit een medische bril moet worden gevoerd? Hebben we niet ook en tegelijk nood aan een maatschappelijke vrijplaats om ons met de vraag naar onszelf te confronteren?

Tot slot, in deze tekst is helemaal geen ontmaskering van onze tijd geopenbaard waarin we de ware gedaante van de samenleving hebben getoond door de valse sluier van de schijn weg te rukken. Onze samenleving is wat ze is, maar misschien is het wel noodzakelijk of toch minstens relevant om stil te staan bij de dilemma's en aporieën waarmee we vandaag worstelen. De gedachte dat, eens we van de Waarheid of de Heteronomie af zijn, we vervolgens alleen nog maar onszelf zijn, is hier aan twijfel onderworpen. Daarmee hebben we helemaal geen pleidooi gehouden voor het behoud of de herinvoering van welke heteronomie ook. Wel integendeel, we hebben geprobeerd te wijzen op een zekere mate aan heteronomie die in onze zelfbeschikking doorwoekert. Het lichaam en onze omgang ermee, is daarbij de plaats en het toneel waarop deze woekering zich van haar scherpste kant toont. (ID)

Noten

1 Nestle, M., *Food politics. How the food industry influences nutrition and health*, Berkeley, University of California Press, 2002.

2 Hacking, I., *Mad Travellers: Reflections on the Reality of Transient Mental Illnesses*, Londen, Free Association Books, 1998.

3 Ehrenberg, A., *La fatigue d'être-soi. Dépression et société*, Parijs, Odile Jacob, 1998.

4 In dit verband is de term *'wish-fulfilling medicine'* gelanceerd. Zie Buyx, A.M., *Be careful what you wish for? Theoretical and ethical aspects of wish-fulfilling medicine.* In: *Medicine, Healthcare & Philosophy* 11 (2), 2008, pp. 133-143.

5 Zie ook Devisch, I., *De roze billen van Renoir*, Leuven, Acco, 2008.

6 Voor een interessante analyse hiervan, zie het nog steeds zeer relevante essay van Claude Lefort, *L'image du corps et le totalitarisme*, in: Lefort, C., *L'invention démocratique. Les limites de la domination totalitaire*, Parijs, Fayard, 1981.

7 Ferry, L., *L'homme Dieu ou le Sens de la Vie*, Parijs, Grasset, 1996.

8 Lane, C., *Shyness: How Normal Behavior Became a Sickness*, New Haven, Yale University Press, 2007.

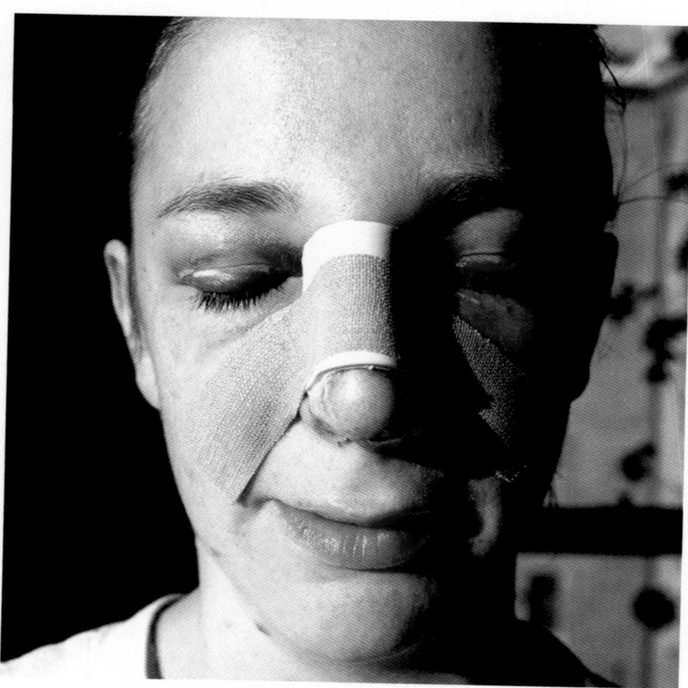

Victor Boullet, Kate waiting, day 3, digital print, 2002. Courtesy kunstenaar

24)

YOON HEE LAMOT

De heilige honger

Wie de naam Sint-Nicolaas of Sinterklaas hoort, denkt meteen aan speelgoed en snoep: chocoladen sinterklaasfiguurtjes; letterkoekjes; noem maar op. Menig braaf kind komt rond 6 december toch enkele grammetjes aan. De heilige man kun je echter geen snoeper noemen. Hij vastte vanaf zijn geboorte en weigerde systematisch borstvoeding op woensdag en vrijdag. Sint-Nicolaas was echter niet de enige die dat deed, vele heiligen waren hem voor en gingen hem na.

DE MOTIEVEN

Het vasten kwam en komt nog steeds voor in verschillende culturen en godsdiensten. Het maakt ook sinds eeuwen deel uit van de religieuze praktijk van het christendom. Walter Vandereycken en Ron van Deth brengen in *Van vastenwonder tot magerzucht. Anorexia nervosa in historisch perspectief* onder meer een historisch overzicht van het vasten in het christendom. Deze publicatie uit 1988 vormde de leidraad voor deze tekst.

Waarom wordt er gevast? Er is niet één reden aan te wijzen, verschillende motieven duiken op. Zo was het een middel om christenen een gevoel van verbondenheid te geven, maar ook een uitdrukking van verdriet over het lijden van Christus. Volgens sommige kerkvaders kon de gelovige door het vasten de terugkeer naar het paradijs bereiken als compensatie voor het verbreken van de vastenregel door Adam en Eva. Uit die veelheid van motieven lichtten Vandereycken en Van Deth er een aantal uit die bij verschillende volken terug te vinden zijn.

Oorspronkelijk ging men ervan uit dat voedsel vatbaar is voor demonische krachten en dat deze dus via het eten het lichaam kunnen binnendringen. Door te vasten hield men het kwaad op afstand. Het vasten hield het lichaam rein. Daarom werd er ook vaak gevast als voorbereiding op een heilige of rituele handeling, bijvoorbeeld bij het in functie treden van religieuze ambtsdragers of door de deelnemers aan een doop of een heilige communie. Op die manier werd het lichaam toegankelijk gemaakt voor de ontvangst van het hogere. Maar ook als men God om een gunst wilde vragen, was vasten aangewezen. Mensen die bezeten waren door de duivel moesten ook langdurig vasten en bidden om van de kwade geest verlost te raken.

Weinig of niet meer eten werd al gauw ook een middel tot boetedoening. Het was een teken van berouw over begane zonden en moest, als vorm van zelfvernedering en zelfkastijding, het medeleven van God opwekken. Vooral onthouding van vlees en wijn of vasten op water en brood was dikwijls de regel. Daarnaast werd het ook gezien als de belangrijkste vorm van ascese, waarbij spirituele en deugdzame doeleinden werden nagestreefd, dit dikwijls ten koste van het lichaam. Volgens de christelijke leer waren de lichamelijke, aardse begeerten verderfelijk en moesten die worden onderdrukt ten voordele van de verheven geest. Vasten was een onmisbaar middel om ascese te bereiken, een vorm van zelfcontrole met als doel volledige onafhankelijkheid van alle lichamelijke behoeften. Vasten was hiervoor slechts één middel, zo kon de gelovige zich ook seks en slaap ontzeggen en zich overgeven aan talrijke vormen van zelfpijniging.

In het Nieuwe Testament is het toonaangevende voorbeeld van ascese Johannes de Doper. Deze werd ongeveer zes maanden voor Christus geboren en was 'de roepende in de woestijn' die de komst van Jezus aankondigde en Christus in de Jordaan doopte. Deze heilige wordt dikwijls als profeet en boeteprediker voorgesteld met baard, wilde haardos en een kameelharen gewaad. Hij predikte in de woestijn en spoorde aan tot

Johannes de Doper predikte twee jaar lang in de woestijn van Judea en doopte in de Jordaan. Hij was enkel gekleed in een kameelharen gewaad en overleefde op een dieet van sprinkhanen en wilde honing. Anoniem, Johannes De Doper, eikenhout, 15de eeuw. Stichting Cultuurpatrimonium Bisdom Gent © Lukas - Art in Flanders vzw

boete. Hij zou zich enkel hebben gevoed met sprinkhanen en wilde honing.

VASTEN VOLGENS HET BOEKJE

In de beginperiode van het christendom, gedurende de eerste eeuwen na de komst van Christus, vormden zijn volgelingen nog een kleine vervolgde gemeenschap binnen het Romeinse Rijk. Ze zetten zich af tegen de wereldse opvattingen van hun tijdgenoten en beschouwden het leven op aarde enkel als een beproeving. Vasten was dus zeer aanwezig in alle geledingen van de vroegchristelijke samenleving. Regels waren niet nodig aangezien deze eerste christenen nog met volle overgave hun geloof uitoefenden. Hier kwam echter verandering in toen de Kerk niet langer werd vervolgd en steeds meer mensen zich bekeerden. Het stijgen van het aantal gelovigen ging gepaard met een daling van de geestdrift en vanaf de derde eeuw zag de Kerk zich genoodzaakt om regels op te stellen voor de vastenpraktijk. Zo moest er in eerste instantie tweemaal per week gedeeltelijk gevast worden. In de vierde eeuw werd dan een veertigdaags vasten voor Pasen ingevoerd en daarna ook voor Kerstmis en na Pinksteren. Bovendien moesten de gelovigen zich ook tijdens korte perioden van enkele dagen van voedsel onthouden. In de middeleeuwen dienden de gelovigen al bijna een derde van het jaar te vasten! De Kerk kon echter niet voorkomen dat de regels steeds minder werden nageleefd en zag zich gedwongen concessies te doen. Zo werd in de vijfde eeuw de volledige voedselonthouding op vastgestelde dagen vervangen door gedeeltelijke onthouding van dierlijke producten en kort daarna werd het eten van vis toegestaan ter vervanging van vlees. In de middeleeuwen werden ook de lange vastenperioden rond Kerstmis en Pinksteren afgeschaft. Maar dat sommigen de versoepelde regels nog als te streng ervoeren, blijkt uit het feit dat vele gelovigen ze handig wisten te omzeilen en zo de Kerk te slim af waren. Vandaag is de vastenpraktijk quasi verdwenen. Vaak wordt enkel in de vastenperiode het dagelijkse menu lichtjes aangepast.

Cornelis Galle, De heilige Rosa van Lima als heremiet, devotieprent, 19de eeuw. Abdij van Park, Heverlee

LESS IS MORE

Hoewel voor de meeste christenen de strenge vastenregels niet leefbaar waren, begonnen steeds meer diepreligieuzen zich tegen de versoepeling te verzetten door juist zeer extreem te gaan vasten. Het werd vooral uitgeoefend als een vorm van ascese. Deze verregaande vorm van geloofsbeleving kende haar hoogtepunt rond de vierde eeuw en in de late middeleeuwen.

In de vroege vierde eeuw kwam er een einde aan de christenvervolgingen en werd het christendom op vele plaatsen de officiële godsdienst. Toch verloor een groep gelovigen hun vertrouwen in de volgens hen 'werelds' geworden Kerk. Ze gaven al hun bezittingen weg en gingen in armoede in de woestijnen van Egypte en Palestina leven. Daar wijdden deze 'woestijnvaders' zich aan een uiterst strenge ascese. Ze vastten door een onafgebroken onthouding van vlees en wijn of een beperking tot het eten van alleen droog of rauw vlees. Sommigen aten gedurende korte of lange perioden niets meer, soms met uitzondering van de heilige communie. Een van de bekendste woestijnheiligen is Antonius, die leefde van ongeveer 251 tot 356 na Christus en de zoon was van welgestelde christelijke kopten in Boven-Egypte. Hij verdeelde zijn land onder de buren, verkocht al zijn bezittingen en gaf de opbrengst aan de armen. Hij zocht niet alleen langdurig de eenzaamheid op in de woestijn, maar ook in een verlaten gebouw en in een spelonk op een berg aan de Rode Zee. Antonius leefde twintig jaar lang van brood, zout en water en at slechts één keer per dag na zonsondergang. Soms onthield hij zich twee tot drie dagen van alle voedsel. Vreemd genoeg was hij hierdoor niet opvallend vermagerd en zou hij op 105 jaar tijd geen enkele tand verloren zijn.

HET VROUWELIJKE VASTEN

De tweede bloeiperiode voor het extreme vasten begon vanaf de twaalfde eeuw. Toen namen steeds meer vrouwen deel aan het geestelijke leven en steeg ook het aantal vrouwelijke heiligen aanzienlijk. Deze vrouwen gaven zich vaak over aan extreem vasten. Daarnaast beoefenden ze nog andere ascetische praktijken die steeds gepaard gingen met het opwekken van fysieke pijn: zichzelf urenlang geselen, het dragen van schoenen met puntige spijkers, het doorsteken van lichaamsdelen met ijzeren pennen of het slapen op een bed van doornen of scherpe ijzeren punten. Als deze vrouwelijke heiligen aten dan was het enkel de gewijde hostie. Zo wilden ze deel hebben aan het lijden van Christus, de zogenaamde Imitatio Christi, waardoor ze ook vaak de stigmata op hun lichaam vertoonden. Sommige heiligen slaagden er zelfs in niet slechts een paar weken, maar een aantal jaren streng te vasten. Dit ging vaak gepaard met slapeloosheid en een extreem actief leven. Hoewel vele van deze vrome vastende vrouwen anoniem bleven, trokken de zeer extreme vasters wel de aandacht van het grote publiek en werden ze bewonderd en vaak ook nagevolgd.

Rudolph M. Bell noemt in *Sancta Anorexia. Vrouwelijke wegen naar heiligheid. Italië 1200-1800* (1990) Clara van Assisi (1194-1253) als een van de pioniers van deze beroemde vastende vrouwen. Zij was de metgezel van de heilige Franciscus en de stichteres van de arme clarissen. Deze orde bestaat ook vandaag nog. Een foto uit het Museum voor Religieuze Kunst in Uden toont de zusters clarissen op Goede Vrijdag, deverstervingsdag bij uitstek, terwijl ze op de grond eten en hun portie ontvangen van de moeder abdis en de priorin. Uit getuigenverklaringen van nonnen die bij haar in het klooster van San Damiano woonden, blijkt dat Clara van Assisi jarenlang op alle maandagen, woensdagen

Jacob Matham, **De gulzigheid**, gravure, 17de eeuw. Abdij van Park, Heverlee

van Egypte,
el Maria de
aardige genoemd,
en prostituee
ch na een
mstocht naar
alem bekeerde
venenveertig jaar
ls boetelinge in
estijn doorbracht.
eefde ze jarenlang
echts drie broden.
em (Zuidelijke
landen),
aardige Maria Magdalena,
f op doek, 17de eeuw. Sint-
dusabdij, Bornem

Anoniem (Zuidelijke Nederlanden),
Heilige Hiëronymus als heremiet,
olieverf op paneel, 18de eeuw. Sint-Bernardusabdij, Bornem

en vrijdagen niets zou hebben gegeten. Ook op de andere dagen at ze heel weinig waardoor ze ernstig ziek werd. De heilige Franciscus beval haar om iedere dag ten minste een anderhalve ons brood te eten en ze herstelde uiteindelijk. Als priores van haar zusters clarissen begon ze zelf te twijfelen aan de nood van extreme voedselonthouding. Ze legde in regels vast dat de zusters zich iedere dag van het jaar moesten houden aan de vastenvoorschriften, met uitzondering van Kerstmis. Voor jongeren, zwakkeren en degenen die buiten het klooster werkten golden soepelere regels. Het voorgeschreven vastendieet was weliswaar karig en monotoon, maar allesbehalve ongezond. Clara werd een voorbeeld van zelfvernederende vrouwelijke vroomheid die vele Italiaanse vrouwen aansprak. Al gauw begonnen de eerste vrouwen in haar voetsporen te treden, aangetrokken door de manier waarop Clara haar lichamelijke verlangens vernietigde.

HET VASTEN ALS BEDREIGING

De Kerk aanvaardde deze extreme vastenpraktijk niet, waardoor het voor de vrome vrouwen niet gemakkelijk was om bekendheid en verering te verwerven. Vandereycken en Van Deth beschrijven de redenen voor deze weerstand. Eerst en vooral werd het strenge vasten op theologische gronden afgewezen. De Kerk ging uit van de logica dat alles wat door God geschapen werd, goed is en dat hij de mensen deze goede dingen juist heeft gegeven om van te kunnen genieten. Gelovigen die extreem vastten, ontkenden volgens de Kerk de wezenlijke goedheid van Gods schepping. Ook Jezus zelf had zich positief uitgesproken over voedsel en zei dat het vasten in uiterste discretie moest gebeuren en dat er geen publieke vertoning van mocht gemaakt worden. Het strenge vasten werd dus door de kerkelijke autoriteiten beschouwd als een misplaatste zelfverheffing. Ook in de kloosters keerde men zich tegen kloosterlingen die aan extreme voedselonthouding deden omdat ze daardoor niet langer in staat waren hun dagelijkse taken uit te voeren. Aan het begin van de nieuwe tijd zag men er dikwijls het werk van de duivel in. De bezetenen zouden dan stiekem voedsel aangevoerd krijgen door de duivel. Een andere reden voor weerstand was dat men twijfelde aan de goddelijke inspiratie wanneer de vaster beroemd en vereerd werd. Zulke mensen hadden zeker valse motieven en pleegden misschien zelfs bedrog door in het geniep toch te eten. Zo ontmaskerde de Nederlandse arts Johannes Wier of Weyer (1515-1588) het 'wondermeisje' Barbara Kremer, die

In het boeddhisme worden naast Boeddha en bodhisattva's ook andere personen vereerd, waaronder de Arhat. Deze 'vooraanstaanden' danken hun heilige status aan het bereiken van *bodhi*, de verlichting. Na verschillende reïncarnaties hebben zij elk verlangen naar voedsel overwonnen, de totale perfectie en kennis bereikt en zijn zij onsterfelijk geworden. Het nirvana hebben ze echter nog niet bereikt.
Vastende Boeddha in wording, Arhatbeeldje, hout, s.d. Privécollectie Mark De Fraeye

na een ziekte niet meer hoefde te eten of te drinken en dus ook geen ontlasting of urine produceerde. Ze werd als een echt wonder vereerd en overladen met geschenken van bezoekers die van heinde en verre kwamen om het wondermeisje te zien. Toen haar ouders aan hertog Willem IV van Gulik vroegen om hen een oorkonde te geven waarin stond dat Barbara al dertien maanden niet meer gegeten of gedronken had, rook Wier als hofarts van de hertog onraad. Hij nodigde haar bij hem thuis uit om haar te 'genezen', maar na dreigende taal van Wier viel ze snel door de mand: haar zusje Elza bracht haar in het geheim eten en haar ontlasting werd in de tuin gegooid. Het boek *De Commentitiis Jejuniis* (Over het verzonnen vasten; 1567) is op de tentoonstelling te zien.

Ten slotte had de Kerk ook politiek-religieuze redenen voor het verzet tegen de vastende vrouwen. De rooms-katholieke kerk poneerde zichzelf als contactpersoon tussen God en de gelovigen. Deze stelling kwam op de helling door de vrouwen die beweerden dat zij een persoonlijke, exclusieve relatie met hem hadden, leefden naar Zijn wil en dus toegang tot Hem hadden. Deze individualistische geloofsopvatting maakte de Kerk meteen een stuk minder belangrijk. Als reactie lieten de religieuze autoriteiten de heilige bijstaan door een speciale geestelijke begeleider. Deze moest haar zogezegd begeleiden in het streven naar heiligheid, maar diende in werkelijkheid een oogje in het zeil te houden en de verering tot het minimum te beperken. Ze probeerden de vastenheilige natuurlijk ook te overtuigen om opnieuw te beginnen eten en als dat niet lukte, werd de heiligheid vaak op de proef gesteld, bijvoorbeeld door het toedienen van een niet-gewijde hostie. Tegen het einde van de middeleeuwen werden ook uitgebreide onderzoeken uitgevoerd en moesten vastenheiligen zich verantwoorden voor de kerkelijke commissie.

LIDWINA VAN SCHIEDAM

In de late middeleeuwen waren er in de Lage Landen veel religieuze vrouwen die jarenlang bijna enkel de gewijde hostie tot zich namen. Zo doken er ook in de Zuid-Nederlandse contreien namen van vastenheiligen op. Juliana van Cornillon (1192-1258) werd als wees opgevoed in het augustinessenklooster in Mont-Cornillon. Ze werd er later abdis, maar ondervond zoveel tegenstand dat ze zich als kluizenares terugtrok in het cisterciënzerinnenklooster aan de Samber. Elizabeth van Spalbeek (1247-1274) trad nooit in de cisterciënzerinnenabdij van Herkenrode in, maar leefde wel thuis volgens hun regels, waaronder het vasten. Ze werd hierdoor zo zwak dat ze niet meer op haar voeten kon staan, behalve zeven keer per dag op het uur van de kerkelijke getijden. Tijdens deze momenten beleefde ze telkens opnieuw de passie van Christus. Ze ontving ook de stigmata op haar handen. Voorts kunnen nog Margaretha van Yperen († 1237) en Ida van Leuven († rond 1300) als voorbeelden worden genoemd.

Een belangrijke Noord-Nederlandse vastenheilige is Lidwina van Schiedam. Zij werd vermoedelijk in 1380 geboren te Schiedam. Ze was een gelovig meisje met

In de Japanse religie wordt welvarendheid vaak door dikkere figuren voorgesteld.
Daikoku 'God manages food & property', Japan, brons, s.d. Privécollectie Mark De Fraeye

een bijzondere verering voor Maria. Ze was ook opvallend knap en kreeg al op jonge leeftijd huwelijksaanzoeken. Ze wenste echter geen man, maar wilde zich enkel ten dienste stellen van God. Toen ze vijftien jaar oud was, brak ze tijdens het schaatsen een rib in haar rechterzijde, waarna zich daar een etterende wond ontwikkelde die maar niet wilde genezen. Lidwina werd bedlegerig en kwam 34 jaar lang haar bed niet meer uit. Naarmate ze zieker en zieker werd, kon ze ook steeds minder eten en drinken. Aanvankelijk at ze een stukje appel, wat brood met bier of zoete melk, maar later dronk ze nog slechts een halve pint wijn per week, eventueel aangelengd met water. Af en toe at ze een beetje suiker, kaneel, nootmuskaat of een dadel. Ze dronk wel regelmatig Maaswater. Vanaf 1410 leefde ze nog enkel op de heilige hostie. Het was het enige voedsel dat ze nog kon verdragen. Dit liep echter ook niet altijd van een leien dakje, want tijdens het eten van 'het lichaam van Christus' moest ze constant gorgelen en kokhalzen. Ondertussen bleef ze lichamelijk sterk achteruit gaan. Haar lichaam was bezaaid met grote rottende wonden, waaruit wormen tevoorschijn kwamen. Ze was gedeeltelijk verlamd en gaf bloed over. Ook had ze zeven jaar lang om de derde dag hevige koortsaanvallen. Zelf pijnigde ze zich door een paardenharen gordel om haar lichaam te snoeren. Bovendien verloor ze stukken lever en darm, ontstonden er zwerende hoofdwonden en builen en kreeg ze ontstekingen aan haar tanden. De vrouw werd ook gedeeltelijk blind. De beroemde heelmeester Govaert Sonderdanck onderzocht haar en voorspelde dat ze binnen een half jaar aan waterzucht zou gaan lijden. Hij raadde haar aan haar lijden te aanvaarden. Door zich in te leven in het lijden van Christus en zich hiermee te identificeren, kreeg het lijden voor haar zin. Ze kreeg daarom ook de stigmata.

In het begin had het volk weinig aandacht voor Lidwina, maar dit veranderde toen ze zware zoete geuren en ook licht begon te verspreiden. Ze kreeg vanaf 1408 bovendien regelmatig visioenen, waarin ze onder andere hemelse spijzen voorgeschoteld kreeg en opat. Op een avond in 1412 geschiedde echter een wonder: een gekruisigd Christuskind verscheen aan het voeteinde van haar bed. Toen ze het Kind om een aandenken vroeg, veranderde het in een hostie met vijf bloedende wonden. Haar biechtvader, pastoor Andries, geloofde dit niet en kreeg zo het volk tegen zich. Er werd vervolgens een onderzoek ingesteld, waarbij Lidwina gelijk kreeg en daardoor nog beroemder werd. Het ongeloof verdween hier echter niet mee en de vastenheilige zou nog meermaals bezoek krijgen van ongelovige thomassen die haar op de proef stelden. In 1427 vond het tweede wonder plaats. De weduwe Katerijn was geopenbaard dat Lidwina's maagdelijke borsten tijdens de kerstnacht met melk opgevuld zouden worden en dat de weduwe deze melk zou mogen opzuigen. En zo geschiedde.

Het laatste wonder vond na haar dood plaats. In 1433 overleed ze en haar lichaam werd opnieuw zo mooi als voor haar lijdensweg. Er waren geen sporen van ziekte of kwetsuren meer te bespeuren. Lidwina werd niet meteen heilig verklaard. Pas in 1890 keurde de Kerk de verering van de maagd van Schiedam goed.

HEILIGE ANOREXIA

Rudolph Bell onderzoekt in *Sancta Anorexia. Vrouwelijke wegen naar heiligheid. Italië 1200-1800* heiligenlevens uit de stedelijke centra in Midden-Italië, met name Umbrië en Toscane. Hij wil aantonen dat anorexia nervosa niet louter een psychisch probleem is, maar ook een sociaal gegeven en gaat hiervoor terug tot de vastenheiligen. Bell beschrijft vrome vrouwen als Catharina van Siena, Umiliana de' Cerchi en Veronica Giuliani die reageerden op de patriarchale en sociale structuren van hun tijd. Hij herkent in hun heiligenlevens een terugkerend patroon: een ogenschijnlijk braaf en gehoorzaam meisje komt in opstand tegen haar familie om te ontsnappen aan het leven dat haar ouders voor haar hebben uitgestippeld: een bestaan onderworpen aan de macht van een echtgenoot. Meisjes kregen niet dezelfde kansen als jongens en hadden geen recht op zelfbeschikking. De middeleeuwse vrouw reageerde op deze situatie door de uiterlijke strijd, die ze toch zou verliezen, te verschuiven naar een innerlijke strijd om zo heerschappij over zichzelf te krijgen. Vele vastenheiligen ontsnapten op die manier aan een ongewenst huwelijk en traden ook dikwijls in een klooster in, aangezien dit de enige mogelijkheid was om een opleiding te krijgen. In het klooster lukte eten vaak nog steeds niet. Pas als het meisje eind twintig, begin dertig was, herstelde ze van haar heilige anorexia en werd

Het werk is een allegorische voorstelling van twee hoofdzonden. Boven de twee centrale figuren staan twee engelen, die hun blik afwenden. Ze willen de mensheid, door de figuren rechts weergegeven, waarschuwen voor een liederlijk leven.
J.L. Tiberghien. **De luiheid en de gulzigheid**, olieverf op doek, 1848. Archief OCMW, Gent

EVA VLIEGEN.
bijgenaamd Besje van Meurs.

ze actief in het kloosterleven. Ze bleef rigoureus vasten, maar had het ditmaal onder controle.

Volgens Bell is er een overeenkomst tussen de drijfveren van vrouwen met heilige anorexia en vrouwen met anorexia nervosa. Beiden hebben niet zozeer angst om bij te komen, maar het gewichtsverlies staat voor hen eerder symbool voor hun strijd voor zelfstandigheid. Ze streven naar controle over hun lichaam en hun behoeften. Ook de symptomen zijn vaak gelijklopend. Zowel de heiligen in de late middeleeuwen als hedendaagse anorexiapatiënten zeggen dat ze wel willen eten, maar gewoon geen eetlust hebben of zelfs niet kunnen eten. Het ligt zogezegd buiten hun wil. Toch is het precies hun eigen wil die hen tot het hongeren drijft. Als ze worden gedwongen om te eten, dan treedt er een cyclus op van eten en vervolgens braken. Ook slapen zowel vastenheiligen als anorexiapatiënten vaak weinig en zijn ze lichamelijk zeer actief.

Ten slotte stelt Bell dat de heilige anorexia verdween toen de Kerk zich niet langer verzette tegen voedselonthouding en het anorectisch gedragspatroon niet meer als heilig werd beschouwd. Zo besluit hij dat anorexia nervosa ook minder aantrekkelijk zou zijn voor hedendaagse meisjes als de behoefte van jonge vrouwen aan zelfontplooiing en zelfstandigheid door de maatschappij zou worden gerespecteerd in plaats van tegengewerkt.

CATHARINA VAN SIENA

Catharina Benincasa is volgens Bell een goed voorbeeld van de heilige anorexia. Ze werd omstreeks 1347 in Siena geboren als de helft van een tweeling. Haar ziekelijke zus Giovanna overleed al vroeg nadat Catharina als enige kind een vol jaar borstvoeding kreeg, terwijl Giovanna werd toevertrouwd aan een voedster. Catharina voelde zich al van jongs af aan schuldig voor het feit dat zij nog leefde en haar zus niet. Ook haar moeder wees haar er regelmatig op dat ze hiervoor dankbaar mocht zijn.

Catharina groeide op als een gelukkig, extrovert kind. Toen ze vijf jaar oud was, werd ze in geknielde houding aangetroffen, terwijl ze een weesgegroetje bad bij iedere trede van de trap die naar haar slaapkamer leidde. Door haar speelmaatjes werd ze Euphrosyne genoemd, maar ze noemde deze naam van haar heldin zelf regelmatig. Euphrosyne was een mooi jong meisje dat zich als man vermomde en zich terugtrok in een klooster om te ontkomen aan een opgedrongen huwelijk en een woedende vader. Later zou Catharina met hetzelfde probleem geconfronteerd worden, maar ze zou hier op een heel andere manier mee omgaan. Toen ze zes of zeven jaar oud was, kreeg ze haar eerste visioen, dat ze voor zichzelf hield en in alle stilte overpeinsde. Haar stilzwijgen bewijst al dat ze vanaf dan voor haar innerlijke kracht louter en alleen op haar persoonlijke band met God vertrouwde. Ze maakte haar geest steeds meer tot haar eigen domein en begon ook langzaamaan met het pijnigen van haar lichaam.

Op twaalfjarige leeftijd vond haar moeder dat het tijd was om Catharina op het huwelijk voor te bereiden. Ze werd hierin begeleid door haar zus Bonaventura, waardoor ze plots op een meer wereldse manier in het leven stond. Drie jaar later stierf haar zus in het kraambed. Catharina gaf zichzelf hiervoor opnieuw de schuld en vond terug steun in haar religieuze beleving. Haar moeder liet haar plannen echter niet varen om haar dochter aan een echtgenoot te helpen. Ze zag in de weduwnaar van Bonaventura dé geschikte man, vooral omdat hij, net als haar vader, een verver was. Catharina weigerde niet alleen met hem te huwen, ze wilde eenvoudigweg met geen enkele man trouwen. Ze bewaarde zich voor het mystieke huwelijk met Christus. Ze sloot een pact met God dat het zielenheil van haar familie moest verzekeren. In ruil zou ze alle straffen op zich nemen en een hard leven van ontberingen en eenzaamheid leiden.

Ze overtuigde uiteindelijk haar vader Giacomo dat ze niet van gedachten zou veranderen omdat ze gehoorzaam moest zijn aan God en niet aan de mensen. Hij geloofde haar en beval zijn echtgenote Catharina haar zin te laten doen: dit betekende onder meer zelfpijniging en vasten. Ze stopte volledig met het eten van vlees en alle op het vuur bereide gerechten, behalve brood. Ook dronk ze geen wijn meer, zelfs niet in de allerkleinste hoeveelheden. Vanaf haar zestien jaar overleefde ze dus enkel op brood, water en rauwe groenten, waardoor ze al snel de helft van haar gewicht verloor. Ze kleedde zich enkel in ruwe wol en bond een ijzeren ketting zeer strak rond haar heupen. Drie jaar lang

iegen, bijgenaamd Besje van Meurs, gravure, s.d. Collectie Nauta, Leiden sprak ze alleen nog maar om te biechten en sliep ze slechts dertig minuten per dag op een houten plank. Ze geselde zich ook driemaal per dag en was volledig uitgeput. Maar als ze zich met hart en ziel op een daad van barmhartigheid stortte, dan had ze energie te over. Uit vrees dat ze toch nog zou moeten trouwen, vroeg ze om toe te treden tot de orde van de dominicanen. Toen ze zeer ziek werd, lieten de zusters der boetvaardigheid haar toe tot hun congregatie. Deze zusters leefden niet in een klooster, maar gewoon thuis. Toen ze hoorde dat ze was toegelaten, was ze na enkele dagen al volledig genezen.

Ze trad steeds meer in het openbaar en onderhield nauwe banden met religieuze, maar ook met politieke leiders. Door het grote vertrouwen van paus Gregorius XI slaagde ze erin het pausdom terug te voeren van Frankrijk naar Rome en startte ze eveneens een kruistocht. Ze voelde zich toen ook sterk genoeg om een groep volgelingen rond zich te verzamelen die haar 'Mamma' noemden. Met de verkiezing van Urbanus VI tot paus besefte ze echter dat ze er niet in zou slagen haar kerkhervormingen door te voeren. In 1380 besloot ze haar vastenpraktijk daarom nog strenger te maken en ook geen water meer te drinken. Ze offerde haar eigen lichaam letterlijk op om de Kerk te redden. Dit kostte haar uiteindelijk het leven. Catharina werd in 1461 heilig verklaard.

De anorexia van Catharina van Siena was meer dan alleen een geval van excessieve ascese. Ze slaagde erin door haar extreme levenswijze haar eigen leven in handen te nemen en zich te verzetten tegen haar ouders, haar biechtvaders en elke andere vorm van autoriteit.

MODERNE VASTENHEILIGEN

Vastenheiligen zijn niet samen met de middeleeuwen verdwenen. Ook in de negentiende en zelfs in de twintigste eeuw zijn er nog voorbeelden van deze heilige vrouwen, zij het slechts sporadisch. Vandereycken en Van Deth geven ook hiervan enkele beroemde voorbeelden. Zo was er Louise Lateau (1850-1883) uit het Waalse dorpje Bois-d'Haine. Zij at, dronk of sliep bijna nooit en zat hele nachten in extase te bidden. Ze kreeg in 1868 de stigmata, waarna ze er op vrijdagen niet meer in slaagde om voedsel, hoe weinig ook, door te slikken. Na de paasdagen van het jaar 1871 tot haar dood in 1883 zou ze bijna niets meer gegeten hebben. Tijdens de eerste jaren van haar extreme voedselonthouding was ze hierdoor echter niet ziek geworden. Vooral als ze gedwongen werd te eten ontstonden hevige pijnen en moest ze braken. Hoewel er ook heel wat tegenstanders waren die geloofden dat ze hen bedroog, kon niemand dit ooit bewijzen.

Een bekende twintigste-eeuwse vastenheilige was Therese Neumann. Zij werd in 1898 geboren in het dorpje Konnersreuth in Zuid-Duitsland. Deze boerendochter zou vanaf 1922 tot aan haar dood in 1962 enkel geleefd hebben van de heilige communie. Ook zou ze bijna niets meer gedronken hebben. Toch vermagerde ze niet, noch had ze last van dehydratatie of werd ze ziek. Tijdens de Tweede Wereldoorlog zou ze haar voedselrantsoenkaart geweigerd hebben omdat ze toch niet at. In ruil kreeg ze twee rantsoenkaarten voor zeep omdat ze elke vrijdag de stigmata kreeg en haar lakens en kleren besmeurd waren met bloed. Door haar uitzonderlijk leven trok ze de aandacht en werd ze vereerd, maar ze was ook het onderwerp van talrijke onderzoeken naar eventueel bedrog.

HOE HET VASTEN ZIJN HEILIGHEID VERLOOR

Vastenheiligen als Louise Lateau en Therese Neumann waren veeleer uitzonderlijk. Na de middeleeuwen kwam het fenomeen steeds minder voor. Hiervoor zijn enkele belangrijke redenen verantwoordelijk. In de eerste plaats was er het toenemende verzet van de Kerk die het aantal heiligen binnen de perken wilde houden en probeerde om het canonisatieproces aan strikte regels te binden. Zo werden officiële procedures voor de heiligverklaring opgesteld, zoals in de achttiende eeuw gebeurde door Prospero Lambertini, de latere paus Benedictus XIV. In zijn *De servorum Dei beatificatione et beatorum canonizatione* (1734-1738) probeerde hij de echte vastenheiligen van de bedriegers te scheiden door een aantal criteria te poneren waaraan zo'n heilige vaster moest voldoen. Hij riep hiervoor ook de hulp in van de medische wereld, die concludeerde dat het in het merendeel van de gevallen om bedrog ging. Benedictus stelde dat heiligheid niet wordt afgeleid van het vasten, maar dat het de heiligheid van de vaster is die leidt tot de heiligheid van het hongeren. Een streng kerkelijk en medisch onderzoek was dus aangewezen.

Aangezien steeds minder vasters daadwerkelijk heilig werden verklaard, verloor het vasten voor velen zijn aantrekkingskracht. Vanaf de zeventiende eeuw werd het vasten en de zelfkastijding in het algemeen van de troon verstoten als heiligenideaal en langzamerhand vervangen door liefdadigheid, onderricht en zorgzaamheid.

Tegelijkertijd kwam het vasten steeds vaker voor buiten een religieuze context. In de vijftiende en zestiende eeuw werd langdurig vasten vaak verklaard als hekserij of bezetenheid. Ook werd het vanaf de zestiende eeuw omgedoopt tot spektakel, waarbij strenge voedselonthouding een manier was om zijn brood te verdienen. De hongerkunstenaar, die zijn uitgemergelde lichaam toonde op jaarmarkten of kermissen, was geboren! Tezelfdertijd werd zelfverhongering onderzocht door de medische wereld en werd het langzamerhand een symptoom van een ziekte. (YHL)

Bibliografie

Bell, R.M., *Sancta Anorexia. Vrouwelijke wegen naar heiligheid. Italië 1200-1800*, Amsterdam, Wereldbibliotheek, 1990.

Claes, J., Claes, A. & Vincke, K., *Geneesheiligen in de Lage Landen*, Leuven, Davidsfonds, 2005.

Claes, J., Claes, A. & Vincke, K., *Sanctus. Meer dan 500 heiligen herkennen*, Leuven, Davidsfonds, 2002.

Penning de Vries, P., *De heiligen*, Brugge, Uitgeverij Tabor, 1981.

Van Deth, R. & Vandereycken, W., *Van vastenwonder tot magerzucht. Anorexia nervosa in historisch perspectief*, Meppel-Amsterdam, Boom, 1988.

Van Deth, R. & Vandereycken, W., *Vastenwonder, hongerkunst en magerzucht*, in: P. Allegaert & A. Cailliau (red.), *Vastenheiligen, wondermeisjes en hongerkunstenaars. Een geschiedenis van magerzucht*, Gent, Museum Dr. Guislain, 1991.

Engeltje van der Vlies (1787-1853) leefde in het Zuid-Hollandse Pijnacker en werd dertig jaar lang als een vastenwonder vereerd. Ze zou gedurende die lange periode zonder eten en drinken hebben geleefd en bracht haar dagen door met breien, naaien, lezen en groenten schoonmaken. Pas uit een lijkschouwing na haar dood bleek haar bedrog doordat er overblijfselen van voedsel in haar darmen werden gevonden. De vrouw die haar verpleegde bracht haar dagelijks 'theebouillon' en melk.

Engeltje van der Vlies te Pynacker, gravure, 1827. Collectie Nauta, Leiden

De zusters clarissen, volgelingen van Franciscus van Assisi, zijn een orde gesticht door Clara van Assisi. Zij zou elke maandag, woensdag en vrijdag hebben gevast. Naar haar voorbeeld eten de arme clarissen op Goede Vrijdag, de verstervingsdag bij uitstek, op de grond. Ze ontvangen dan hun portie van de moeder abdis en de priorin.

Guus Bekooy, Zusters clarissen op Goede Vrijdag, foto, 1961. Museum voor Religieuze Kunst, Uden

In dit schilderij draait alles rond het getal drie. Drie engelen zitten biddend voor het sterfbed van Christus. Drie kruisen op de berg Golgotha tekenen zich af in de achtergrond. En samen met de engelen en Golgotha vormt Christus opnieuw een drie-eenheid. Het is een teken van God. Zoals in de *Blijde intrede van Christus in Brussel* is er een opvallende gelijkenis van het gezicht van Christus met dat van Ensor. In religieuze traditie wijzen de uitstekende ribben van Christus op vasten en uitputting. Na zijn zware aardse taak, de vele folteringen en de kruisiging, blaast hij opgelucht zijn laatste adem uit.

James Ensor, **Christ et les anges**, olieverf op doek. Collectie Galerie Adrian David, Knokke

De vastenheilige Catharina van Siena had het niet altijd even gemakkelijk om alle voedsel te laten. Zo ving ze de etter uit de kankerende borstwonden van een vrouw die ze verpleegde op in een kom die ze tot de laatste druppel leegdronk. Dit deed ze om haar lichamelijke behoeften de baas te worden. Die nacht nodigde Jezus haar in een visioen uit om het bloed te drinken dat uit zijn zijwonde stroomde. Daarna had ze geen voedsel meer nodig en was ze bovendien niet meer in staat voedsel te verteren.

Anoniem, **Catharina van Siena drinkt het bloed uit de zijwonde van Christus**, olieverf op paneel. Klooster der Dominicanen, eerste helft 17de eeuw. Sint-Amandsberg

42)

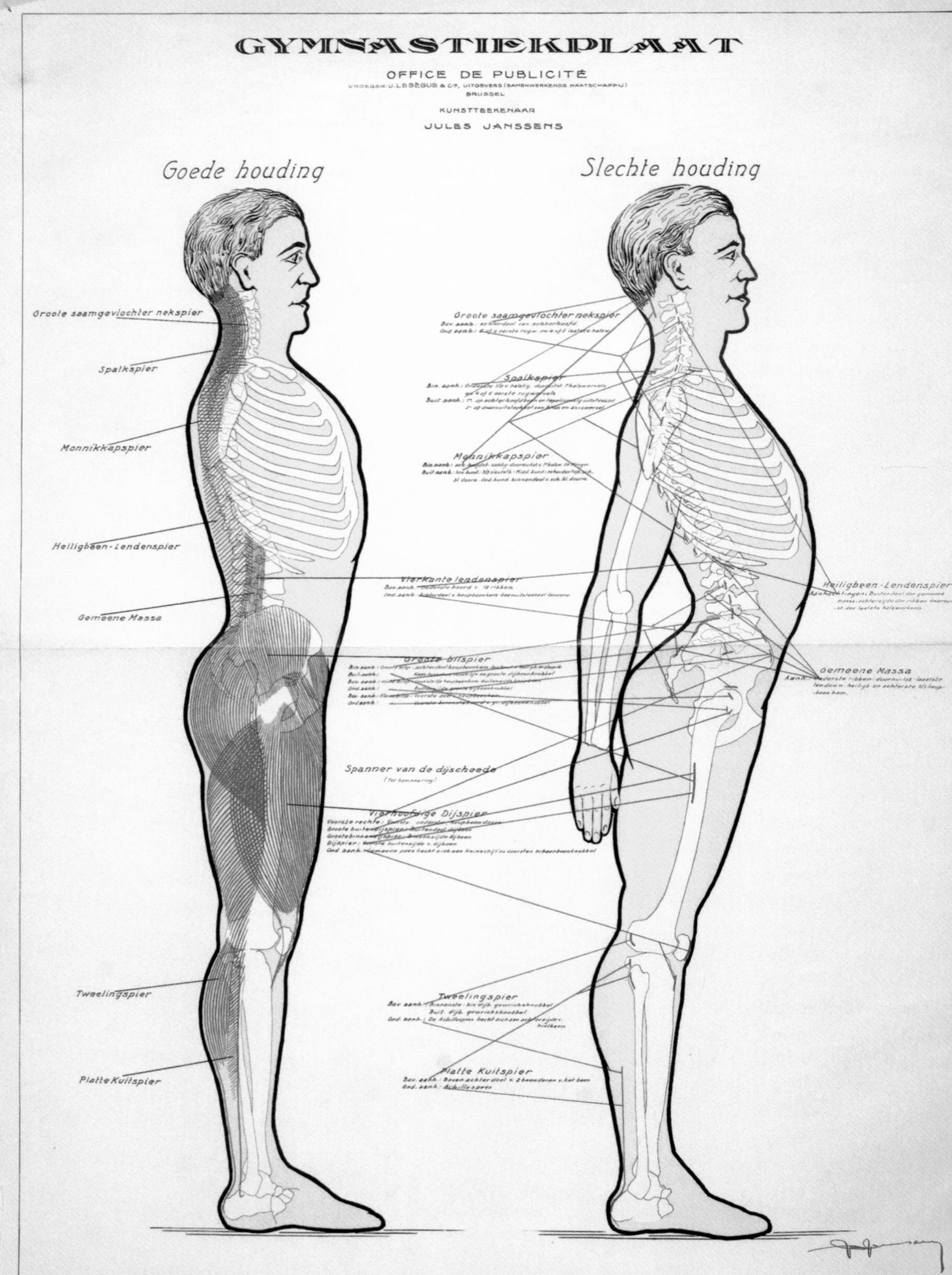

GYMNASTIEKPLAAT
OFFICE DE PUBLICITÉ
BRUSSEL
KUNSTTEEKENAAR
JULES JANSSENS
Goede houding
Slechte houding
Groote saamgevlochter nekspier
Spalkspier
Monnikkapspier
Heiligbeen-Lendenspier
Gemeene Massa
Tweelingspier
Platte Kuitspier
Groote saamgevlochter nekspier
Spalkspier
Monnikkapspier
Vierkante lendenspier
Heiligbeen-Lendenspier
Gemeene Massa
Groote bilspier
Spanner van de dijscheede
Vierhoofdige Dijspier
Tweelingspier
Platte Kuitspier

EVERT PEETERS

Een democratische geest in een socialistisch lichaam

HET OPTIMISME VAN DE ARBEIDERSJEUGDBEWEGING, 1923-1933

Toen de Antwerpse jonge socialist Gust De Munck in 1923 het Arbeidersjeugdverbond (AJV) boven de doopvont hield, moest hij binnen de eigen socialistische beweging behoorlijk wat wantrouwen overwinnen. Partijleiders en vakbondsbonzen, zo meldde *De Jonge Kameraad*, het maandelijkse orgaan van de nieuwe jeugdorganisatie, begrepen niet waarom De Munck de socialistische jeugd tijdens de 1 meistoeten in uniform liet marcheren, in blauwe kiel en rode sjaal. Dat de leden van het AJV op vrije dagen naar het platteland trokken, om door wandelen en kamperen 'het kontakt met Moeder Aarde te herstellen', wekte nog meer onbegrip. Grote bezorgdheid bestond ook over de zogenaamde co-educatie van socialistische jongens en meisjes, net als over de cultus van het krachtige, gezonde lichaam die door de AJV'ers werd beleden. Meest van al werd er gevloekt over de verhoging van de contributies die De Munck doorvoerde om de nieuwe aanpak te financieren. En toch boekte het AJV een bescheiden succes. Voor de jongste leeftijdscategorieën werd ze – tenminste in Vlaanderen – de belangrijkste socialistische jeugdorganisatie. Al die jonge socialisten eigenden zich elementen toe van het moderne jeugdbewegingsideaal dat sinds de late negentiende eeuw door Britse boyscouts en Duitse Wandervögel-jeugd was ontwikkeld. In Vlaanderen had dat ideaal al voor de Eerste Wereldoorlog ingang gevonden binnen niet-socialistische middens, zoals de traditionele Vlaams-katholieke studentenbeweging en later ook de arbeiderstak van de Katholieke Actie. Toch konden de AJV'ers in de rest van Europa ook voorbeelden vinden van socialistische jeugdbewegingen die op de nieuwe leest waren geschoeid. Uniform en uitzicht van het AJV kopieerde De Munck van de gerespecteerde Nederlandse Arbeidersjeugdbeweging die al in 1918 door de latere voorzitter van de SDAP Koos Vorrink was opgezet. En het AJV-lied *De Jonge Garde* leende De Munck van de jeugdbewegingen van de Duitse en Oostenrijkse sociaaldemocratie – zusterpartijen waartegen in het Europese socialistische *imaginaire* sowieso met ontzag werd opgekeken. Op die manier bouwden ook de Vlaamse socialisten voortaan aan een afgesloten 'jeugdrijk' waarbinnen een eigen morele code gold.[1] In hun perspectief werd de opgroeiende jeugd definitief een aparte categorie, en was het geloof in de *Bildung* niet langer een exclusief voorrecht van de burgerij.

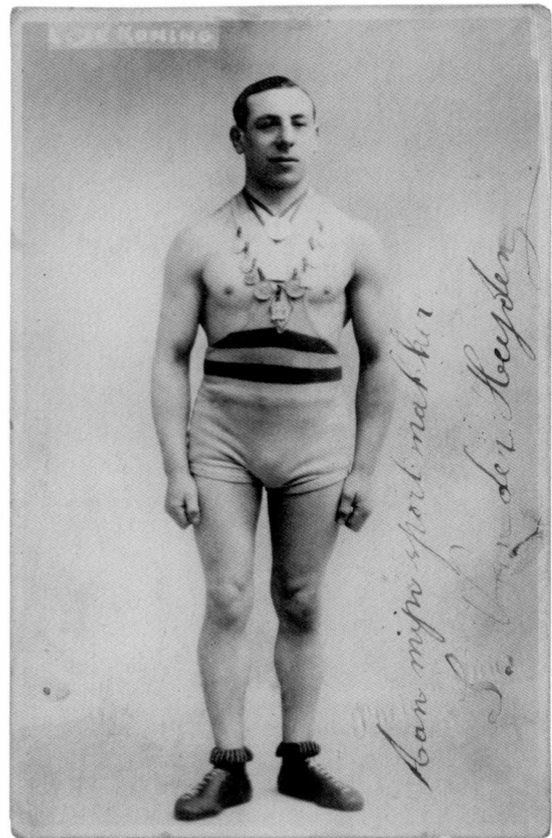

Gymnastiekplaat, Office de publicité, s.d. Sportimonium, Hofstade

Kampioen van België worstelen, foto, 1939. Sportimonium, Hofstade

Het Vlaamse experiment van de arbeidersjeugdbeweging was exemplarisch voor de optimistische stemming die tijdens de jaren 1920 bezit nam van de gehele Europese arbeidersbeweging. De grote vooruitgang die sinds het einde van de Eerste Wereldoorlog door de sociale bewegingen werd geboekt, baarde een krachtig geloof in de mogelijkheden om de bestaande orde te 'democratiseren'.[2] De toekenning van het algemeen stemrecht, de stapsgewijze ontwikkeling van de sociale bescherming, de steeds sterkere positie van de vakbewegingen en de opmars van het partijpolitieke progressisme sterkten het zelfvertrouwen dat sinds de late negentiende eeuw binnen de socialistische subcultuur was gegroeid. Nu de buitenwereld zich in veler ogen naar de druk van de socialistische beweging leek te plooien, kreeg de 'reformistische' geest die al sinds lang de organisatorische logica van de beweging uitmaakte, een explicieter karakter. Bij deze expansieve democratische geest hoorden ook heel concrete, naar binnen gerichte ambities. Naast syndicalisten en politieke militanten was er plots ook nood aan opvoedkundigen die de (jonge) burgers van de democratische toekomst moesten vormen. De opkomst van de nieuwe arbeidersjeugdbeweging in Vlaanderen paste in die transitie. Zij ontwikkelde zich in felle concurrentiestrijd met de vooral in Wallonië dominante Socialistische Jonge Wachten. Deze laatste waren gegroeid uit de strijd tegen het lotelingensysteem en bleven ook tijdens het interbellum de strijd tegen het militarisme als uitgangspunt hanteren van een radicaal – en vaak revolutionair – politiek optreden. Binnen het AJV werd een veel gematigder toon aangeslagen en een gestadige opmars naar de nieuwe samenleving bepleit, op het ritme van een socialistische (zelf-)ontwikkeling die door 'willende' individuen werd verwezenlijkt. Lichaam en geest – of toch een welbepaald socialistisch begrip van die termen – werden cruciale werktuigen van maatschappelijke verandering.

VAN HENDRIK DE MAN EN HET SOCIALISME VAN DE GEEST...

Het was Hendrik De Man die, voor wat de Belgische socialisten betrof, de samenhang tussen democratisch optimisme en hernieuwde aandacht voor opvoeding en

Gymnastiekoefeningen in een naturistenkamp in Linkebeek.
Willy Kessels, **Linkebeek**,
zilverdruk, 1931. Musée de la Photographie, Charleroi © Sofam

cultuur het helderst onder woorden bracht. De radicale intellectueel die voor de Eerste Wereldoorlog tot de kleine marxistische linkervleugel van de Belgische Werkliedenpartij had behoord, was in de jaren 1920 verantwoordelijk geworden voor vorming en opvoeding van socialistische militanten en leiders. Vooral in zijn vroege hoofdwerk *Zur Psychologie des Sozialismus* zocht hij naar nieuwe socialistische categorieën om de diepe ideologische verschuiving die zijn denken sinds de Grote Oorlog had doorgemaakt, te synthetiseren. Anders dan Eduard Bernstein een generatie eerder had gedaan, richtte De Man zijn kritiek niet op 'enkele gedeelten van Marx' sociologie', maar op de gehele 'denkstijl die [deze sociologie] had voortgebracht'. De Man zocht het verband tussen maatschappelijke omstandigheden en maatschappelijke subjecten niet langer in de marxistische materie of in de hegeliaanse geest, maar in een nietzscheaans aandoende wilsact. Het socialisme was voor De Man tegelijk de mentale uitdrukking van het 'instinctieve minderwaardigheidscomplex' van de arbeidersklasse en de scheppende 'idee' van de toekomstige samenleving. In een context van toenemende sociale diversificatie had die cultureelpsychologische dimensie zich pas echt duidelijk gemanifesteerd. Onder

Th. Rinsema, **De voetballers**, olieverf op doek, 1925.
Collectie Museum Belvédère – Oranjewoud, Heerenveen

invloed van economische en politieke democratisering, zo had De Man ook al voor de oorlog beweerd, leken werklieden immers steeds verder te 'verburgerlijken' in plaats van te 'proletariseren'. Burgerlijke opvattingen en levenshoudingen die tevoren eenvoudig onbereikbaar waren geweest, konden nu ook door arbeiders worden geïmiteerd. Wat als de 'materialistische' omvorming van de samenleving niet tot een nieuwe toekomstmens, maar tot zijn tegendeel voerde? In een tijdperk van democratisering kwam de ontwikkeling van de verhoopte 'proletarische cultuur' als vanzelf op de socialistische agenda terecht. Niet omdat zij zichtbaarder werd, maar net omdat zij, overgelaten aan de maatschappelijke drijfkrachten, juist geheel afwezig bleef.

Op die manier maakte De Man het socialisme tot een cultuurbeweging. Hij stelde zijn aanhangers een maatschappelijke transformatie door volksverheffing in het vooruitzicht, eerder dan revolutionaire omwentelingen of – louter – politieke machtsverwerving. Zoals het sterke geloof in maatschappelijke democratisering, was ook deze wending naar de cultuur natuurlijk geen uitvinding van de jaren 1920. Het praktische Belgische socialisme, met name in de mutualiteiten en coöpera-

Lichaamsbeweging op de werkvloer, foto, ca. 1970. Sportimonium, Hofstade

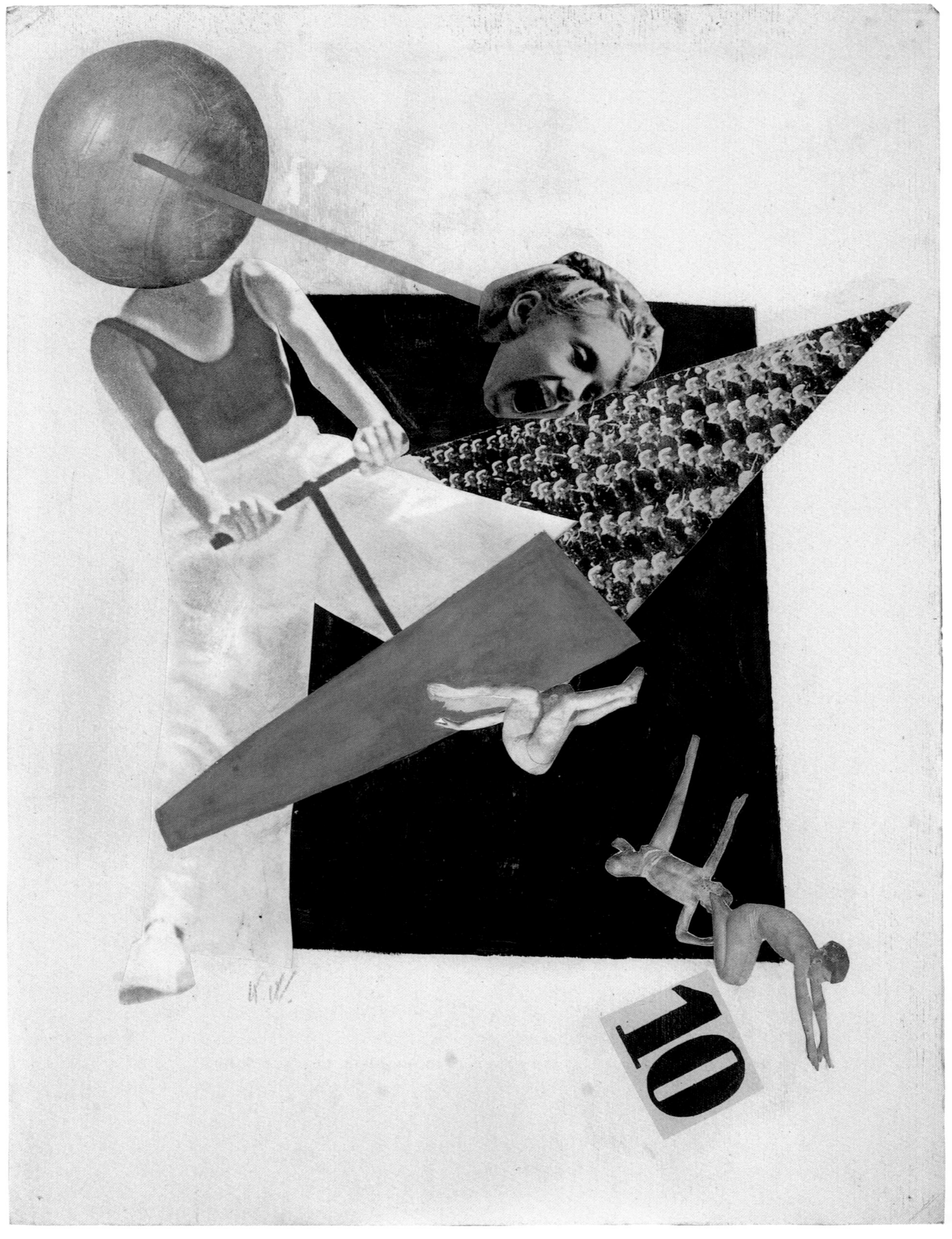
10

mann zou een Duitser
ie in 1958 is gestorven in
ussisch gevangenkamp.
aar de biografische
ens. Meer is er niet.
staat dan ook twijfel over
estaan van Waldmann
werk pas dertig jaar
n dood werd ontdekt.
collages vormt hygiëne,
ne en communisme
le draad. In de lijn van
nstructivisten worden
t georkestreerde
nmassa's getoond met
tletisch gebouwde lichamen.

'aldmann, **Zonder titel**,
s.d. Verbeke Foundation, Kemzeke

Karl Waldmann, **Hanna Reitsch**,
collage, s.d. Verbeke Foundation, Kemzeke

Belgische Werkliedenpartij. - Afd. Gent

ALGEMEEN PROGRAMMA

VAN HET

ARBEIDERS-FEEST

MEI-AVOND

Aankondiging van het Arbeiders-Feest door de groote klok Roeland en door Beiaardspel

Van 6 tot 7 uur BEIAARD CONCERT op het Belfort

Om 6 uur, Plechtige inhuldiging der Vlag van het Socialistisch Onderwijzers-Syndikaat van Gent, in het Feestlokaal « Vooruit », St-Pietersnieuwstraat.

Om 8 uur, Inhuldiging van het Vaandel der Gentsche Accordeonisten in het lokaal « Ons Huis » Vrijdagmarkt.

en den Tooneelkring *Defuisseaux*. Toespraak door gezel Vergeylen.

Wijkclub Plezante Vest (Jan Volders). — Om 8 uur wandeling met muziek door de straten van de wijk. Toespraak door gezel Rogghé en Concert.

Wijkclub St. Lievensstraat. — Om 8 uur *Gratis Bal* met versiering der zaal.

tieven, had zich al omstreeks 1900 ingespannen om socialistische cultuurtempels en goedkope socialistische persorganen op te richten, of arbeidersbibliotheken en zogenaamde *university extensions* tot ontwikkeling te brengen. Voor De Man werd nu ook de socialistische jeugdbeweging binnen dat programma ingepast. Het belang van de opvoeding dwong in de eerste plaats tot een individualisering van het socialistische discours. Was het wel zinvol, zo vroeg De Man zich af, om de massa waarover Marx had geschreven, te verbinden met 'andere kwaliteiten dan de eigenschappen van de individuen die haar bevolkten?' De nieuwe samenleving werd een zaak van zuivere moraliteit die door het individu van jongs af aan moest worden bevochten op de negatieve invloeden die door de bestaande orde op hem werden uitgeoefend. Een tweede bijeffect van die pedagogisering was de 'spirituele' lading – de term was opnieuw van De Man zelf – waarmee het bewuste gemeenschappelijke optreden van de jonge socialisten werd geladen. Socialisten verdedigden, schreef De Man, 'zeer hoog gestemde, vitale, spirituele waarden'. Dat abstracte ideaal werd bij De Man gekleurd met de neoromantische retoriek over de 'nieuwe gemeenschap' die tijdens het interbellum ook door heel andere ideologen werd gehanteerd. In een industriële samenleving die, zoals Ferdinand Tönnies al op het einde van de negentiende eeuw had betoogd, de voorouderlijke *Gemeinschaft* tot een geïndividualiseerde en verzakelijkte *Gesellschaft* had gemaakt, zocht De Man naar 'een nieuwe levensopvatting, zelfs een nieuwe religie'. Die religie steunde op nieuwe *Vorstellungen* en *Gestalten*: bewust gecreëerde visoenen van de socialistische toekomst. Hier regeerde de geest van een nieuwe jeugd.

... NAAR HET SOCIALISTISCHE LICHAAM VAN DE ARBEIDERSJEUGDBEWEGING

Maar het bleef niet bij geestelijke affecten alleen. Dat bleek in het experiment van de AJV waarvoor De Man vanaf het begin een grote sympathie opvatte. In 1921 al was hij, samen met onder meer De Munck, aanwezig op het internationaal treffen van socialistische jeugdleiders in Bielefeld dat de ontwikkelingen ook in Vlaanderen in een stroomversnelling zou brengen. In het AJV, net als in de Duitse voorbeeldbewegingen die De Man goed kende, werd het socialisme geherdefinieerd als zelfhervorming. Naar een maxime van de Nederlandse socialist Pieter Jelles Troelstra werd in het tijdschrift van het Arbeidersjeugdverbond opgeroepen om 'onszelf te socialiseren: het Socialisme nu!' Ook hier had de overtuiging postgevat dat, zoals de hoofdredacteur van *De Jonge Kameraad* Thuur De Swemer schreef, het kapitalisme 'niet alleen op ekonomisch terrein bestreden dient te worden'. Het kapitalisme, was ook een 'geestesgesteldheid' die zich doorzette tot in de kleinste schakel van het intermenselijk verkeer. 'Als de mens innerlik niet verandert', kon de verhoopte 'nieuwe wereldorde' nooit worden bereikt. De sociale revolutie kreeg op die manier een bijzonder onmiddellijk karakter. Zij was niets anders dan de doorvoering van een heel individueel, bewust wilsbesluit. 'De nieuwe,

…che kondigt de viering van het Feest van de Arbeid aan in Gent. Een jonge …dere arbeider met naakt, gespierd bovenlijf en werkschort voor, slaan de handen …ar. Erboven is een vrouw te zien die een jongen met een palmtak in de hand … meisje met een lauwerkrans op het hoofd, omarmt. Zowel de palmtak als …werkrans staan symbool voor de overwinning.
…van den Arbeid, affiche Robert Colire, s.d. Amsab-ISG, Gent

Deze prentbriefkaart symboliseert de overwinning van de socialisten op de kapitalisten. De arbeider wordt in de socialistische propaganda steeds als sterk en gespierd voorgesteld, het ideaal dat ook in realiteit werd nagestreefd. De kapitalist wordt als lui ervaren, en dus als een dikke man afgebeeld.
L'unité c'est la force, prentbriefkaart, s.d. Amsab-ISG, Gent

socialistische levensinhoud zoeken en verwerven', dat was de 'dringendste taak'. Maar wat zo dicht binnen bereik leek te liggen, was tegelijk weinig tastbaar. De leiders van het AJV bepleitten een geest van persoonlijke opoffering en verzaking. Zelf gewaagden ze van een geest van 'levensextremisme'. Hier werd een parcours van bekering geschetst, 'door eenvoud naar schoonheid en door waarheid naar liefde'. In die retoriek klonk een socialistische opstandigheid door: het ging om een gevecht tegen het kapitalisme dat 'ons als houding [wil] opleggen: "bukken en geloven!"' Maar tegelijk maakte die taal de jonge socialisten tot engelachtige figuren, tot 'nieuwe menschen' die, 'nu we een kultuur vol schande zien omlaagstorten', 'verkondigers, maar ook dragers moeten zijn van het nieuwe licht'.

Het was een bijna-christelijke taal die vanaf het begin in evenwicht werd gehouden door een andere, lichamelijker taal. De verheffing van de socialistische jeugd in een democratiserende samenleving vroeg immers ook om tastbaarder resultaten: het socialisme construeerde ook nieuwe lichamen, met behulp van een nieuwe lichaamscultuur. De Man had zijn inleiding bij *Zur Psychologie* geopend met een oproep van Nietzsche om 'te schrijven met je bloed – om te leren dat het bloed de geest is'. Het culturele, spirituele socialisme vroeg om daden, als het niet wilde verworden tot dweperige woordenkramerij of, in de termen van de opstellers van *De Jonge Kameraad*, tot 'wierook aan eigen verhevenheid van geest en hart'. Wie in het gevecht voor de vestiging van de socialistische samenleving een hefboom en geen belemmering wilde zijn, moest zelfbeheersing tonen. Vooral lichamelijke harding hielp 'de klip van uw onoverwonnen ik-heid' slechten. Van jongs af aan dienden socialisten zich te trainen in 'de moeilijkste aller kampen: de overwinning van onszelf'. Onthouding van alcohol en tabak waren belangrijke stappen in die strijd, hoewel een minderheid binnen het AJV ook met vegetarisme experimenteerde. Maar ook turnen en andere sporten maakten deel uit van het programma. Actieve sportbeoefening – en niet de passieve toeschouwersrol bij de grote kampioenschappen – werd in de *De Jonge Kameraad* aangeprezen als een heilzaam 'verweer tegen de overheersching van het mekanisme' in de moderne samenleving. De socialisten probeerden het visuele spektakel dat samenhing

Aangezien arbeiders minder uren moesten werken, kwam er meer tijd vrij. Het doel was om deze vrije tijd voor een groot deel in te vullen met sporten, gezond eten en ontmoetingen. Teamsporten pasten natuurlijk het best bij de idealen. Een hoogtepunt was de Olympische Spelen voor arbeiders, de Arbeidersolympiades. Tienduizenden arbeiders kwamen in 1931 bijeen in Wenen en in 1937 in Antwerpen. Natuurlijk ging het hier vooral om het gevoel van samen te sporten en niet om de medaille. Bij de wedstrijden werden niet de nationale volksliederen gespeeld, maar *De Internationale*, het socialistische strijdlied.
II-ième Olympiade Ouvrière, affiche Victor Theodor Slama, s.d. Amsab-ISG, Gent

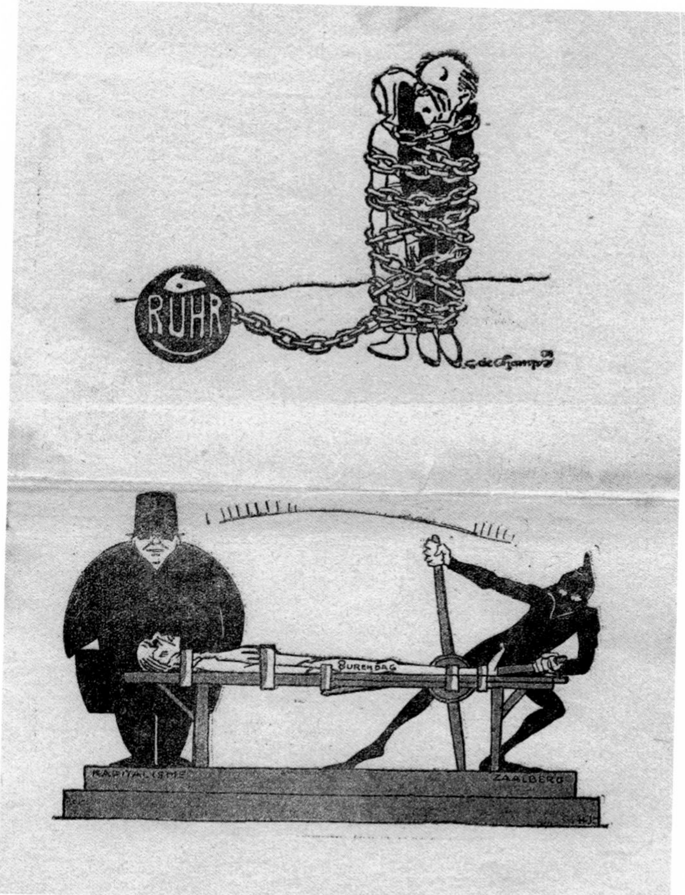

Met deze prent wil de arbeidersbeweging oproepen tot de invoering van de achturige werkdag. Hoewel deze regel na een staking al in 1856 in Melbourne werd ingevoerd en daarna op 1 mei 1886 in Amerika, duurde het in België tot na de Tweede Wereldoorlog vooraleer de achturendag een feit was. Het Feest van de Arbeid op 1 mei vindt dan ook zijn oorsprong in de strijd voor de invoering van deze achturige werkdag. De prent toont onderaan een uitgemergelde figuur op een pijnbank die wordt uitgerekt door een beul onder het toezicht van een dikke man met hoed. In de propagandaprenten wordt de kapitalist dikwijls als een dikke man afgebeeld, terwijl de gewone, onderdrukte man mager wordt voorgesteld.

Zonder titel, prent over het uitpersen van de kleine man door de dikke kapitalist. Amsab-ISG, Gent

met de democratisering van de stedelijke vrijetijdscultuur zoveel als mogelijk te ontdoen van het competitieve element. Ook hier dienden niet de 'ik-instincten' en het 'zinloos streven naar titels en kampioenschappen', maar de gemeenschappelijke oefening te primeren. Op het kampterrein en op de zondagse bijeenkomsten werd aan een krachtige jeugd gewerkt, die ook in haar lichamelijke (gemeenschappelijke) verschijning de nieuwe toekomst aanschouwelijk maakte. Die jeugd liet, zoals in *De Jonge Kameraad* werd beweerd, 'niets in het onbewuste'. Haar lichamen waren, zo suggereerde de propaganda, transparant.

Toch was die lichamelijke weerspiegeling van de beoogde spirituele hervorming geen eenvoudige zaak. De verhouding tussen beide grootheden was dubbelzinnig. De Antwerpse kunstdanseres Lea Daan, die bij herhaling AJV'ers begeleidde bij hun turnoefeningen, schreef dat het lichaam een hulpmiddel was in dienst van een hoger doel. Lichamelijke beweging hielp om 'het dynamische van het hedendaagsche leven' binnen te brengen in de socialistische beweging. Op die manier kon er komaf worden gemaakt met 'de intellectualistische beschouwingen en geraffineerde gevoelssensaties' waarin de voorgaande generaties waren 'verstard'. Met name de zogenaamde lekendans, die in groep werd uitgevoerd volgens een betrekkelijk los patroon, was voor Daan een probaat middel om bij de 'jeugdige, levenskrachtige mens' die in opstand kwam 'tegen de konventionele levenshouding der generaties van voor den oorlog', de innerlijke harmonie tussen lichaam en geest te herstellen. Opnieuw kon het individu dat evenwicht niet volledig in zichzelf vinden. Ook deze relatie kon

maar worden hersteld in de schoot van de gemeenschap. En de dansende gemeenschapsmens, zo beklemtoonde Daan, was uitdrukkelijk niet de massamens die bijvoorbeeld op de voetbaltribunes opeengepakt zat. Hier toonde zich integendeel de 'persoonlijkheid die verzet durft aan te teekenen tegen elke verstomping en nivelleering'. Het was een dansvorm die, zoals de socialistische toekomst, nog in ontwikkeling was. En bijgevolg was zij ook gedeeltelijk onbepaald. Daan leerde haar gehoor dat de nieuwe dansvorm, anders dan de traditionele volksdans die in de arbeidersjeugdbeweging eveneens werd beoefend, een vormelijk modernisme inhield. Zoals de zuivere affecten en bij De Man, was ook de socialistische dans een 'nieuw feit' dat zich 'in den wirwar van dekadente kunst en van experimen teele "kunst"', door de 'chaos van verworden maatschap pelijke verhoudingen', een weg naar de toekomst baande

Uit die omschrijvingen blijkt dat wat werd aangeva als een lichamelijke oefening in dienst van een geeste lijk doel, al snel in zijn tegendeel leek te veranderen Het was een weinig tastbare ervaring die in de gemeen schapsdans werd gezocht, eerder dan een duidelijk ge articuleerd programma – laat staan een politiek pro gramma. Het kon allemaal best aantrekkelijk zijn om zoals Daan het voorspiegelde, de eigen wil te onderwe pen aan een hoger psychisme – 'de gemeenschapswil Daarmee was echter nog niet duidelijk wat met die ge meenschapswil precies werd bedoeld. Hoewel de ps

Zonder titel, foto, 1924. Amsab-ISG, Gent

chologische en lichamelijke beelden heftige affecten opriepen, bleken zij al snel te leeg om de deelnemers iets over een *reële* toekomst te kunnen vertellen. De zelfstrelende wierook die de AJV-leiders nu juist hadden willen vermijden, bleek maar al te vaak het enige wat zij produceerden. Heel scherp bleek dat in het *Vorstellungssymbol* van de Toren der Kameraadschap die op elk pinksterfeest en zomerkamp – de jaarlijkse bijeenkomsten van de gehele arbeidersjeugdbeweging – van de partij was. Het houten staketsel werd door de jonge socialisten opgetrokken en tijdens de duur van het verblijf angstvallig bewaakt om het in alle weersomstandigheden overeind te houden. Talloos waren de rapporten die in *De Jonge Kameraad* werden gepubliceerd over hevige windstoten en over manhaftige redders die de Toren niettemin in de lucht hielden. Onveranderlijk werd het gevaar ruim op tijd door een oplettende ziel gesignaleerd, waarop er nooit 'ook maar één oogenblik werd geaarzeld' door de kameraden. Na een zomerkamp in 1928 verhaalde groepsleider Octaaf de Swaef over 'vijftig jongens, de meesten barvoets, in badkostuum of zelfs met naakte borst, die zich inspanden om ons torentje weer recht te helpen'. 'De gespannen heldere blikken onder den donkeren hemel [van] die vijftig jonge stevige kerels die met al hun spierkracht aanleunden tegen den toren, onder den kletsenden regen, onder de bliksemschichten,' aldus het verslag, 'was waardig het onderwerp te leveren voor een kunstwerk,' Dat hier een beeld werd opgeroepen waarin de verslaggever en zijn lezers 'met heel hun laaiend hart hebben leeren opgaan', behoeft geen betoog. Maar wat de gebeeldhouwde lichamen (en de emoties die zij opriepen) precies met het socialisme te maken hadden, bleef een open vraag.

EEN OPTIMISME ZONDER GROND?

Achter het optimistische vertoog van de arbeidersjeugdbeweging over lichaam en geest school een intrigerend probleem. Het verband tussen maatschappelijke democratisering en de nieuwe jeugdbewegingsmethoden was voor de AJV-propagandisten vanaf het begin vanzelfsprekend geweest. Om de nieuwe wereld bewoonbaar te maken, leek de cultureelsocialistische aanpak het meest geschikt. Dat was ook wat de hoofdrolspelers in het AJV-experiment zich jaren later bleven herinneren. Toen de voormalige groepsleider Bert van Kerckhoven ter gelegenheid van het vijftigjarige jubileum van het AJV in 1973 terugblikte op het optimisme van de beginjaren, herhaalde ook hij dat de socialistische jeugd na de Eerste Wereldoorlog voor de taak had gestaan 'socialistische mensen [te vormen], doordrongen van een socialistische geest', eerder dan 'politici in de dop'. Hij herinnerde zich trots dat de arbeidersjeugd in het AJV had geleerd 'in het alledaagse leven' te tonen 'dat het belang van de gemeenschap voor dat van de enkeling [gaat]'. En ook hier was het verband tussen de politieke waarden, de geestelijke hervorming en de lichamelijke oefening voor de hand liggend. Het gemeen-

Het tijdschrift *URSS en construction* verscheen maandelijks van 1930 tot 1949 in vier talen en was bedoeld voor een internationaal publiek dat de ontwikkeling van de Sovjet-Unie wilde volgen. Tussen 1930 en 1940 leverden de beste sovjetfotografen en -vormgevers hun bijdrage aan dit magazine. Het zomernummer van 1934 is een themanummer rond lichaamscultuur en sport.
URSS en construction, tijdschrift, 1934. Amsab-ISG, Gent

schapsleven was een zaak van 'jonge mensen, geen stijve harken', een zaak van 'vrij en uitbundig leven'. In Van Kerckhovens herinnering – en in die van de meeste andere deelnemers aan de plechtigheid in 1973 – waren 'spel, zang en dans, spreek- en bewegingskoor' tot specifieke socialistische strijdmiddelen geworden. Zij hadden het hele ritme, de stijl en zelfs het 'levensgevoel' van de AJV-jongeren beheerst. In de achteruitkijkspiegel waren 'eenvoud en waarheid' er opgewaardeerd tot hoekstenen van een hele cultuur.[3]

En toch was het niet zo eenvoudig. Precies dezelfde cultuur werd immers na de Eerste Wereldoorlog ook binnen heel andere contexten beleefd, ver buiten de socialistische jeugdbeweging. Volksdansen, kamperen en wandelen golden ook als wachtwoorden in de katholieke jeugdbeweging, maar ook in pluralistische koepels zoals de Jeugdherbergcentrale, de Vlaamsche Kampeer Gemeenschap of de zogenaamde vrije jeugdbeweging. Niet alles gebeurde daar op dezelfde manier als in het AJV. Katholieke jeugdleiders als Ernest van der Hallen pasten de retoriek van het 'levensextremisme' in binnen een minder optimistisch, antimodern vertoog. Tegelijk nam hij scherp afstand van de co-educatie – het vrije jeugdleven bleef in katholieke kringen een wereld van gescheiden seksen. Dat gebeurde op veel grotere schaal ook binnen de Katholieke Arbeidersjeugd. Weer andere variaties bestonden er binnen de Jeugdherbergcentrale of de georganiseerde volksdansbeweging, waar vooral de groeiende spanning tussen socialistische en (Vlaams-)nationalistische vertogen opviel. Vooral binnen het zeer kleine, niet-verzuilde netwerk van de 'vrije jeugdbeweging' materialiseerde zich binnen de nieuwe lichaams- en geestescultuur ook een revolutionaire ideologie. Voor een linkse minderheid die zich

Het getrainde lichaam moest symbool staan voor de nieuwe socialistische wereld. De part spoorde zijn leden aan om alle vormen van spor te beoefenen, waaronde turnen. Er werden lokale turnclubs opgericht met sprekende namen als De Toekomst, Steeds Hooger en Volharding.

Om springlevend te blijven: turnt, prentbriefkaart, s.d. Amsab-ISG, Gent vanaf het einde van de jaren 1920 binnen deze 'vrije jeugdbeweging' profileerden, ging de lichaamscultuur samen met een communistische overtuiging. De meerderheid binnen het losse vrije jeugdbewegingsnetwerk evolueerde echter in de tegenovergestelde, radicaalrechtse richting. In groepjes zoals het Antwerpse Wunihild ging de nieuwe lichaamscultuur samen met een fascistisch maatschappijproject. Eerst Mussolini en vervolgens Hitler werden in deze context tot vlaggen van een heel nieuwe, in raciale termen gedefinieerde gezondheid uitgeroepen.

Nog veel problematischer was dat de nieuwe geestes- en lichaamscultuur ook binnen die rivaliserende politieke contexten een logica van 'democratisering' diende – die weliswaar op een heel andere manier werd begrepen. Er kwamen radicaalrechtse kapers op de kust die een heel ander, etnisch gedefinieerd 'volk' aan de macht wilden brengen. In de nieuwe jeugdbeweging bleken concurrerende noties van volkssoevereiniteit en democratie in het geding. En vooral aan de uiterst linker- en rechterzijde luidde dat meningsverschil de terugkeer in van revolutionaire denkstijlen. Het was een gewaarwording die binnen de AJV-groepen slecht met enige vertraging doordrong. De arbeidersjeugdvereniging nam gedurende de jaren 1920 deel aan verschillende zuiloverschrijdende evenementen van de jeugdherberg- volksdans- of kampeerbeweging. De oppervlakkige samenwerking met jeugdgroepen met een radicaal ander ideologisch profiel hoefde, zo bleek uit de verslagen in *De Jonge Kameraard*, niet per se tot problemen te leiden. Het was met grote ontzetting dat het verenigingsblad in 1933, kort na de machtsovername door Hitler in Duitsland, melding maakte van de nazistische sympathieën van enkele Antwerpse vrije jeugdverenigingen. Dat een lid van een van deze groepen op een pluralistische kampeerbijeenkomst de swastikavlag had gehesen, had de AJV'ers met de neus op een feit gedrukt dat de optimistische democraten misschien liever hadden ontkend. De AJV-leden werden vanaf dat moment door hun leiders gewaarschuwd voor het ideologisch karakter van vele 'Vlaams-nationalistische jeugdgroepen' en elke samenwerking met de Vlaamsche Kampeer Gemeenschap was voortaan verboden. De socialistische jongeren moesten ervaren dat de nieuwe gemeenschap die zij bepleitten, door politieke tegenstanders steeds duidelijker met heel andere betekenissen werd geladen. Indirect bleek in die overdracht ook hoezeer de vormentaal van het 'culturele socialisme' beheerst bleef door elitarisme. Socialistische geestes- en lichaamscultuur waren krachtige werktuigen geweest van een optimistisch geloof in de nieuwe, democratische samenleving. Een dam tegen de stuwkracht van het nieuwe fascisme konden zij echter niet zijn. Ook de meest enthousiaste lezers van De Man konden in mei 1940 niet langer aan die vaststelling ontkomen. (EP)

Bibliografie

De Jonge Kameraad. Orgaan van het Arbeidersjeugdverbond België, 1926-1933.

Claeys-Van Haegendoren, M., *Hendrik De Man. Biografie*, Antwerpen, Nederlandse Boekhandel, 1972, pp. 118-145.

De Man, H., *Zur Psychologie des Sozialismus*, Jena, E. Diederichs, 1926.

Dooms, C., *De arbeidersjeugdbeweging in het interbellum (1923-1940)*, onuitgegeven licentiaatsverhandeling, Gent, 1984.

Dodge, P., *Beyond Marxism: the Faith and Works of Hendrik de Man*, Den Haag, Martinus Nijhoff, 1966.

Dodge, P., *A documentary study of Hendrik de Man, socialist critic of* Marxism, Princeton University Press, 1979.

Harmsen, G., *Blauwe en rode jeugd. Een bijdrage tot de geschiedenis van de Nederlandse jeugdbeweging tussen 1853 en 1940*, Assen, Van Gorcum, 1963.

Hartveld, L., De Jong Edz., F. & Kuperus, D., *De arbeidersjeugdcentrale A.J.C., 1918-1940/1945-1959*, Amsterdam, Van Gennep, 1982 (De Nederlandse arbeidersbeweging 11).

Maebe, J., *De jeugdherberg: van ideologische logiesvorm tot kruispunt van belangen*, onuitgegeven licentiaatsverhandeling, Brugge, 1992.

Steppe, J.A., *Vivo: het Vlaams Instituut voor Volksdans en Volksmuziek, 1935-1945. Het ontstaan van de volksdansbeweging in Vlaanderen*, onuitgegeven licentiaatsverhandeling, Leuven, 1998.

Van Doorselaer, M., *Vrije jeugbeweging, volksdansbeweging en jeugdherbergen in Vlaanderen, 1918-1940*, onuitgegeven licentiaatsverhandeling, Gent, 1980.

Van Doorselaer, M. & Vandermeersch, P., *Alternatief jeugdleven in Vlaanderen (1918-1940)*, in: *Spieghel Historiael* 21, 1986, pp. 192-198.

Vermandere, M., *Vrijheid door verantwoordelijkheid: Coëducatie in de Arbeidersjeugdbeweging*, in: Deweerdt, D. (red.), Begeerte heeft ons aangeraakt. Socialisten, sekse en seksualiteit, Gent, Provinciebestuur Oost-Vlaanderen, 1999, pp. 311-343 (Bijdragen Museum van de Vlaamse Sociale Strijd, 16).

Vermandere, M., *Door gelijke drang bewogen? De socialistische partij en haar jeugdbeweging, 1886-1944*, in: *Bijdragen tot de Eigentijdse Geschiedenis* 8, 2001, pp. 225-256.

Van der Laarse, R. & Melching, W. (red.), *De hang naar zuiverheid. De cultuur van het moderne Europa*, Amsterdam, het Spinhuis, 1998, pp. 15-50.

Wiedijk, C.H., *Het 'nieuwe socialisme' van de jaren dertig*, Amsterdam, IISG, 2000 (IISG Research Paper 38).

Wiedijk, C.H., *Het 'nieuwe socialisme' van de jaren dertig*, Amsterdam, 2000.

Noten

1 Vos, L., *Jeugdbeweging*, in: R. de Schryver e.a. (ed.), *Nieuwe Encyclopedie van de Vlaamse Beweging*, dl. 2, Tielt, 1998, pp. 1556-1569.

2 Zie o.m. Eley, G., *Forging Democracy. The History of the Left in Europe, 1750-2000*, New York, 2002, pp. 201-234.

3 *Gedenkboek 1923-1973. Van de nationale bijeenkomst van oud-leden van de arbeidersjeugd op zaterdag 1 september 1973*, Antwerpen, 1973, pp. 19-20.

Edward Bright gebohren zu Malden in der Provinz Essex. wurde für den dick und fettesten Man in ganz Engeland gehalten, hatte an Gewi 680 Pfund, war nicht gar groß, doch waren seine Füße so dick als eines mittl. Mannes Leib, wie man auch mit seiner Weste 7 Mäner umfaßen konte, sonsten von guter Leibes Constitution bis auf ein paar Jahr vor seinem todt, welcher A.° 1751 in dem 30.ten Jahr seines alters zu Londen erfolgte, hatte seine Frau mit dem 6.ten Kinde schwanger hinterlaßen.

Ioh. Daniel Scheffler jun. ad vivum del. Londen 1751. *Gabriel Bodenehr jun. sc. et exc. Aug. Vin.*

WALTER VANDEREYCKEN & RON VAN DETH

Volslank

EEN GESCHIEDENIS DOOR DIK EN DUN

Volgens *Van Dale* betekent 'volslank': slank met ronde vormen. Het is een modern eufemisme voor wie de term 'dik' als een scheldwoord klinkt. Je kunt het ook hebben over mollig, gevuld, rond, weldoorvoed, goed in zijn vlees zittend... Overgewicht kreeg mettertijd allerlei omschrijvingen: in meer lekentermen als vetzucht, zwaarlijvigheid, corpulentie en (grand) embonpoint; daarnaast de medische begrippen obesitas en adipositas (in Latijnse teksten ook *pinguedo* of *polysarcia*).

MOREEL GEWIKT EN MEDISCH GEWOGEN

Reeds in de vroegste medische schriften over zwaarlijvigheid klonk een moreel oordeel. Voortbouwend op de traditie van Hippocrates maakte Galenos in de tweede eeuw onderscheid tussen natuurlijke en ziekelijke obesitas, waarbij hij de tweede vorm beschouwde als een persoonlijke tekortkoming door de gezonde regels van de natuur niet te gehoorzamen. Deze opvatting bleef toonaangevend tot in de zestiende en zeventiende eeuw toen de eerste medische traktaten verschenen die precies aan zwaarlijvigheid gewijd waren. De basisopvatting over de oorzaken van ziekten bleef grotendeels dezelfde ondanks allerlei nieuwere varianten. Veelal werden allerlei ziekteverschijnselen gezien als de uiting van een verstoorde balans in het lichaam, meer bepaald in de verhouding of het samenspel tussen lichaamsvochten (bloed, urine, gal), warmte en lucht (ademhaling) of spijsvertering (stoelgang). Vanuit deze visie observeerde en ondervroeg de arts zijn patiënten. Deze wijze van geneeskunde, vooral gebaseerd op de 'klinische blik', bleef gangbaar tot ver in de negentiende eeuw.

Vooral in de achttiende eeuw werden ijverige pogingen ondernomen om de grote diversiteit aan ziektebeelden te ordenen. In navolging van de Zweedse bioloog Linnaeus die de plantenwereld indeelde, ontwierpen artsen diverse en steeds complexere classificatiesystemen van ziekten. Bekende exponenten van deze nosologische werkwijze waren William Cullen (1710-1790) in Edinburgh en François Boissier de Sauvages (1706-1767) in Montpellier. Eigenaardig genoeg deelden beiden zwaarlijvigheid in onder de '*cachexies*', de vormen van uitmergeling of uittering van het lichaam, maar plaatsen ze in een afzonderlijke groep bij de 'opzwellingen' van het lichaam (naast de hydropsie of waterzucht, een abnormale vochtophoping in het lichaam). Men spreekt dan wel van een ziekte maar bekritiseert ook de levenswijze van de zwaarlijvige. Zo schrijft Boissier de Sauvages in zijn *Nosologie Méthodique* (1775): 'De goede staat van de maag, de smakelijke en overvloedige maaltijden die men gebruikt, een slappe lichaamshouding, [...] een vrolijk, gemakkelijk en lui leven, dat zijn de oorzaken van corpulentie.' Deze morele ondertoon van stigmatisering en schuldinductie, door te verwijzen naar de 'zwakheden' van de persoon (vooral gulzigheid en luiheid), zou nog lange tijd blijven doorklinken in vele medische teksten over obesitas.

Die dubbelzinnige omschrijving als ziekte waarvoor de patiënt (deels) mede verantwoordelijk is, vinden we ook terug in de eerste Engelse monografie over het onderwerp. In *A discourse concerning the causes and effects of corpulency* (1727) wijst Thomas Short op het indikken van het bloed als belangrijke oorzaak naast het inademen van vochtige lucht, maar ook overvloedig eten en drinken, te veel slapen en gebrek aan de gebruikelijke beweging, die hij omschrijft als uitingen van luiheid en ijdelheid. Een tijdgenoot, Malcolm Fleming, nuanceert deze opvatting enigszins. In *A discourse on the nature, causes and cure of corpulency* (1760) onderlijnt hij dat vraatzucht zeker geen conditio sine qua non is voor zwaarlijvigheid: 'Niet alle zwaarlijvige personen zijn grote eters; evenmin zijn dunne personen

Edward Bright (1721-1750), bijgneaamd 'de vette man van Maldon', woog 302 kg. Zijn mantel was voldoende ruim voor zeven personen.
Gabriel Bodenehr & Joh. Daniel Scheffler, Edward Bright, gravure 1751. Privécollectie

schrale eters. We zien dagelijks voorbeelden van het tegendeel.' Tot het begin van de negentiende eeuw was het nog onduidelijk welke vorm of mate van zwaarlijvigheid als pathologisch beschouwd moest worden. De Duitser Christoph Wilhelm Hufeland (1762-1836), een van de beroemdste artsen van zijn tijd, beschreef vetzucht ('adiposis') in de traditie van zijn voorgangers. In zijn veel gebruikt handboek *Enchiridion medicum, oder Anleitung zur medizinischen Praxis* (1836) merkte hij echter op: 'Natuurlijk is hier aangeboren aanleg van grote invloed, want sommige mensen blijven bij het meest rijkelijke dieet mager en anderen worden bij elke beperking vet.'

In de tweede helft van de negentiende eeuw begon de opmars van de laboratoriumgeneeskunde. Met dierexperimenten en allerlei technische apparatuur werden ziekteprocessen ontleed en nieuwe diagnostische methoden ontwikkeld. In toenemende mate werd de klinische blik vervangen door observatiemethoden waarmee de arts als het ware in het lichaam kon binnendringen. Men kreeg een beter inzicht in de energiehuishouding van het lichaam, de ontwikkeling van de vetcellen werd ontdekt en allerlei hormoonafwijkingen werden gevonden die gepaard kunnen gaan m
overgewicht. Een natuurwetenschappelijke visie n
de bovenhand met het accent op systematische en
jectieve observatie onder het credo 'meten is wet
Zo ontstond ook de tendens om normaliteit en gezo
heid in getallen uit te drukken. Een typische expon
hiervan was Francis Galton (1822-1911). Sterk b
vloed door Darwins evolutieleer, publiceerde hij in 1
een studie van drie opeenvolgende generaties van Br
edellieden. Hierin stelde hij vast dat zijn tijdgeno
uit de bovenste sociale klasse van Engeland trage
gewicht toenamen dan hun vaders en grootvaders
bereikten ze op het einde van hun leven ongeveer h
zelfde gemiddelde gewicht. Galton had zijn gegev
verkregen van een vooraanstaande kruidenierszaak
wijnhandel in Londen, waar een weegschaal stond 'v
gebruik en amusement van de klanten'. Dat was in
tijd geenszins ongewoon: in het laatste kwart van
negentiende eeuw verschenen in allerlei openbare
legenheden weegschalen die door het publiek zeer
quent werden gebruikt. In dezelfde periode begon
artsen hun patiënten regelmatig te wegen en werd
allerlei theorieën ontwikkeld over lichaamsgewicht
fysiek uiterlijk als indicatoren van een geestesstoor
of criminele aanleg. De mens in maten uitdrukken v
het motto van de antropometrie, die een sterke vlu
nam door het pionierswerk van een Belg.

De Gentenaar Adolphe Quetelet (1796-1874),
zeer veelzijdig wetenschapper, staat vooral bekend
de vader van de moderne toegepaste statistiek. Na
origineel werk in de astronomie behoorde hij met G
ton tot de eersten die wiskundige en statistische met
den op sociale verschijnselen toepasten (onder and
criminaliteit en zelfmoord). Baanbrekend was zijn b
*Sur l'homme et le développement de ses facultés,
essai de physique sociale* (1835). Hierin introducee
hij het begrip 'de gemiddelde mens' (*l'homme moye*
Het verwees naar zijn bevinding dat de metingen v
diverse menselijke kenmerken in verschillende po
laties een voorspelbaar verloop kennen volgens
'normale curve' (klokvormig en nu bekend als Ga
curve). Op grond van talrijke metingen, onder and
bij zijn eigen kinderen, zocht hij naar een wiskund
formule om de verschillende groeisnelheid in lengte
gewicht uit te drukken. In zijn boek van 1835 con

Th. Demannez & F. Nijs, Adolphe Quetelet.
Gentse statisticus die voor het eerst schreef over de Body Mass Index (BMI)
gravure, ca. 1830. Privécollectie

deerde hij *'que les poids des individus développés et de hauteurs différentes, sont à peu près comme les carrés des tailles'*. Het zou de basis vormen van wat later de Quetelet-index genoemd werd en intussen wereldwijd bekend is als de Body Mass Index (BMI): het gewicht (kg) gedeeld door het kwadraat van de lengte (m). Volgens de Wereldgezondheidsorganisatie bedraagt een 'normale' index 20 tot 25. Bij meer dan 25 gaat het om overgewicht. De term obesitas gebruiken we officieel pas vanaf een BMI boven de 30 (bij 40 en meer is er sprake van morbide obesitas). Wat Quetelet becijferde voor de 'gemiddelde' mens lijkt nu steeds meer de maatstaf voor de 'ideale' mens, althans medisch, want de esthetisch ideale maten trekken zich weinig aan van dit soort index.

SPIEGELTJE, SPIEGELTJE...

Naast fitnesstraining, laxeermiddelen, eetlustremmers en dubieuze afslankpreparaten beproeven ontelbare vrouwen vandaag de meest diverse diëten om zo snel mogelijk het 'ideale gewicht' te bereiken. De grootschaligheid van deze slankheidsobsessie is een modern fenomeen. In een niet zo ver verleden kon het gros van de bevolking zich de luxe van het lijnen niet eens veroorloven. Het dagelijkse leven was allereerst een overleven: voldoende voedsel vergaren om niet te verhongeren. In een dergelijk onzeker bestaan, dat tot in de negentiende eeuw kon worden geteisterd door hongersnoden, lag een streven naar slankheid allerminst voor de hand. Zoals magerte werd geassocieerd met armoede, ziekte en misère, zo koppelde men molligheid aan welvaart, gezondheid en voorspoed. In tijden van voortdurende dreiging van voedselschaarste was het geenszins raadzaam te streven naar een slanke lijn, zeker niet voor vrouwen op wier lichamen de dagelijkse arbeid, verscheidene zwangerschappen en langdurige borstvoeding een zware wissel trokken. Niet voor niets beschikte de volksgeneeskunde over talrijke middelen om magerte tegen te gaan: 'aankomen' in plaats van 'afslanken' was eeuwenlang het devies.

De welstellende Londense begrafenisondernemer William Banting (1797-1878) had al jaren last van ernstige zwaarlijvigheid, maar tot zijn grote frustratie leverden allerlei medische regimes weinig op. Op zijn 65ste woog hij 91 kg (bij een lengte van 1m64 of een BMI van 34) en slaagde erin met een dieet arm aan koolhydraten (weinig zetmeel) in een jaar tijd 22 kg te vermageren. Hij was zo tevreden dat hij op eigen kosten een pamflet uitgaf bedoeld voor het brede publiek: *Letter on corpulence* (1863). Dit eerste gepopulariseerde vermageringsdieet verwierf snel grote bekendheid – Bantingism werd een vaste uitdrukking – maar stuitte ook op medisch scepticisme. Artsen waarschuwden in die tijd ervoor dat vermagering, vooral bij vrouwen, tot een sterk verspreide zenuwaandoening kon leiden: neurasthenie. De Amerikaanse zenuwarts Silas Weir Mitchell (1829-1914) was in zijn tijd de beroemdste specialist in dit soort zenuwzwakte waarvoor hij een 'rust- en mestkuur' aanraadde. Populair werd zijn boek *Fat and blood, and how to make them* (1877). Het werd veel vertaald en heruitgegeven; de negende en laatste editie verscheen in 1905. Op dat moment was zowel de medische als publieke interesse in 'vetkuren' over.

Naar het einde van de negentiende eeuw zien we een toenemende belangstelling voor de omvang van het lichaam en parallel hieraan een groeiende afkeer van

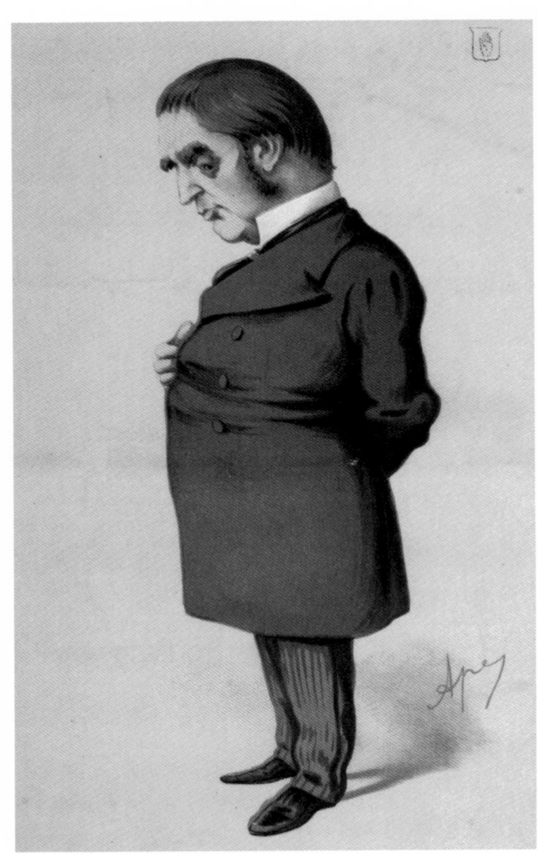

Carlo Pellegrini ('Ape'), Physiologic Physic (Gull)
in: *Vanity Fair*, 18 december 1875. Privécollectie

Die Geschichte vom Suppen-Kaspar

Der Kaspar, der war kerngesund,
ein dicker Bub und kugelrund.
Er hatte Backen rot und frisch;
die Suppe aß er hübsch bei Tisch.
Doch einmal fing er an zu schrein:
»Ich esse keine Suppe! nein!
Ich esse meine Suppe nicht!
Nein, meine Suppe eß ich nicht!«

Am nächsten Tag — ja sieh nur her!
da war er schon viel magerer.
Da fing er wieder an zu schrein:
»Ich esse keine Suppe! nein!
Ich esse meine Suppe nicht!
Nein, meine Suppe eß ich nicht!«

Am dritten Tag, o weh und ach!
wie ist der Kaspar dünn und schwach!
Doch als die Suppe kam herein,
gleich fing er wieder an zu schrein:
»Ich esse keine Suppe! nein!
Ich esse meine Suppe nicht!
Nein, meine Suppe eß ich nicht!«

Am vierten Tage endlich gar
der Kaspar wie ein Fädchen war.
Er wog vielleicht ein halbes Lot –
und war am fünften Tage tot.

17

zwaarlijvigheid. Voor mannen werd vooral de gezondheid als argument gebruikt en geplaatst in de evolutieleer van *survival of the fittest*: met dikkerds en gulzigaards was de vooruitgang niet gediend. Voor vrouwen ontstond geleidelijk – aanvankelijk enkel in de hoogste klassen – een nieuw schoonheidsideaal. Hier speelde niet zozeer de medische argumentatie een rol, maar de esthetiek van vrouwelijke elegantie. Al bleef een zekere molligheid nog een tijd de overheersende norm, toch ontstond rond 1900 het moderne slankheidsideaal. De geschiedenis van schoonheidsnormen voor vrouwen kan men echter niet louter herleiden tot een kroniek van de menselijke esthetiek. De machtsongelijkheid die een vrouw sinds eeuwen in een mannenmaatschappij ervoer en haar pogingen zich hieraan te ontworstelen, vinden we terug in de gangbare schoonheidsidealen. De westerse samenleving heeft sinds de vijftiende eeuw drie typen van vrouwenfiguren geïdealiseerd. De eerste was een voortplantingsfiguur, duidelijk corpulent met nadruk op de buik als teken van vruchtbaarheid. In de zeventiende eeuw trad een moederlijke figuur op de voorgrond, die nog erg mollig was, maar nu meer de boezem en billen accentueerde. Opvallend is de verandering die zich op het einde van de negentiende eeuw voordeed en waarvan we vandaag nog alle karakteristieken terugvinden. Terwijl mannen nog veelal de moederlijke figuur verkozen – zeker wat haar boezem betreft – gingen vrouwen een eigen schoonheidsbeeld vormen, ontdaan van de symbolische accentuering van vruchtbaarheid of moederschap.

Met behulp van een korset creëerden vrouwen steeds nadrukkelijker een 'wespentaille' of 'zandloperfiguur'. Er ontstond enerzijds een hele mode en handel in korsetten, terwijl artsen anderzijds steeds feller van leer trokken tegen de gevaren van deze misvormende gewoonte. De opkomende vrouwenbeweging had het moeilijk met de korsetrage en de snel veranderende mode in kleding, die juist in de bourgeoiskringen floreerde waartoe ook de eerste feministen behoorden. In hun drang naar 'bevrijding' verwierpen deze vrouwen het korset: ze wilden letterlijk en figuurlijk meer bewegingsvrijheid. Kleding diende aangepast aan een actieve levensstijl. Met de vraag naar meer lichaamsbeweging, wensten vrouwen ook meer aan sport te doen. Eenmaal toegelaten tot dit mannelijk territorium geraakten deze vrouwen ook in de ban van de competitie. Lichaamscontrole, competitie en prestatie werden nieuwe elementen van een burgerlijke schoonheidsdwang. Kranten en tijdschriften toonden het model en adverteerden de middelen om het gewenste doel te bereiken. De vormgeving van het eigen lichaam berustte essentieel op observatie, vergelijking en correctie. In de negentiende-eeuwse burgerwoningen waren spiegels niet langer een ornament maar een onmisbaar deel van de huisraad. Zij vervulden de functie van kritische beoordelaars en stille getuigen waarmee de vrouw in verrukking of ontzetting dialogiseerde. De opkomende fotografie vergrootte de eis tot precisie en correctie, want het fototoestel legde meedogenloos elke afwijking vast!

In *A system of medicine* (1905) constateerde Thomas Clifford Allbutt, hoogleraar in de geneeskunde aan de universiteit van Cambridge, dat meisjes aan het begin van de twintigste eeuw behept waren met de obsessie van slankheid: 'Vele jonge vrouwen, wanneer

schichte vom Suppen-Kaspar
Heinrich Hoffmann,
uwwelpeter,
t am Main, s.d.
Dr. Guislain, Gent

Life of Isaac W. Sprague – The Living Skeleton, New York, 1882. Privécollectie

hun gestel ontwikkelt, vallen ten prooi aan panische angst voor zwaarlijvigheid, en verminderen niet alleen hun voedselinname, maar slikken ook azijn en ander zogenaamd tegengif tegen vetheid.' Het zou nog enkele decennia duren voordat de massamedia aandacht begonnen te schenken aan de slankheidsmode en haar mogelijke excessen. Een Amerikaanse journalist van de *Saturday Evening Post* merkte op dat men rond 1912 de wereld nog in twee soorten mensen kon indelen: de dikken die poogden te vermageren en de mageren die wilden verdikken. Nu hij in 1927 hetzelfde probleem in ogenschouw nam, stelde hij een radicale verandering vast: dik-zijn is volledig uit de mode; we zijn in het tijdperk van de vermagering, vooral bij vrouwen. Een analyse van vrouwenfoto's en modeplaatjes in Amerikaanse damesbladen uit die tijd toonde een opvallende toename van slanke lichaamsvormen en ook een stijging van het aantal artikelen over zwaarlijvigheid. Het ideaal van een strak rechtlijnig silhouet voor de vrouw verdrong in de jaren 1920 het voorheen geliefde zandlopermodel (slanke taille tegenover de rondingen van heupen en boezem). Statistieken van Amerikaanse universiteiten lieten het effect van de nieuwe mode bij vrouwelijke studenten uit die tijd zien: hun gemiddeld gewicht nam af!

Tot de tweede helft van de negentiende eeuw was succes nog belichaamd in molligheid en mislukking in magerheid; rond 1900 ging deze balans verschuiven

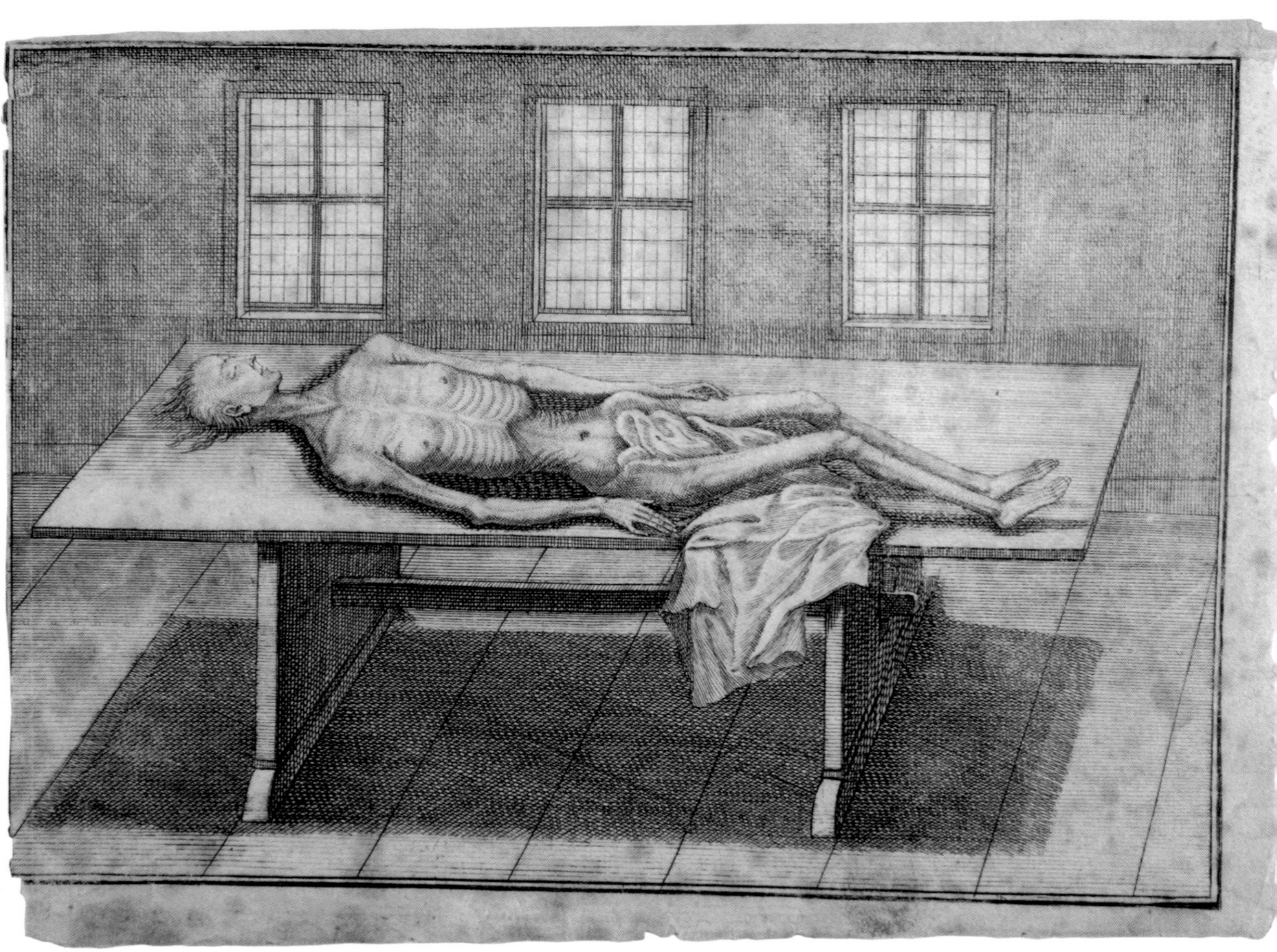

Maria Jehnfels, het wondermeisje uit Steinbeck, is hier afgebeeld kort na haar overlijden. Bij de lijkschouwing bleek ze nog 25 kilogram te wegen en haar longen zaten vol etter. Volgens Lossau, die een boek aan haar wijdde, kon ze zo lang in leven blijven met zeer geringe voedselinname dankzij het feit dat ze in een diepe slaap verkeerde, een soort 'slaap-zucht'. Illustratie Maria Jehnfels in: Christian Joachim Lossau. *Wahrhaffte und ausführliche Beschreibung eines besondern und merckwürdigen Casus Inediae*. Hamburg, 1729. Privécollectie

om een halve eeuw later in het omgekeerde beeld terecht te komen. In de populaire damesbladen van vorige eeuw is een geleidelijke toename te merken van het aantal artikelen over diëten en slankheid: beperkt in de periode 1930-1940, veel duidelijker na 1950, nog opvallender vanaf 1970 en uiterst fors vanaf 1980. In de laatste decennia van de twintigste eeuw is de 'ideale' vrouw groter en slanker geworden, maar werd de 'gewone' vrouw beneden de dertig jaar gemiddeld zwaarder dan haar leeftijdgenoten uit de jaren 1950. Dit groeiende spanningsveld tussen wens en werkelijkheid, aangewakkerd via reclame en massamedia, wordt handig geëxploiteerd door de dieetindustrie à la Weight Watchers & Weight Controllers. Intussen tonen grootschalige onderzoeken de omvang van deze slankheidsobsessie en haar excessen, waarbij er steeds meer gewaagd wordt van een epidemische en cultuurgebonden verspreiding van een 'modieuze' stoornis: anorexia nervosa en haar varianten.

MAGERZUCHT: MEDISCH EN MODIEUS

Keizerin Elisabeth van Oostenrijk (1837-1898), beter bekend als Sisi, was in haar tijd een schoonheidsicoon geroemd om haar superslanke taille. Met haar 1m72 was ze opvallend groot, maar ze woog nooit meer dan 50 kg: de 'ideale' maten van een moderne mannequin... Ze stond op een streng caloriearm dieet en beoefende fanatiek sport en gymnastiek. Haar schoonheidsobsessie was ook af te lezen aan haar bijzondere fotocollectie, waartoe heel wat portretten van ballerina's behoorden! Sisi toonde aan dat strenge hongerkuren en spartaanse lichaamscultuur het korset overbodig maakten. Zo werd het moderne slankheidsideaal als modeverschijnsel geboren, in een tijd dat ook een bijzonder ziektebeeld de aandacht trok: anorexia nervosa of magerzucht. Maar zelfuithongering en magerheid hebben al een veel oudere geschiedenis.

Extreem vasten heeft vele eeuwen behoord tot de ascetische praktijken van vrome christenen. In de late middeleeuwen werd zelfverhongering een van de vormen van boetedoening, die tal van religieuze vrouwen zichzelf oplegden om deel te hebben aan het lijden van Christus. De rooms-katholieke kerk moedigde lange tijd deze praktijken aan door tal van 'vastenheiligen' te erkennen. Vanaf de vroegmoderne tijd nam zelfverhongering een meer geseculariseerde gedaante aan met de verschijning van de zogenaamde wondermeisjes. Aanvankelijk zag men in deze gevallen van 'wonderbaarlijke voedselonthouding' een teken van Gods aanwezigheid op aarde. Geleidelijk begonnen artsen ook te zoeken naar natuurlijke oorzaken. Zo zouden deze hongeraars letterlijk alleen van lucht leven. Maar het bleek vaak een vorm van volksvermaak: van heinde en verre kwam men het vastenwonder met eigen ogen aanschouwen. Voor de familie en het dorp bracht het dan ook wat extra's op! Sceptici kregen het vermoeden dat winstbejag wel eens het werkelijke motief kon zijn. Artsen werden ingeschakeld om de wondermeisjes te observeren en steeds vaker werden ze ontmaskerd. In plaats van een wonder ging het in de ogen van medici om ziekelijke vormen van bedrog en aandachttrekkerij, die sterk aan hysterie deden denken.

Voedselweigering en vermagering waren al eeuwen bekend als tekenen van allerlei aandoeningen zoals hysterie, manie, melancholie, hypochondrie en chlorose of bleekzucht. Het meest gevreesd evenwel was de tuberculose of tering, die vaak dodelijk afliep. De Britse arts Richard Morton (1637-1698) werd geraadpleegd voor een achttienjarig meisje dat slecht at, zienderogen vermagerde, geen menstruatie meer had en terugkerende flauwten vertoonde. Hij was stomverbaasd toen hij haar uitgeteerde lichaam zag en daarvoor geen lichamelijke oorzaak kon vaststellen. Hij schreef haar verschillende medicijnen voor, maar ze weigerde deze in te nemen en stierf. Haar overlijden maakte grote indruk op Morton die zijn gezaghebbend boek over tuberculose, *Phthisiologia* (1689), begon met de bespreking van een bijzondere maar zeldzame variant: de 'zenuwtering' (*phthisis nervosa, nervous consumption*), een vorm van vermagering ten gevolge van emotionele opwinding.

Mortons gevalsbeschrijving werd evenwel snel vergeten en het duurde tot de tweede helft van de negentiende eeuw voordat zelfverhongering een aparte plaats verwierf in de ziekteleer. De Parijse clinicus Ernest-Charles Lasègue (1816-1883) en de Londense arts William Withey Gull (1816-1890) beschreven onafhankelijk van elkaar het nieuwe ziektebeeld. In 1873 publiceerde de Fransman zijn artikel over *'anorexie hystérique'* en in 1874 verscheen de bijdrage van Gull onder de nieuwe benaming 'anorexia nervosa'. In beide beschrijvingen werd een aantal kenmerken vastgelegd die nog steeds gebruikt worden. Ten eerste komt het overwegend voor bij meisjes of jonge vrouwen (vooral tussen 15 en 20 jaar). Op lichamelijk gebied ziet men een opmerkelijke vermagering als gevolg van een sterk verminderde voedselinname. Ten derde valt de bewegingsdrang op, het gebrek aan ziektebesef en een soms hardnekkige weerstand tegen behandeling. Tot slot kunnen er geen lichamelijke oorzaken voor de symptomen worden gevonden. Opvallend genoeg ontbreekt zowel in de publicaties van Gull als in die van Lasègue iedere verwijzing naar een wens te vermageren of een angst te verdikken.

Het duurde echter niet lang voor het verband gelegd werd tussen anorexia nervosa en een veranderde lichaamscultuur: magerzucht werd stilaan herkend als de morbide karikatuur van de angst voor zwaarlijvigheid. In een invloedrijk handboek over neurosen uit 1883 noemde Henri Huchard (1844-1910) als oorzaak 'een bijzondere psychische toestand waarop het belangrijk is de nadruk te leggen: enkele hysterici vrezen een overdreven gezetheid (embonpoint) te hebben'. Maar het was vooral de beroemde neuroloog Jean-Martin Charcot (1825-1893) die de aandacht vestigde op de angst voor verdikking. Nadat hij bij een patiënte vaststelde dat deze een lint strak om haar middel droeg als een maat die haar taille niet mocht overschrijden, ging hij bij alle magere patiënten op zoek naar zo'n lint! Toch bleef het ziektebeeld lange tijd vrij zeldzaam of werd de diagnose vaak over het hoofd gezien.

In *L'Hygiène de la beauté* (1924) schreef de Franse arts Ernest Monin: 'De hardnekkige mode van de slanke lijn heeft de vrouw minder snoeplustig gemaakt, matiger, soberder, slechts geneigd tot het drinken van water en thee. Deze mode heeft het schone geslacht aangezet tot lichamelijke activiteit, die onmisbaar is om het slanke silhouet te behouden, hetgeen ook onmogelijk is voor een vrouw die de hele dag op bed ligt. Maar (de keerzijde van de medaille) deze mode heeft ook aangezet tot: laxeermiddelen die dunne-darmontsteking veroorzaken, hongerdiëten die de stadsbewoonsters vatbaar maken voor bloedarmoede, tuberculose en verstoring van het zenuwgestel. En dan zeg ik nog niets over de vrouwen die zich om hun lijn te behouden, vergiftig met schildklierpreparaten.' Morris Fishbein, jarenla hoofdredacteur van de *Journal of the American Me cal Association* (JAMA), wijdt in zijn boek *The new m dical follies* (1927) een hoofdstuk aan *'the cult of beaut* waarin hij de plastisch chirurgen op de korrel neem Het daarop volgende hoofdstuk gaat over *'the craze reduction'* waarin hij schrijft: 'Er schijnt inderdaad vrouwen van Amerika een waarachtige vermagering rage te overkomen die de grenzen van de normalite heeft overschreden, en vrouwen en jonge meisjes t een soort zelfverminking drijft die niet anders te ve klaren is dan op grond van een populaire modegri Maar Monin noch Fishbein maakte destijds meldi van anorexia nervosa, al klinken hun waarschuwing een kleine eeuw later erg bekend in de oren.

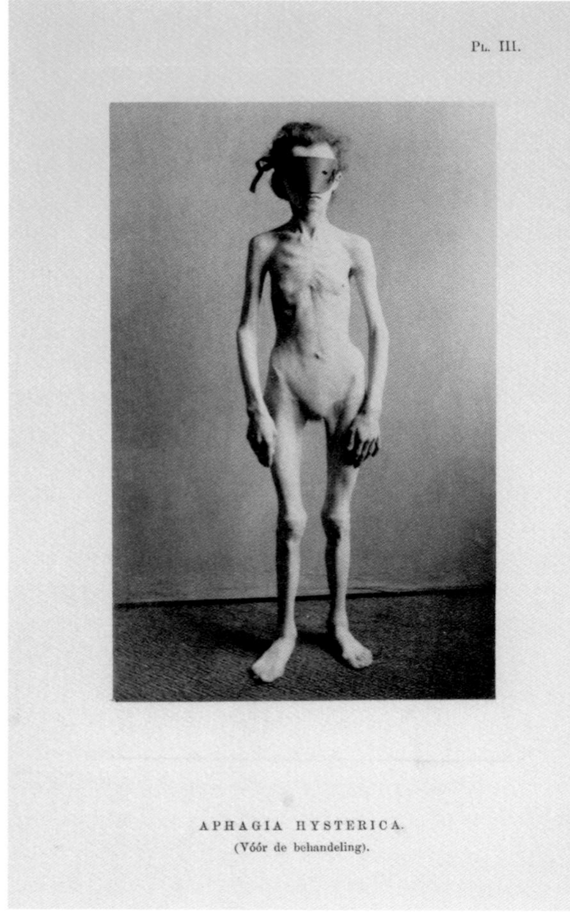

Willem Nolen, hoogleraar inwendige geneeskunde in Leiden, was de eerste die in een Nederlandstalige publicatie aandacht schonk aan anorexia nervosa, toen ook 'hysterische anorexie' genoemd. Hij vond echter dat de term 'anorexie' onterecht was en stelde een nieuw begrip voor: 'aphagia hysterica', wat verwijst naar het niet slikken van voedsel. In het boek *Klinische voordrachten. I. hysterie bij kinderen* uit 1900 publiceert hij foto's van kinderen, telkens voor en na de behandeling.

Aphagia Hysterica (voor de behandeling in: Dr. W. Nolen, *Klinische voordrachten. I. Hysterie bij kinderen*, Leiden, 1900. Privécollectie

EINDBALANS

Een geschiedenis van het lichaam 'door dik en dun' laat ons onvermijdelijk kijken in een socioculturele spiegel. Tegenwoordig word je beoordeeld op je uiterlijk zowel in termen van schoonheid en persoonlijkheid als in termen van gezondheid en rentabiliteit. Het is de meest zichtbare norm die de westerse maatschappij oplegt. Vele andere normen en verwachtingen kun je camoufleren of compleet privé houden, denk maar aan seksuele voorkeur en emotionele uitingen. Aan de strijd om het juiste gewicht kun je niet ontkomen; hij wordt publiekelijk gevoerd en je wordt voortdurend herinnerd aan de spelregels via commentaren over je uiterlijk tot reclameboodschappen en mediacampagnes. Dieetindustrie, fitnessrage en cosmetische chirurgie zijn de exponenten van onze lichaamscultuur. We belichamen onszelf dermate dat ons lichaam uitdrukt wie we zijn. Of wellicht beter: wie we willen zijn in de ogen van anderen. Ons lichaam verhaalt niet enkel een persoonlijke biografie maar ook een maatschappelijke geschiedenis. We moeten daarom elk lichaam leren 'lezen': van verzorging en versiering tot en met allerlei littekens, er zit een reeks boodschappen ingeprent die we moeten decoderen. Vrouwen met eetstoornissen zouden een bijna prototypisch verhaal belichamen: in hun spiegel staat onze samenleving te kijk, op hun weegschaal wordt de man-vrouwbalans gewogen. Maar in de spiegel van de eetstoornissen is meer te zien dan het beeld van geproblematiseerde vrouwen. Gaat het niet evenzeer om de 'ondraaglijke lichtheid' van het bestaan: het leven van velen lijkt innerlijk zo inhoudsloos dat de verpakking gewichtiger wordt. Met andere woorden: het uiterlijk – dik of dun – heeft vaak meer te verbergen dan uit te drukken! (WV, RVD)

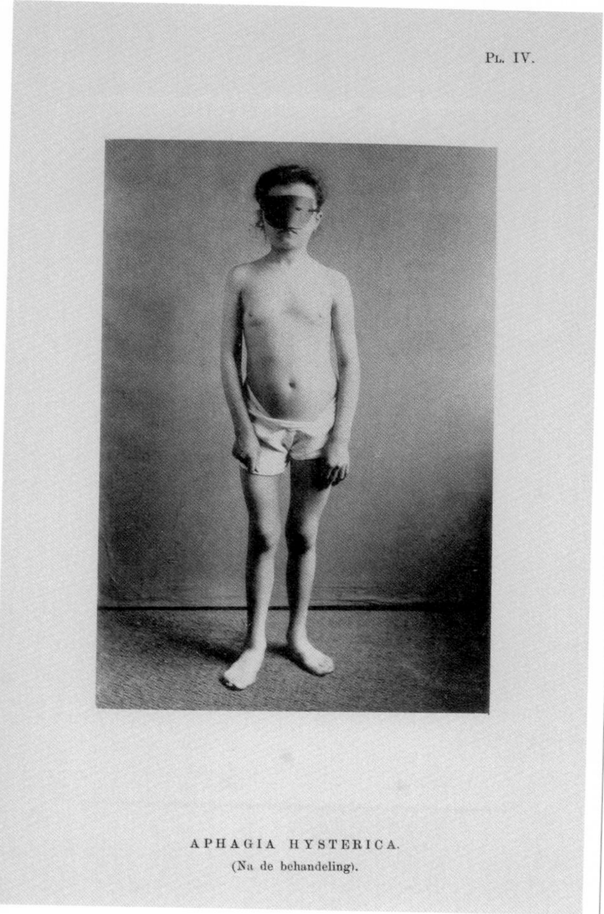

Aphagia Hysterica (na de behandeling)
in: Dr. W. Nolen, *Klinische voordrachten. I. Hysterie bij kinderen*, Leiden, 1900. Pivécollectie

Bibliografie

Bray, G.A., *Historical framework for the development of ideas about obesity*, in: G.A. Bray, C. Bouchard & W.P.T. James (red.), *Handbook of obesity*, New York, Marcel Dekker, 1998.

Feixas, J., *Tour de taille. La petite histoire de l'embonpoint*, Genève, Éditions Liber, 1996.

Gilman, S.L., *Diets and dieting. A cultural encyclopedia*, Londen-New York, Routledge, 2007.

Gilman, S.L., *Fat. A cultural history of obesity*, Cambridge, Polity Press, 2008.

Klotter, C., *Adipositas als wissenschaftliches und politisches Problem. Zur Geschichtlichkeit des Übergewichts*, Heidelberg, Roland Asanger, 1990.

Merta, S., *Schlank! Ein Körperkult der Moderne*, Stuttgart, Franz Steiner Verlag, 2008.

Stearns, P.N., *Fat history. Bodies and beauty in the modern West*, New York, New York University Press, 1997.

Van Deth, R., *Geschiedenis*, in: W. Vandereycken & G. Noordenbos (red.), *Handboek eetstoornissen*, Utrecht, De Tijdstroom, 2008.

Van Deth, R. & Vandereycken, W., *Van vastenwonder tot magerzucht. Anorexia nervosa in historisch perspectief*, Meppel-Amsterdam, Boom, 1988.

Tussen 1872 en 1935 legde de Hamburgse drukkerij Friedländer zich bijna uitsluitend toe op het maken van circus-, kermis- en theateraffiches. Ze leverde ook aan zelfstandig werkende variétéartiesten. De gloriejaren liepen gelijk met die van de Volkerenshows, waarbij exotische en bijzondere mensen werden getoond. Er was zeker een grote fascinatie voor dikke mensen.

Elvira. Unstreilig das schwerste Mädchen das je gelebt.
Friedländeraffiche, litho Adolf Friedländer, Hamburg, s.d.
Stichting Circusarchief Jaap Best, www.circusmuseum.nl

W. Hollmann's Giant Children.
Friedländeraffiche, litho Adolf Friedländer, Hamburg, s.d.
Stichting Circusarchief Jaap Best, www.circusmuseum.nl

Russische affiche.
Friedländeraffiche, litho Adolf Friedländer, Hamburg, s.d.
Stichting Circusarchief Jaap Best, www.circusmuseum.nl

Zonder titel, Friedländeraffiche 645,
litho Adolf Friedländer, Hamburg, s.d. Collectie Nauta, Leiden

Thomas Rowlandson, **Dropsy courting Consumption**.
Londen, T. Tegg, ingekleurde gravure, ca. 1810. Privécollectie

MYRIAM VERVAET

Het 'ideale' lichaam als harnas tegen mentale onrust

EEN TERUGBLIK OP DERTIG JAAR EETSTOORNISSEN

Ik was 14. Het was 1970, en omdat ik opgroeide in een dorp was 'mei 68' nog maar pas tot ons doorgedrongen. Mijn anarchistisch gedrag beperkte zich tot het omzeilen van het schooluniform en het binnensmokkelen van snoep op bestelling van mijn klasgenoten in het internaat. Omdat ik tegenover de school woonde mocht ik tijdens het weekend de proefmuizen in het schoollabo verzorgen. Daar moet de eerste onderzoekskiem ontloken zijn. Ik zette de muisjes op verschillende diëten en keek hoe ze al dan niet veranderden van gewicht. Helaas was er weinig systematiek of ethiek in mijn experimenten. Het muizenaantal daalde drastisch en mijn pionierswerk werd door de leerkracht chemie stopgezet. Het leven kabbelde voort, gevuld met volksdansen, hinkelen, voordrachtwedstrijden en rolschaatsen. Drugs, roken, alcohol noch diëten waren issues. Elke dag lange rijen met honderden verschillende meisjes in grijze uniformen, op weg naar de klas van wiskunde en Latijn... zonder zorgen.

Tot de school wordt opgeschrikt door een merkwaardige ziekte van twee leerlingen uit de retorica. Ongeveer tegelijkertijd verloren zij aan een hoog tempo gewicht, waardoor ze als skeletten op de speelplaats rondliepen. Het waren de twee meisjes die om de beurt de eerste van de klas werden, maar verder niet opvielen. Er waren thuis of op school nooit problemen met hen. Ze verdwenen uit de school en er werd gefluisterd dat er iets met hun hypofyse fout was. De opschudding verdween, maar ik bleef achter met veel vragen. Twee meisjes in één klas, een ziekte in de hersenen, was die dan besmettelijk? Waarom verdween tezelfdertijd de glans uit hun ogen? Waarom toevallig de twee slimste meisjes? Is slim zijn dan ook gevaarlijk?

Maar mijn vragen bleven onbeantwoord en mijn interesse werd afgeleid door de te maken studiekeuze, de strijd om op kot te mogen gaan en de wens om te studeren aan de universiteit van Gent (en zeker niet aan die van Leuven zoals meisjes van goede kostscholen behoorden te doen). Uiteindelijk koos ik ervoor psychologie te studeren. Het was 1974 en mijn vader betreurde ten zeerste mijn keuze want psychologie was 'geen serieus vak'. De plaatselijke pastoor verzette hemel en aarde wegens 'de goddeloze professoren' en de klastitularis vond het (bijgevolg) helemaal niets voor mij. Maar hoe groter de tegendruk, hoe groter mijn overtuiging. Een uiting van rebellie of van intuïtie?

Tussen 1974-1979 ontwikkelde zich mijn psychologisch inzicht binnen een wetenschapscultuur, waarbij we gretig de voortbrengselen van de 'antipsychiatrie' verslonden, elke genetische grondslag van de persoonlijkheid de grond inboorden en de antiautoritaire opvoeding de hemel in prezen. Dit alles tegen de achtergrond van een studentenleven, dat kleurrijk gemaakt werd door pokeren, kaartspelen en filosofische wereldbespiegelingen tot de vroege uurtjes in Studio Skoop. Ondertussen betoogden wij voor democratisering en liberalisering tot de foor op het Sint-Pietersplein neerstreek. Op dat moment wist ik zoals alle studenten: het is eigenlijk te laat...

Maar wat oorspronkelijk als een gewaagde keuze begon, eindigde na vijf jaar met een bijzondere leergierigheid naar dat vak psychologie. Niet alleen ikzelf raakte meer en meer in de ban, het vak zelf ontgroeide zijn kinderschoenen. Zowel maatschappelijk als wetenschappelijk begon de psychologie zich van de filosofie los te maken. Hoewel Freud en Lacan mijn grote leermeesters waren, werd ik geboeid door de experimentele studies binnen de leertheorie: 'terug naar de muizen'. Vóór mijn laatste examen kreeg ik het aanbod om aan de universiteit te blijven. Als een geschenk uit de hemel werd ik assistent bij professor emeritus Alexander Evrard. Hij behoorde tot de generatie professoren bij wie je

Thein, Zonder titel, nr. 7 (32 kg),
p alu-dibond, 2006-2008. Galerie Voss, Düsseldorf

geen woorden in je hoofd kreeg zoals 'hoi...' of 'beste...' of 'ik vind dat je...' Alleen groot respect voor de intellectuele bagage en de rust, als hij in diepe gedachten verzonk over de ziekte schizofrenie. Er was nooit te veel werkdruk, enkel veel stimulans om binnen dat bijzonder rijke domein van stoornissen en problemen te zoeken naar kwalitatief menselijk functioneren.

In dat klimaat heb ik mijn allereerste anorexia-nervosapatiënt gezien. Zonder enige ervaring, kennis of besef maar gesuperviseerd door mijn diensthoofd begon ik aan een jarenlange studie en kliniekwerk in het domein van de eetstoornissen. Het was een jonge vrouw van 22 jaar die zich volledig identificeerde met de toen bekende zangeres Vicky Leandros. Ze woog 35 kg, hongerde zich uit en had dagelijks eetbuien die ze uitbraakte. Ze was intelligent, had een groot introspectief vermogen en liet me toe in haar boeiende maar vreemde gedachtewereld. Ik wist totaal niet wat psychotherapi inhield: ik kon psychologische analyses maken, maa beschikte niet over de deskundigheid haar functione ren bij te sturen. Zij was nooit in behandeling gewees en ik had nooit behandeld. Maar ze bleef komen, elk week.

Het was 1982. Ik moest en zou dit verstoorde denke leren begrijpen. Geen boeken, geen artikels... slecht een enkele specialist in Vlaanderen: professor Walte Vandereycken in Kortenberg. Hij introduceerde mij i de kliniek van de eetstoornissen. Ik ging in opleiding volgde systeem- en gedragstherapie en las en las e las... Zo leerde ik dat er door de geschiedenis heen altij een vreemde fascinatie is geweest voor mensen di zich uithongeren. Eten is niet alleen een primaire be hoefte, maar decennia lang was er voor de meeste mer

Liesbeth Adriaenssen, **Zonder titel**, schetsboek, s.d. Collectie kunstenaar

sen voedseltekort. Het 'gewild verzaken' aan deze biologische behoefte, wanneer men over voldoende voeding kan beschikken, roept bijgevolg grote bewondering op. Het is dan ook vanzelfsprekend dat men anorexia nervosa zag als iets goddelijks, iets verheven, iets bovenmenselijk. Tezelfdertijd had het voor vele mensen ook iets beangstigend, mogelijk iets met hekserij te maken. Door deze 'bovenmenselijke' betekenis werd het later ook een 'attractie'. Zo werd het in 1924 door niemand minder dan Franz Kafka prachtig beschreven in zijn boek *De hongerkunstenaar*, een verhaal over een man die zich in een kooi laat opsluiten zonder eten. Men mag enkel zijn lippen bevochtigen en hij moet dit veertig dagen volhouden. Mensen komen kijken als naar een kermisattractie, maar verliezen stilaan hun interesse. Uiteindelijk sterft hij in zijn kooi. Dit is een merkwaardig verhaal, vooral ook omdat het een schets (een zelfportret?) is van een man die zich uithongert. Tot op dat moment werden namelijk vooral jonge vrouwen met dit soort van vreemd gedrag beschreven. Het vreemde karakter van dit fenomeen kreeg niettemin een andere betekenis ten tijde van Sisi, keizerin van Oostenrijk, in de late negentiende eeuw. Diëten en sporten werden bij haar veeleer als uiting van haar emancipatie gezien, hoewel ze duidelijke tekenen van depressie en suïcidaal gedrag vertoonde voordat ze werd vermoord.

Het is de psychoanalyse die de eerste systematische studies uitvoerde in een poging het fenomeen te verklaren. Anorexia nervosa werd vanaf dat ogenblik begrepen als een 'geesteszieke' toestand met een hysterisch karakter. De eerste 'gevallenstudies' werden beschreven en behandeld door notoire psychoanalytici (ook Freuds dochter had anorexia nervosa) en men begreep de symptomen vooral als afwijzing van seksualiteit en maturiteit. De studie beperkte zich echter tot het fenomeen anorexia nervosa. Andere eetstoornissen werden weinig of niet vermeld.

Het idee van 'vastzitten' in een kooi werd opnieuw gebruikt in 1978, toen Hilde Bruch *Unlocking the golden Cage* publiceerde. Het boek werd een bestseller, waardoor deze tot dan toe weinig bekende stoornis tot bij het grote publiek doordrong. Deze psychiater bekeek de stoornis ook vanuit het perspectief van de moeders. Hoewel de psychoanalyse baanbrekend werk had verricht en het fenomeen anorexia nervosa had weggehaald uit de moraliserende hoek, was het wetenschappelijk vernieuwend de 'geesteszieke' niet langer te bekijken als stoornis van het individu, maar deze visie te

Liesbeth Adriaenssen, **Zonder titel**, schetsboek, s.d. Collectie kunstenaar verbreden naar de context van het gezin en naar de interacties met het individu. Minuchin en Selvini Palazolla gingen als systeemtherapeuten nog een stap verder en spraken van 'het anorectische gezin'. Hoewel zij de nadruk legden op de manier waarop de interacties in een gezin de stoornis onderhouden, werd deze hypothese vaak als een causaliteitsmodel begrepen. Als gevolg daarvan werd binnen de lekenopinie de oorzaak van de stoornis nu gevonden bij de moeders. Dit leidde tot verstrekkende negatieve gevolgen. De dochters zagen hun uithongering als oplossing en de moeders, die tot op dat moment de opvoeding als hoofdtaak hadden, voelden zich schuldig en falend. Zonder enige twijfel leidde dit tot een grote kloof tussen de hulpverlening en de patiënten. De patiënte vond dat ze niet ziek wa dus moest ze niet worden geholpen. De moeder pr beerde nog harder haar best te doen teneinde zelf e oplossing te vinden.

Midden in deze patstelling deed de gedragstherap haar intrede in de studie van de eetstoornissen. Op bas van de leertheorie en het experimenteel onderzoek zoch men naar de manier waarop een gedrag wordt geleer Met name werd een antwoord gezocht op vragen als wa lokt een gedrag uit en wat maakt dat een gedrag zic herhaalt? Men ging daarbij uit van het principe dat 'g stoord gedrag' (disfunctioneel gedrag) aan dezelfde lee wetten gebonden is als 'gezond gedrag' (functioneel g drag).

Michaela Spiegel, Ab Magerungs Kür,
olieverf op porselein, 2007

Het psychiatrisch onderzoek werd objectiever en systematischer op basis van een welomschreven classificatie. Op die manier werd naast anorexia nervosa ook boulimia nervosa als specifieke eetstoornis beschreven (Russell, 1979). Daarenboven werd een meer algemene groep eetstoornissen omschreven. Het symptomatisch gedrag, zijnde het disfunctioneel eetgedrag, werd bestudeerd binnen het syndroom van de stoornis, met gezin en maatschappij als contextuele invloeden.

Met die inzichten uit de jaren 1980 wilde ik leren hoe je kunt verklaren dat een intelligente jonge vrouw zonder psychiatrische voorgeschiedenis uit een maatschappelijk hoog aangeschreven gezin, 'kiest' om zich uit te hongeren. Deze intentie wordt niet gemotiveerd door de wens om dood te gaan, is niet gestoeld op een gebrek aan levenslust, is niet bedoeld om anderen te chanteren of om aandacht te trekken. De intentie wordt daarentegen gevoed door de wens en de wil de hoogste vorm van zelfdiscipline te bereiken, om zich te 'onderscheiden', om niet toe te geven aan behoeften en dagelijkse verlangens... Zoals bij alle anorectische meisjes wordt deze wens niet ingegeven door God, of ouders, of school, of vrienden. De enige die dit eist is het meisje zelf. Dit ascetisme en perfectionisme lijkt voor sommigen te lukken (restrictieve anorexia nervosa), maar anderen worden ondergedompeld in schuldgevoelens wanneer ze daar niet in slagen (boulimische vormen van eetstoornissen).

Michaela Spiegel, Geht Schlechts Ident,
olieverf op porselein, 2007

We zijn inmiddels 2010. Twee doctoraten, een aantal boeken en vele artikels getuigen van mijn blijvend zoeken. Niet in het minst echter heb ik geleerd van de meer dan tweeduizend patiënten, die ik in de loop van de jaren zelf behandelde. Deskundigheid is een voorwaarde sine qua non en een professionele opleiding moet ten grondslag liggen aan psychologische interventies, al dan niet gecombineerd met het voorschrijven van psychofarmaca. Wat een vanzelfsprekendheid lijkt, is dat tot op heden in België nog niet. Heel wat patiënten verliezen dan ook kostbare tijd door semitherapeuten te consulteren of door eenzijdige behandelingen, die enkel gericht zijn op eetgedrag waardoor de aandoening alleen maar meer resistent wordt. Deze foute gang van zaken wordt versterkt door het feit dat de overheid tot op heden psychotherapeutische deskundigheid niet erkent, waardoor patiënten geen terugbetaling van de zorgen door universitair opgeleide specialisten krijgen. Dit zorgt ervoor dat voor een psychiatrische aandoening met de hoogste mortaliteit en uitgebreide lichamelijke morbiditeit, die vooral jonge vrouwen treft, de kosten voor een jarenlange behandeling grotendeels door het gezin zelf moeten gedragen worden.

Deskundigheid is een noodzakelijke, maar zeker geen voldoende voorwaarde. Om de associatie met 'het opgesloten zitten' verder te trekken heb ik destijds het leven met een eetstoornis een 'veilige hel' genoemd. Door de angst om 'niet goed genoeg' bevonden te worden, trekken deze meisjes zich terug uit de voor hen bedreigende wereld van verwachtingen en beoordeling, in een wereld waar zij de regels bepalen waaraan ze moeten voldoen. Die wereld lijkt hen veilig en aan deze regels houden ze zich krampachtig en halsstarrig vast, maar helaas wordt dit toevluchtsoord hun eigen ondergang op lichamelijk, psychologisch en sociaal gebied. Op zoek naar de perfectie stranden ze op een geïsoleerd eiland, waar de communicatie met de buitenwereld compleet afgesneden wordt. Men begrijpt hun gedrag als een modegril, als een oppervlakkige puberale wens om slank te zijn omdat dat het enige is wat hen bezig lijkt te houden en het enige is waarover zij communiceren. Zelfs de meisjes zelf zijn vaak overtuigd dat het dat is wat ze willen. Zover raken ook zij vervreemd van datgene wat hen motiveert om ziek en uitgeblust te raken, met name het vermijden van wat zij niet willen: 'niet goed genoeg bevonden te worden'! Dit is niet moeilijk in een wereld waarin het bon ton is om zich heel negatief uit te laten over mensen, snel te oordelen of iemand grandioos is of een loser, in een wereld waar kinderen opgroeien met grote verwachtingen naar grote prestaties en waar commerciële belangen hen de hulpmiddelen lijken aan te reiken om deze statussymbolen te verwerven.

Het is niet moeilijk te begrijpen dat in zo'n wereld de angst om 'niet goed genoeg bevonden te worden' toeneemt. Daarom is het nodig dat men als behandelaar eerst en vooral een vertrouwensrelatie opbouwt, op basis waarvan men toegelaten wordt in de cocon die de patiënt rond zichzelf heeft gesponnen. Dat vertrouwen krijg je niet zo maar en moet je verdienen door zowel het contact als de communicatie rustig op te bouwen en, waar nodig, te herstellen. Het vraagt engagement, geduld, interesse en openheid, en dat zijn attitudes die je niet kunt kopen en niet kunt krijgen, maar die je ontwikkelt, dag na dag, jaar na jaar...

Je leert niet leven dankzij tien tips. (MV)

Centraal in het werk van de jonge Gentse kunstenaar Gideon Kiefer is de grens tussen waanzin en genie. Het onderzoek naar psychisch (on)evenwicht vormt daarbij de constante. Als in een strafwerk herhaalt zich de zin 'ik mag niet te veel eten'. Het is een obsessionele maar ongelijke strijd die de corpulente vrouw duidelijk aan het verliezen is.

Gideon Kiefer, **Obesitas**, gouache, potlood, balpen en stabilo point op boekenkaft, 2009.
Courtesy Galerie De Buck, Gent

Ik mag niet te veel eten. Ik mag niet te
veel eten. Ik mag niet te veel eten. Ik mag
niet te veel eten. Ik mag niet te veel eten.
Ik mag niet te veel eten. Ik mag niet
te veel eten. Ik mag niet te veel eten.
Ik mag niet te veel eten. Ik mag
niet te veel eten. Ik mag niet
te veel eten. Ik mag niet te
veel eten. Ik mag niet te
veel eten. Ik mag niet te
veel eten. Ik mag niet te
veel eten. Ik mag niet te
veel eten. Ik mag niet te
veel eten. Ik mag niet te
veel eten. Ik mag niet te veel eten.
Ik mag niet te veel eten. 25.II.2009
GIDEON KIEFER

PIETER BONTE

Het fantastische lichaam

OVER DE MENS DIE ZIJN EIGEN LICHAAM MAAKT, ZIJN WAARDIGHEID, ZIJN WAANZIN

God, schenk ons
kalmte om te aanvaarden
wat niet kan worden veranderd;
moed om te veranderen
wat moet worden veranderd;
en wijsheid om het een
van het ander te onderscheiden.
Gebed om Kalmte, oorsprong onzeker

In deze bijdrage wil ik een korte, klare verkenning maken van een prangend moreel vraagstuk: het belang dat wij hechten aan *natuurlijk* en *authentiek* leven. Die termen worden vaak ingeroepen als toetsstenen om uit te klaren of afwijkend gedrag ziek of moreel verwerpelijk is. Dat anorexia een positieve, zelfgekozen levensstijl zou zijn – zoals aanhangers van de 'pro-ana'-beweging zich dat voorstellen – wordt zo vaak bestreden op grond van *tegennatuurlijkheid* van het gedrag en *onechtheid* van de gedachte. Zelfverstervende monniken daarentegen, worden verheven tot de heiligenstand – hun gedrag getuigt plots van *bovennatuurlijkheid* en een hogere *authenticiteit*. Zij volgen immers een zuiver geestelijk, goddelijk richtsnoer en hebben zich bevrijd van natuurlijke, aardse driften. 'Natuurlijkheid' speelt dus een diepdubbele rol: enerzijds het grote ideaal, anderzijds de grote kwaal. Om tot de angel van het vraagstuk te komen en klaarheid te scheppen, trek ik het blikveld open naar de grondvraag: mogen wij ons lichaam en geest drastisch hervormen? En zo ja, op welke manieren en hoe ver mag het gaan? Anders gesteld: welke zijn de verboden middelen, welke de verboden lichamen? Deze vragen worden meer prangend in een tijdperk waarin steeds meer technologieën worden ontwikkeld waarmee we rechtstreeks in ons lichaam kunnen ingrijpen om onszelf te 'verbeteren'.

DE AANWAS VAN 'VERBETERKUNDES' EN HET WEGSLIJTEN VAN NATUURROMANTIEK

Aan ons lichaam kan al diepgaand worden gesleuteld, van brein tot teen. Wie door de natuur werd misdeeld, hoeft steeds minder te berusten in zijn biologische bakvorm. Raap je moed (en geld) bijeen, dan kun je jouw lot – jouw lichaam – verbeteren. Een veelzijdige 'verbeterkunde' maakt opgang in onze cultuur: esthetische chirurgie voor een mooier of unieker lijf; doping voor meer fut en fitheid; drugs of elektronische implantaten voor een beter gevoelsleven en krachtiger gedachten; en uiteindelijk zelfs verbetering van de diepste bouwstenen van ons bestaan: verbetering van onze genen, 'eugenetica'.

Die opgang van verbeterkunde stoot velen tegen de borst. Tweemaal lijkt die fundamenteel fout te zitten: volslagen tegennatuurlijk en het product van opgelegde waanbeelden van perfectie. Een geestelijke vader van dit slag gedachtegang is Jean-Jacques Rousseau, achttiende-eeuwse filosoof en wegbereider van de romantiek. *'L'homme est né libre, et partout il est dans les fers.'* Dat balt zijn programma goed samen: we moeten ons bevrijden van alle druk van buitenaf, opdat we ons kunnen ontplooien volgens onze natuurlijke inborst, die goed is – dat is ons geboorterecht. Het is een krachtige intuïtie, die duidelijk blootlegt waar het goede leven om draait: natuurlijk zijn, authentiek jezelf zijn.

Maar er gebeuren soms vreemde dingen als je morele intuïties doordenkt. Voor iemand met een klare kijk op de oorsprong en werking van de menselijke natuur, lijkt de hierop volgende 'watervalredenering' onafwendbaar. Vertrekkend bij het credo van Rousseau, zullen we na een cascade in zes trappen uitkomen bij een dieper begrip ervan dat, ironisch genoeg, diametraal tegen de uitgangspositie van de 'goede natuur' indruist.

allaert, Zonder titel, zwart-witprint op barietpapier, 2009. Collectie kunstenaar

(1) Geen druk is zo sterk als degene die de natuur op jou uitoefent. Immers, je biologische bakvorm legt alle start- en maximumwaarden van jouw bestaan bij voorbaat vast. Weliswaar kun je daar met eigen wilskracht en andermans sociale invloed sterk creatief op inwerken. Maar hoezeer je jezelf langs die weg ook wilt herkneden, tal van biologische bakens wegen als lood en kun je niet verleggen – hoe hard je dat ook zou begeren of proberen. Willen we die biologische bakens behouden? Zit de mens goed in zijn vel? Hoe 'rechtschapen' is hij? Recht genoeg om te kunnen overleven en zich enigszins te beschaven, maar voor de rest trekt in ons van alles krom.

(2) Zo zijn de evolutionaire processen waaruit sinds zo'n 250.000 jaar de homo sapiens ontspruit, in zichzelf een volslagen blind, doel- en betekenisloos gebeuren van willekeurige genetische mutatie en genadeloze natuurlijke selectie – niet bepaald een moreel stichtend verhaal om ons aan te willen houden.

(3) Daarenboven is ook elke individuele geboorte de resultante van een nieuw rondje 'reproductieve roulette': blind toeval dicteert welke zaadcel welke eicel zal bevruchten, en in het verwekkingsproces kan heel wat ontsporen.

(4) Ga dan nog eens na welk bruut onrecht geschiedt bij de wijze waarop de natuur haar zegeningen uitstrooit onder de mensen. Via voornoemde zinloze evolutionaire processen wordt de ene met indrukwekkende talenten gezegend, gaat de ander gebukt onder allerlei fysieke gebreken en blijven zovelen onmachtig om de middelmaat te ontstijgen. Al kunnen we hier weinig aan verhelpen (en legt men er zich, vooralsnog, beter bij neer), het blijft een stuitend onrecht.[1]

(5) Hier staan we dus, als halfbakken resultaat van een onzinnig verleden. En halfbakken is ieder van ons, want zelfs al sta je als een optimaal specimen van de homo sapiens op aarde – een Vetruvisch exemplaar naar Da Vinci's model – dan nog zul je moeten afrekenen met allerlei evolutionaire gekheden in jouw gestel. Enerzijds is het de homo sapiens ingebakken om bijvoorbeeld met een pijnlijk zwakke rug en een pijnlijk smal baarbekken door het leven te gaan, want dat was het beste dat de natuurlijke selectieprocessen in hun blindheid konden bolwerken. Anderzijds is de menselijke psyche doorschoten met instincten die ons dage-

Kurt Stallaert, **Zonder titel, nr 22.11**, zwart-witprint op barietpapier, 2009. Collectie kunstenaar

Kurt Stallaert, Zonder titel, nr. 22.9, zwart-witprint op barietpapier, 2009. Collectie kunstenaar

lijks dwarsbomen in onze pogingen om een waardiger leven op te bouwen, gaande van onze onverzadigbare hang naar suikers en vetten tot onze onverbeterlijke neigingen tot kortzichtigheid, vooroordeel, wellust en agressie. Deze premorele instincten hadden hun rauwe nuttigheid in een wereld geregeerd door schaarste en *survival of the fittest*, maar staan vandaag haaks op zowel onze materiële welvaartstaat als op ons morele beschavingsideaal. En zoals gezegd, we kunnen ons er niet volledig 'uitpraten'. Drastischere ingrepen op ons lichaam zijn geboden.

(6) Tot slot en doodeenvoudig: stel dat we ons van heel deze evolutionaire werkelijkheid niets zouden moeten aantrekken, en we kunnen geloven dat de mens via zinvolle processen tot stand is gekomen als een goed en gelukkig wezen in harmonie met zijn omgeving. Waarom zou die mooie mens zijn bestaan dan niet nog verder mogen veredelen?

Slotsom: de bewijslast overdondert en het geloof aan een moreel richtinggevende natuur lijkt nu volledig aan flarden gedacht:

Wat wij weten van de evolutie, al sinds de tijd van Darwin, is dat onze manier van zijn een interessant toeval is. Het vertelt ons bepaalde dingen over wat ons goed zal laten functioneren, maar het vertelt ons niets over hoe we zouden moeten zijn of wat we moeten worden of hoe we moeten besluiten om onszelf te veranderen.

Bio-ethicus Arthur Caplan

Zo komt het credo van Rousseau in een nieuw, doordringender daglicht te staan: de mens is vrij geboren, maar overal wordt hij in sociale en biologische boeien geslaan. Maar het goede nieuws is: dat is helemaal niet spijtig. Deze ontnuchterende kijk op onze natuur geeft ook nieuwe hoop. Want zou het niet van de hemel gezonden zijn als we al die evolutionaire weerhaken chirurgisch uit ons lijf zouden kunnen snijden? Als we ons nageslacht zouden kunnen verwaardigen door ze niet langer door willekeurige recombinatie te laten vervaardigen? Wat als we natuurlijke talenten niet langer via de onzinnige natuurlijke tombola laten verdelen, waardoor nu zovelen worden ontriefd, maar in de plaats daarvan een beleid van 'gelijke natuurlijke kansen' opbouwen?

Zo bezien lijkt onze menselijke waardigheid hieruit te bestaan: zowel individueel, familiaal als sociaal volledig selfmade worden. Een *homo faber sui* die zijn verantwoordelijkheden opneemt en steeds dieper in zichzelf kerft om zichzelf te herscheppen naar een moreler model. Een mens die niet langer aan evolutionaire, maar enkel nog aan morele wetten gehoor geeft. Een mens die zich bevrijdt van de brute natuurmoraal van overleving van de sterkste en de mens als wolf voor zijn medemensen.

Dit nieuwe morele geluid lijkt wel een echo van die oertekst van het humanisme, *Rede over de menselijke waardigheid*, in 1486 moedig neergepend door Pico della Mirandola. Daarin spreken allegorische Scheppers de mens toe als volgt:

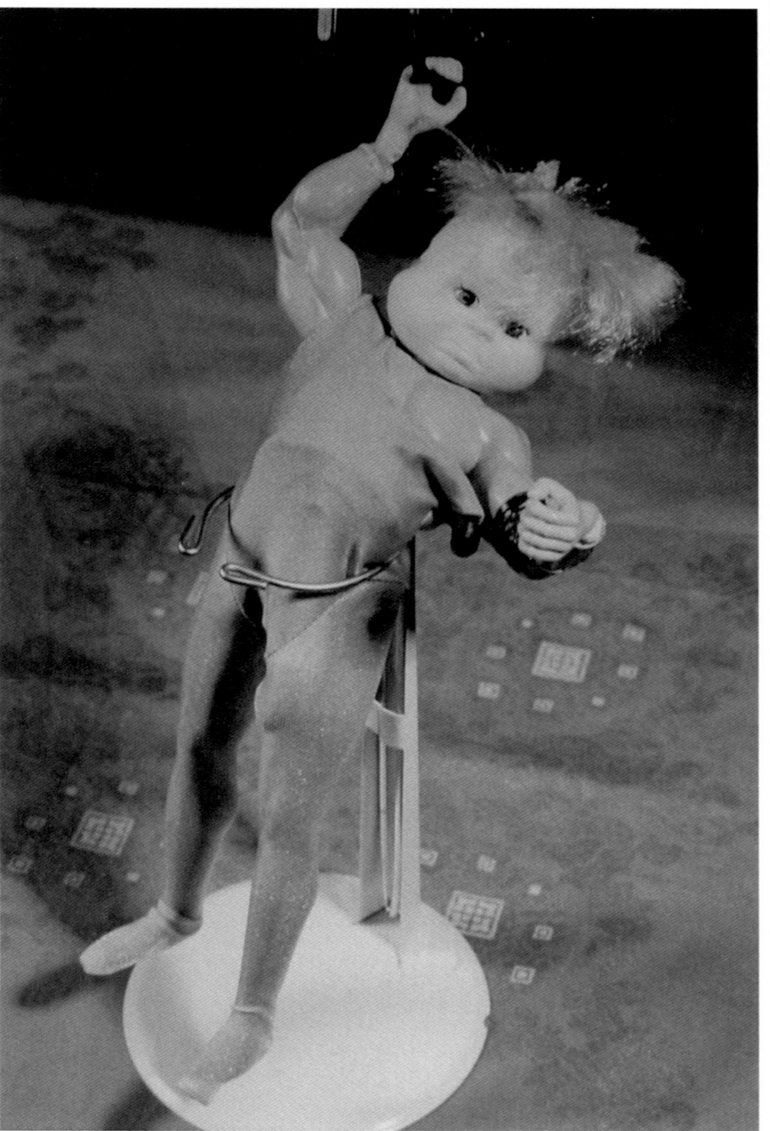

Als vrij en soeverein kunstenaar moet jij als het ware je eigen beeldhouwer zijn en jezelf uitbeelden in de vorm die je verkiest. Je kunt ontaarden in de lagere vormen, de dierlijke, maar je kunt ook door eigen wilsbesluit herboren worden in de hogere vormen, die goddelijk zijn.

Met het evolutionaire mensbeeld en de mogelijkheid van verbeterkunde in gedachten, herneemt gerontoloog Raymond Tallis dit idee, waarbij hij geen misverstand laat bestaan over wat dit betekent voor ons zelfbeeld, voor onze 'menselijke natuur' en voor ons morele streven naar authenticiteit:

Als, zoals ik meen, het onderscheidend genie van de mensheid erin bestaat een identiteit te vestigen die steeds verder van onze biologische natuur ligt, dan moeten wij ons verheugen in de uitdrukking van menselijke mogelijkheden in de immer voortschrijdende technologie. De organische wereld is er namelijk een waarin het leven smerig, bruut en kort is en gedomineerd wordt door ervaringen die onmenselijk onaangenaam zijn. Menselijke technologie is minder vreemd voor ons dan de natuur [...].

Het is een gevolgtrekking waarvan Jean-Jacques Rousseau stijl achterover zou vallen, want deze ironische ontwikkeling lijkt zijn hele filosofie te vloeren. Maar blijft er dan geen spaander heel van het geloof in een 'goede menselijke natuur'? Het debat hierover woedt volop, waarbij ik helaas vaststel dat veel natuurdenkers blijven vastklampen aan de naïeve uitdrukkingen waarvan *basic science* brandhout maakt. Desalniettemin lijkt mij nog steeds een cruciale rol weggelegd voor natuurlijkheid als een morele grondwaarde, maar dan enkel in een strikt non-biologische zin. Eigenlijk enkel als er *authenticiteit* mee wordt bedoeld. Er valt dus nog wat te redden van het oude natuurlijkheidsideaal. Dat mag blijken uit volgende drie korte expedities.

VERBETERKUNDE ALS ZIELSVERRUKKING

Na de afbraakwerken van daarnet dringt de vraag zich op: als we ons niet met onze biologische natuur kunnen identificeren zoals Caplan, Tallis en co aanto-

Cindy Sherman, Zonder titel,
foto, 1999. Collectie Galerie Adrian David, Knokke

nen, waar komt onze identiteit dan wél uit voort? Wat is de diepere 'bron van het zelf'? Dat is een van de grote vragen van ons tijdsgewricht, waarover kleppers van boeken worden uitgebracht zoals *Sources of the Self* van Charles Taylor, *Reasons and Persons* van Derek Parfit of *The Mind's I* van Douglas Hofstadter en Daniel Dennett. Ik beperk mijn antwoord in dit bestek grotendeels tot het warm aanraden van die werken, maar denk er ook iets aan te kunnen toevoegen door de aandacht te vestigen op de bizarre identificatiepraktijken die zich voordoen bij de denkers (fantasten?) die leven in de verwachting dat de mens in afzienbare tijd tot in zijn diepste vezels maakbaar zal worden. Ik spreek van de 'transhumanisten': een filosofisch rariteitenkabinet dat hard werkt aan haar pr om als ernstige beweging te worden erkend, maar volgens haar scherpste critici nergens beter behandeld kan worden, dan in instellingen zoals dat van dokter Guislain.

Deze transhumanisten beamen de wetenschappelijke watervalredenering van hierboven volmondig, maar anders dan de modale wetenschapsmens, paren zij dat mensbeeld aan een extreem optimistische inschatting van de snelheid van technologische vooruitgang. Die vooruitgang zal volgens hen *exponentieel* blijven versnellen, en daardoor leven zij nu al in de blijde verwachting dat we weldra deze willekeurig in elkaar geflanste homo-sapienslijven van ons zullen kunnen vervangen door nieuwe, steeds betere versies.

Door op te gaan in dergelijke gedachtegangen treedt er bij hen een merkwaardige transformatie op van hun zelfbeeld. Zij achten zich *the future living in the past* (zo luidt ook het credo van de *Second Life*[2] afdeling van de *World Transhumanist Association*). Met die overtuigingen in het achterhoofd, beschouwen zij het huidige leven anno 2010 als een onvoldragen gedoe waar ze noodgedwongen door moeten omdat 'de tijd nog niet

Ronny Delrue, Center for Cloning and Manipulation, mixed media, 2003-2008. Collectie kunstenaar

is gekomen', maar waarmee ze zich radicaal *des-identificeren*. Het eigen biologische lichaam, dat van de bedenkelijke homo-sapiensmakelij, bekijken ze laatdunkend – niet zelden misprijzend en met walging – als een *'meat bag'* – een zinloze vleeszak die ons neerdrukt en tegenhoudt om ons hogere, transhumane leven te leiden.

Les extrêmes se touchent. Hoewel de transhumanisten vanuit een hoogst materialistisch mensbeeld redeneren en ook enkel volstrekt materialistische middelen hanteren, graviteert hun gedachtegang naar dat van een religieuze verlossingsleer.

De analogie zit hem niet enkel in de verachting voor ons huidige lichaam. Ook de omschrijving van wat dan wél onze werkelijke identiteit is, overlapt. Wanneer de transhumanisten alle teugels van de extrapolatie laten vieren, bereiken ze de overtuiging dat het enige waarmee we ons werkelijk kunnen vereenzelvigen, onze hogere hersenactiviteit is. Dat is een biologisch procédé, maar volgens transhumanisten hoeft dat niet noodzakelijk zo te blijven. De meest verregaande transhumanisten (ze gaan dan vaak als 'singularisten' door het leven) verwedden hun ziel op de overtuiging dat denkprocessen dermate abstract zijn, dat zij in principe niet enkel op een biologische drager (het brein), maar net zo goed (en uiteindelijk zelfs onvergelijkelijk beter) op een technologische drager kunnen 'draaien'. Neem die weddenschap/geloofssprong gerust letterlijk: sommigen vriezen hun lichaam in (of bij geldgebrek: enkel hun hoofd) in de hoop dat zij een wederopstanding zullen beleven eens de technologie tot ons is gekomen om de herseninhoud te hertalen.[3] De techniek van *mind uploading* is hun heilige graal. Als je jouw gedachte- en gevoelsleven (je 'software') van je biologische brein (je 'wetware') kunt overzetten op supercomputers (je nieuwe lichaam, nu 'hardware' geworden), wel dan word je bijna onsterfelijk en misschien niet almachtig, maar toch bijzonder pluripotent. Kortom, je leidt een engelenleven.

Hoe koppelt dit terug naar ons authenticiteitsvraagstuk? Wat is in dit transhumane mensbeeld nu ons 'echte zelf'? Het is de onstoffelijke ziel die huist in onze hogere hersenactiviteit: werkelijk bestaand en bewijsbaar, want ooit digitaliseerbaar. Ondertussen, in afwachting van de technologische verlossing, verschijnt de mens zoals wij nu nog zijn, als een met evolutionaire erflast beladen, blind bijeengeflanst biologisch bagatel. En je bidt voor de dag waarop technologie – dat goddelijk geïnspireerde mensenwerk – je daaruit zal verlossen.

Je kunt schamper doen over nogal wat auteurs van transhumaan gedachtegoed, maar wie hun 'extremisme van de extrapolatie' aangrijpt om de hele problematiek van verbeterkunde af te serveren als al te fabuleus, ook die gaat een stap te ver. Verbeterkunde is een reëel, acuut vraagstuk dat zich stilaan doet voelen in allerlei aspecten van ons dagelijkse leven. Ik licht er hier twee kwesties uit die kennelijk bedreigingen vormen voor het authenticiteitsideaal: enerzijds de mogelijkheid tot 'kweek' van onze kinderen, anderzijds het individu dat eigenmachtig zijn eigen lichaam en geest hertekent.

EEN GEGEVEN OF GEMAAKT KIND: EEN TEGENSTELLING DIE ER GEEN IS?

Ook voor het ongeboren nageslacht staan verbeterkundes in de steigers. Zo groeit, traag maar zeker, de greep van pre-implantatie genetische diagnostiek (PGD) op de kenmerken van kinderen: men maakt een serie embryo's aan, scant die op hun kwaliteit, selecteert welk embryo het beste lijkt (in functie van het welzijn van het kind, mogen we hopen), brengt dat in bij de moeder, en een 'verbeterd' kind zal het daglicht zien.[4]

PGD en verwante reproductieve verbeterkundes geven uit op volgend moreel dilemma:

De ouder – in samenwerking met de IVF-arts of erfelijkheidsadviseur – wordt in zekere mate de kapitein van het lot van het kind, op een manier die zonder precedent is. Dit leidt tot de vraag wat het voor een kind kan betekenen om met een gekozen genotype te leven: het zal misschien een gevoel van dankbaarheid tegen zijn ouders hebben die de moeite hebben gedaan om hem de last van diverse genetische afwijkingen te sparen, maar het kan ook te maken hebben met het gevoel dat hij niet alleen een geschenk is, geboren uit de liefde tussen zijn ouders, maar ook, in zekere zin, een product van hun wil.

Presidentiële Raad voor Bio-Ethiek van de Verenigde Staten

Dit vooruitzicht van een 'tekentafelkind' zette de invloedrijke denker Jürgen Habermas in 2003 aan tot het schrijven van een protestboek, *The Future of Human Nature*. Ouders die bepalen hoe hun kinderen in elkaar zouden zitten: dat zou die kinderen beroven van het gevoel van authenticiteit, van 'zichzelf zijn'. Want zij zouden tot in de kern van hun identiteit de onuitwisbare stempel dragen van de voorkeuren van hun makers: hun scherpe verstand, hun atletisch vermogen, hun blijmoedig karakter – ze zouden zich deze persoonlijkheidskenmerken nooit volledig kunnen toe-eigenen, eigen maken, want deze zouden altijd ook ten dele blijven toebehoren aan die andere die ze doelbewust in hun genoom heeft geprent. En die toestand van vervreemding van de meest intieme delen van zichzelf, is een vernederend, mensonwaardige manier om in het leven te staan. Verbieden dus, de gerichte verbetering van nageslacht, zoals ook de Belgische wet sinds 2007 het bepaalt.

Het lijkt een dwingende gedachtegang: reproductieve verbeterkunde is niet moreel denkbaar, want steevast druist het in tegen de authenticiteit van het kind. Dus moet het mordicus worden verboden. Maar die aangrijpende redenering moet twee grote problemen overwinnen, wil zij weloverwogen zijn. Ten eerste: is het niet logisch onhoudbaar dat de ouders aansprakelijk zijn wanneer zij kiezen om gericht in te grijpen, maar dat niet zijn wanneer zij kiezen om de natuurlijke gang van zaken op haar beloop te laten? Ten tweede: klopt het wel dat zo'n ingreep onherstelbare schade toebrengt aan het zelfbeeld van dat ontworpen kind?

(1) Er bestaan vandaag de facto steeds meer reproductieve vrijheden en bijgevolg verantwoordelijkheden. Want van zodra een techniek voorhanden is, moet men kiezen: gebruiken we die, of niet? Waar je niet onderuit kan, is dat ze ter beschikking staat. Ze niet gebruiken is ook het maken van een keuze. Dat is zo wanneer je actief beslist om van het gebruik af te zien, maar ook – en dit is absoluut cruciaal – wanneer je nalaat om een bewuste beslissing te nemen (door onnadenkendheid, onwilligheid, vluchtgedrag en dergelijke meer) en dus toelaat dat de normale, natuurlijke gang van zaken zich ongewijzigd voortzet. Men kan zich niet van de domme houden. Zoiets lijkt een 'onverantwoorde lafheid tegenover het onbekende'.

Dit brengt ons tot de even onvermijdelijke als stuitende conclusie, dat elk kind geboren in een tijdperk waarin reproductieve verbeterkunde mogelijk is, een 'gemaakt' kind is, óók diegene die zogezegd 'natuurlijk' werden verwerkt. Deze ontstellende conclusie wordt door Buchanan et al. scherpgesteld in hun indrukwekkende referentiewerk *From Chance to Choice:*

> *Wij zien het onderscheid tussen het sociale en het natuurlijke als het onderscheid tussen wat wel en niet onder de menselijke controle valt. [...] Paradoxaal genoeg is een natuur die onder de menselijke controle gebracht is, niet langer natuur.*

Het publieke debat zou al een heel eind verder staan, als dit voorafgaand inzicht goed zou doordringen en steeds onder de aandacht blijven. Want je kunt er niet omheen: wat onze verwekking betreft zijn we 'veroordeeld tot het vertrouwen' (Peter Sloterdijk). Ons van dat inzicht proberen verblinden om zo een vorm van 'natuurlijke authenticiteit' te willen redden, is bitter ironisch: men installeert dan het waanbeeld van een nepnatuurlijkheid – een zelfbegrip dat zo mogelijk nog

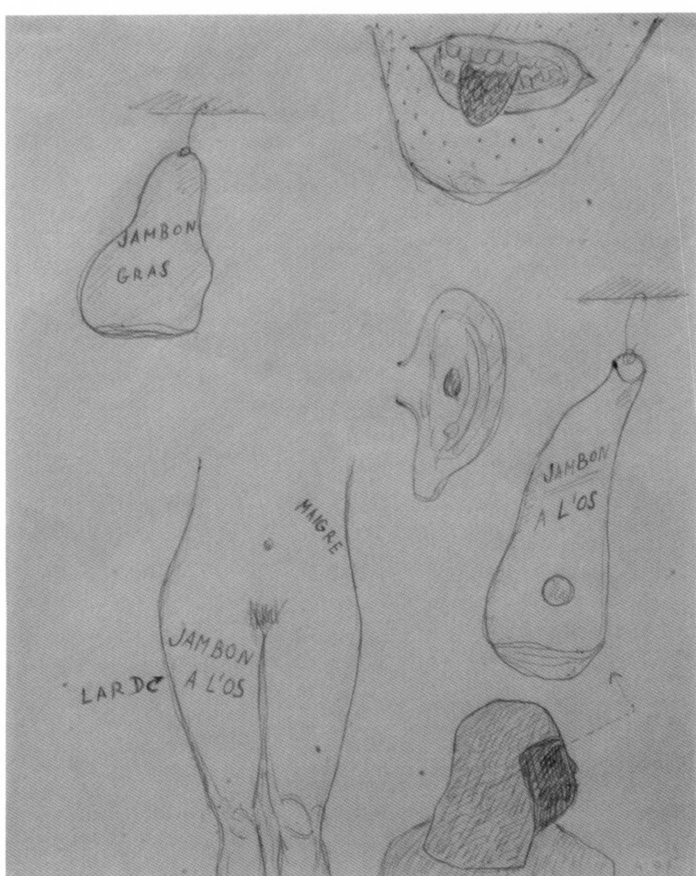

Marcel Broodthaers, Zonder titel, (groene) balpentekening, s.d.
Collectie Galerie Adrian David, Knokke

artificiëler en meer degraderend is dan dat van de mens die tenminste helder inziet dat hij het product is van andermans keuzen – van hun doen én nalaten.

(2) Het lijkt dus *authentieker* om onze 'veroordeling tot het vertrouwen' niet te willen wegmoffelen en naar manieren te zoeken om die met waardigheid te dragen. Dat neemt niet weg dat we inderdaad bijzonder waakzaam moeten zijn voor twee gevaren waarop alarmisten wijzen: enerzijds dat ouders – of erger nog: politieke of culturele machtshebbers – hun nageslacht als een instrument zouden gebruiken voor hun eigen doeleinden, en anderzijds dat – zelfs al wordt er volledig zelfloos vanuit het belang van het kind geredeneerd bij de verwekking en wordt het kind bij leven ook onvoorwaardelijk aanvaard, los van elk verwachtingspatroon – het ontworpen kind zich van zichzelf zal vervreemd voelen omdat de ouderlijke beslissingen aanvoelen als een onaanvaardbare indringing.

Ik pretendeer niet hierop een bevredigend antwoord te kunnen voorleggen. Misschien zijn dit tragische, want onvermijdelijke, schaduwzijden van onze nieuwe vrijheden. Wel heb ik willen aantonen, dat het familiale leven niet enkel wordt bedreigd door een lichtvaardig of ronduit boosaardig ontwerpdenken, maar net zo goed door de extreme tegenreactie daartegen, waarbij de nieuwe de facto verantwoordelijkheden worden verdoezeld en we onze kinderen willens en wetens aan de blinde willekeur van de natuur blijven toevertrouwen. Kortom: het is nu zaak onze ouderlijke zorgethiek op dit punt grondig aan te scherpen, zodanig dat ons nageslacht ons noch bedilzucht, noch nalatigheid zal kunnen verwijten. Een hele opgave.

WORDEN WIE JE BENT – OP DE WIP TUSSEN ZELFREALISATIE EN -VERVREEMDING

Hoe zit het dan met het individu dat zichzelf onder handen neemt? Als je jouw fysieke prestaties opkrikt door jezelf te doperen, of jouw voorkomen verfraait door niet alleen je haar maar ook je huid te laten opknippen bij de schoonheidschirurg, dan mag je er anno 2010 nog steeds gif op nemen dat sommigen je met misprijzen tot zelfs walging zullen begroeten. Jouw siliconenborsten of jouw glansprestatie geleverd met epo in de bloedsomloop, sommigen vinden het werkelijk weerzinwekkend, al hebben ze het vaak erg moeilijk om precies te zeggen waarom.[5] Wanneer die weerzin moet worden verantwoord, borrelt vaak het buikgevoel op dat er een morele plicht zou bestaan om 'trouw te blijven aan je natuur'. Als 'natuur' hier biologisch wordt begrepen, dan kan daar alweer de gemaakte watervalredenering tegenover worden gesteld en wordt die positie moeilijk houdbaar. Er kan echter ook een soort van trouw aan jezelf mee worden bedoeld, in de zin dat jouw prestaties en kenmerken uit jezelf moeten voortkomen. Kortom: alweer een appel tot authenticiteit.

Bio-ethicus Carl Elliot wijdde een heel boek aan het curieuze weerwoord dat de gedopeerden en versnedenen inbrengen tegen dat verwijt dat zij fake zouden zijn. Het kan je verbijsteren, maar zij zullen het vaak roerend eens zijn met hun criticasters: authenticiteit, daar draait het om. Het was net met een hogere authenticiteit voor ogen dat zij zich aan de verbeterkunde vergrepen. Elliot rijgt in *Better Than Well* een hele reeks van hun getuigenissen aan elkaar. Die vallen grofweg in twee categorieën uiteen. De eerste categorie 'verbeterden' ervaren hun transformatie als de ontluiking van een oorspronkelijk, echter 'ik' – een wezenskern die ze altijd al in zich hadden, maar zich in hun natuurlijke lichaam nooit goed heeft kunnen ontpoppen. Een treffende verwoording van die gedachte ligt in de getuigenis van het transseksuele personage Agrado uit de film *Todo Sobre mi Madre* van Pedro Almodovar: 'Hoe meer een vrouw eruit begint te zien zoals ze voor haarzelf heeft gedroomd, des te authentieker zij wordt.' De tweede categorie voelt hun transformatie net omgekeerd aan: voor hen is het net de creatie of ontdekking van een helemaal nieuw en beter 'ik' – iets dat ze van tevoren nooit in zich hadden maar dat nu aan hen werd toegevoegd en hen verrijkt. Zo verging het bijvoorbeeld Sam Fussel. In zijn boek *Muscle* ontboezemt hij hoe steroïden en extreme inspanning hem transformeerden. Oorspronkelijk een goedige, brave boekenworm, kweekte hij via dat regime niet alleen hompen spieren aan, maar ook een compleet nieuw karakter: hij werd een andere, nieuwe persoon, een assertieve pronker – en dat nieuwe karakter van hem vond hij best.

Die zelfverklaringen intrigeren, maar op zich volstaan ze niet om de ambiguïteit, de argwaan en de weer-

zin die heerst ten opzichte van de verbeterkunde op te heffen. Om echt klaarheid te scheppen in deze hevige maar vage gevoelens, moeten we ons op de technieken toespitsen die doen wat de net besproken ingrepen slechts zijlings doen: rechtstreeks ingrijpen in onze gevoelens en gedachten. Deze grondig bestuderen lijkt een vruchtbare piste om de diepgezaaide weerzin tegen verbeterkunde adequaat onder woorden te brengen. En dat zou de voor- en tegenstanders misschien tot een nieuwe, constructieve consensus kunnen bewegen.

Ik vermoed dat die weerzin in eerste instantie voorkomt uit de angst voor vormen van 'emotionele kortsluiting'. Emoties hebben een functie die levensnoodzakelijk is voor een geslaagd sociaal leven. Zij worden in de cognitieve psychologie verklaard als *hard to fake commitments*: moeilijk na te bootsen toewijdingen. Emoties zijn een manier waarop mensen zich ten opzichte van elkaar, maar ook ten opzichte van zichzelf diepgaand engageren, zodanig diepgaand dat zij die verplichtingen ook 'tegen beter weten in' zullen blijven nakomen. Als zodanig zijn ze ook de hoeksteen van onze morele instincten, ons geweten. Om deze reden vinden we fenomenen zoals het wegdrinken van een schuldgevoel moreel laakbaar. Die drug – alcohol – verbreekt de spontane emotionele gang van zaken: daarbij zet jouw geweten je aan om jouw schuldgevoelens weg te werken door het aangerichte kwaad (of de knak in jouw zelfbeeld) te proberen rechtzetten. Dit heilzame,

Kurt Stallaert, Zonder titel, nr. 22.8, zwart-witprint op barietpapier, 2009. Collectie kunstenaar

maar vaak ook moeizame proces kun je niet kortsluiten door je van die werkelijkheid te onthechten in een alcoholroes. Een fundamenteel probleem van emotieve verbeterkunde (zoals vandaag met Prozac, Paxil en dergelijke) is dat zij veel effectievere, meer precieze middelen zal genereren om dergelijke emotionele kortsluitingen mee door te voeren. Dat we het vrije gebruik van allerlei designerdrugs en andersoortige disruptieve middelen verboden zullen moeten houden, lijkt dus onafwendbaar.

Tegelijk mag die vereiste hoge waakzaamheid niet overslaan in een principieel verbod op emotieve verbeterkunde. Immers, de menselijke emotionaliteit is niet zomaar een weldadig en fijngesteld systeem te noemen. Het lijkt zinvol om in principe open te staan voor zowel verbeterkundes die destructieve of terneerdrukkende aspecten van de menselijke emotionaliteit zoals wraaklust of onnodige neerslachtigheid (met de nodige omzichtigheid) bijstellen, als voor verbeterkundes die volstrekt nieuwe emotionele en intellectuele landschappen voor ons ontsluiten. Zo toont psychiater Peter Kramer in zijn taboedoorbrekende boek *Listening to Prozac* overtuigend aan hoe sommige mensen nu al op vrij wonderbaarlijke wijze openbloeien en nieuwe, duurzame levensvreugde vinden via een verstandig gebruik van Prozac.

Naast de vrees voor ongeoorloofde middelen, lijkt de weerstand tegen verbeterkunde ook te wortelen in de vrees voor ongeoorloofde doeleinden. Zo waarschuwt de Amerikaanse Presidentiële Raad voor Bio-ethiek voor een oneigenlijke toepassing van gerichte 'geheugenafstompers' (nu in ontwikkeling om patiënten met posttraumatische stressstoornis te helpen) bij soldaten of bij plegers van geweldmisdrijven. Zo zouden zij, alvorens een moordmissie of brutale overval aan te vatten, een geheugenafstomper voor de nabije toekomst kunnen innemen, om vervolgens met een comfortabel verdoofd geweten hun gewelddaden te kunnen plegen, zonder ooit de reële hardheid ervan met volle kracht te moeten ervaren. Zo hoeven zij dat daarna ook niet via hun geweten te verwerken – dat verwerkingsproces werd uitbesteed aan de geheugenafstomper. Het lijkt dus evenzeer onafwendbaar, dat we bepaalde lichamelijke en psychologische toestanden, zoals deze gewetenloosheid, *off limits* moeten verklaren.

Er zal dus sowieso een lijst moeten worden opgesteld met in de ene kolom de verboden middelen en in de andere, de verboden lichamen. Maar welk criterium moeten we gebruiken om dit hachelijke onderscheid aan te brengen tussen verboden en toegestane verbeterkundes? Alweer is het belangrijk hier niet te vervallen in een veroordeling van alles wat 'onnatuurlijk' lijkt. Het onderscheid moet worden gemaakt op grond van een voldoende 'gedenaturaliseerde' en zelfstandige ethiek. Daarbij moet de mogelijkheid van geslaagde incorporatie worden bestudeerd in de volgende proefopstelling: als jij je vlot kunt vereenzelvigen met de manier waarop een ingebrachte verbeterkunde inwerkt op jouw lichaam – dat kan zijn op jouw gemoed, op jouw gedachten of op jouw fysieke kenmerken – zonder dat je daardoor vervreemd wordt van jezelf of van je leefwereld, zodanig dat je die verbeterkunde in jezelf kunt opnemen als een spontaan deel van jouw identiteit, dan heb je een verbeterkunde te pakken waarvan kan worden overwogen om die vrij verkrijgbaar te maken. Dit incorporatievraagstuk lijkt me de eigenlijke hamvraag. En hier is nog bijzonder veel werk aan de winkel. Willen we voorbij de paniekzaaierij, dan moeten doordringende studies worden ondernomen die de precieze moreelpsychologische processen blootleggen die zich voordoen bij mensen die zichzelf drastisch transformeren via materiële ingrepen, met eenzelfde diepgang zoals bijvoorbeeld nu anorectische eetpatronen onder de loep worden genomen.

EEN VOORUITBLIK OP 'VERBETERINGSZORG'

Hoewel op het eerste gezicht 'onnatuurlijk' lijkt verbeterkunde in principe net de sleutels te bevatten voor onze verdere lotsverbetering, al verliezen bepaalde transhumanisten daarbij elk gevoel voor proportie. Tegelijk schuilt gevaar in de natuurgedachte zelf: die dreigt te ontsporen in een irrationele verkettering van individuen die in feite slechts op hun eigen manier een authentieker leven proberen te creëren. Desalniettemin kan een slecht gehanteerde verbeterkunde die menselijke authenticiteit diepgaand ondermijnen. Dat bleek zo te zijn in drie gevallen: een te gestuurde 'kweek' van kinderen, het bruuskeren van gezonde emotionele verbanden en het zich afsnijden van morele vermogens.

Een volstrekt vrije verspreiding van verbeterkundes en een permissief beleid lijken dus bijzonder onverstandig. Er zal proactief moeten worden opgetreden om de introductie van verbeterkundes – en de nieuwe uniformiteit en pluraliteit die zij zullen opwekken – vreedzaam en heilzaam te laten verlopen. Daarbij lijkt het mij verstandig dat er vooraf protocollen van goed gebruik worden uitgewerkt, alvorens een ingrijpende verbeterkunde op de samenleving los te laten. Ook de capaciteit tot waardig en beginselvast zelfbestuur van elk individu zal moeten worden gesterkt via onderwijs en emanciperende vorming allerhande.

Dit proactieve optreden betekent ten dele: paternalisme. En zo'n bevoogdend optreden moet steeds heel behoedzaam worden ingericht. Vandaag kunnen we dat misschien nog organiseren als een subcategorie van ons drugsbeleid, maar eens de ontwikkeling van verbeterkundes werkelijk een hoge vlucht begint te nemen, zal dat een veel omvattender, autonome beleidstak moeten worden. Naast de huidige gezondheidszorg zal een 'verbeteringszorg' moeten worden opgebouwd. Wat mij betreft stoelt die best op een principieel enthousiasme over de mogelijkheid van emancipatie van onze evolutionaire erflast, fors getemperd door zowel gezonde wetenschappelijke scepsis over de snelheid van vooruitgang als grote morele alertheid over de vele misbruiken die van de verbeterkunde kunnen worden gemaakt. Maar dat de tijd hoogrijp is om de eerste morele en juridische krachtlijnen van die verbeteringszorg uit te tekenen, staat vast. (PB)

Bibliografie

Buchanan, A., Brock, D.W., Daniels, N. & Wikler, D., *From Chance to Choice. Genetics & Justice*, Cambridge University Press, 2000.

Elliot, C., *Better Than Well. American Medicine Meats the American Dream*, New York-Londen, W.W. Norton & Company, 2003.

Koops, B-J., Lüthy, C., Nelis, A. & Sieburgh, C. (red.), *De Maakbare Mens. Tussen fictie en Fascinatie*, Amsterdam, Bert Bakker, 2010.

Missa, J-N. & Perbal, L. (red.), *'Enhancement' – Éthique et Philosophie de la Médicine d'Améloration*, Parijs, Librairie Philosophique J. Vrin, 2009.

Pinker, S., *The Blank Slate: The Modern Denial of Human Nature*, New York, Viking Press-Penguin Group, 2002.

President's Council on Bioethics, *Beyond Therapy. Biotechnology and the Pursuit of Happiness*, Washington D.C., The President's Council on Bioethics, 2003.

Savulescu, J. & Bostrom, N. (red.), *Human Enhancement*, Oxford University Press, 2009.

Noten

1 Tot voor kort waren wij volslagen onmachtig om ons van dit biologische juk te bevrijden en konden wij ons ook de vooruitgang niet voorstellen die ons ooit die middelen van bevrijding zou kunnen aanreiken. Bijgevolg leek ons aangeboren lichaam iets *onwrikbaar* te zijn. En dus werd er alles aan gedaan om, het *Gebed om Kalmte* van hierboven in gedachte, 'te aanvaarden wat (kennelijk) niet kan worden veranderd'. De meest kant-en-klare weg naar aanvaarding was (en is nog steeds) de herhaling van mantra's als 'God wil het zo' of 'zo moet het volgens de Natuur'. Het wordt echter te weinig ingezien dat zulke zoethouders gestoeld zijn op een 'vergoelijkende vergoddelijking' van wrede natuurlijke processen. Zo'n wijding van het rauwe natuurgeweld heeft in het verleden de deur opengezet voor de programma's van staatseugenetica zoals uitgevoerd onder het naziregime (met zijn vernietiging, naar 'natuurlijk' dictaat, van het *levensonwaardige leven*, van alle *Ballastexistenz*), alsook in minder rabiate vorm in tal van andere landen, de VS op kop. Zie daarvoor Buchanan *et al.*, *From Chance to Choice*.

2 Een enorme virtuele wereld, waarin je je kunt voordoen als het personage van je dromen, te beleven via http://secondlife.com.

3 Dit invriesproces heet *cryonics*, en wordt aangeboden door het bedrijf *Alcor*, een *Life Extension Foundation*. Zie http://www.alcor.org.

4 Het moet gezegd dat PGD vooralsnog slechts voor een miniem aantal ziektebeelden en kenmerken kan worden toegepast, en dat bovendien de Belgische wet sinds 2007 bepaalt dat dit enkel voor therapeutische en nooit voor verbeterende doeleinden mag worden aangewend. Het eerste mag maar het tweede niet, want dat laatste is, zo stelt de wetgever expliciet, *eugenetica*, en dat wordt per definitie ontoelaatbaar geacht.

5 Leon Kass, eertijds voorzitter van de intussen door Barack Obama opgeheven President's Council on Bioethics, legitimeert deze viscerale, onberedeneerde walgreflex door een '*wisdom of repugnance*', een wijsheid van de walging, te postuleren. Redelijke motivatie van die walging hoeft voor hem niet, want die walging is '*the emotional expression of deep wisdom, beyond reason's power fully to articulate it*'.

De mens heeft beweging nodig,
zijn leven was bewegingsrijk,
uw leven is bewegingsarm.
affiche, ca. 1970. Sportimonium, Hofstade

e mens heeft beweging nodig

.

ewegingsrijk

KABINET VAN KUNST, THERAPIE EN VERMAAK

Op het lijf geschreven

ALEXANDER COUCKHUYT

Eva Vliegen (bijgenaamd Besje van Meurs)

Eind zestiende eeuw verspreidde zich het gerucht dat in Meurs bij Duisburg (Noord-Rijnland-Westfalen) een jonge vrouw at noch dronk.

Eva Vliegen (1575-na 1628), afkomstig uit een arm gezin, zou tijdens haar jeugd reeds twijfels hebben gehad over haar gezondheid. Bepaalde bronnen wijten dit aan een overbezorgde moeder, die zich te lang over Eva ontfermde; andere verwijzen naar een slechte relatie met een stiefmoeder, die haar eten ontnam.

Toen ze in 1594 negentien was, verloor ze langzaam haar eetlust en at steeds minder. Drie jaar later zou ze geen voedsel of drank meer tot zich nemen. In 1599 werd ze door de plaatselijke gravin overgehaald één kers te eten. Hiervan werd ze zo ziek, dat men vreesde voor haar leven. Toen ze hiervan wat hersteld was, raadden artsen haar aan een lepel melk te drinken, maar die kon ze onmogelijk innemen.

Er werd beweerd dat Vliegen van bloemengeur leefde. De diepgelovige protestantse zei om de andere dag bij zonsopgang omgeven te worden door een glinsterend licht, waarbij haar mond bevochtigd werd met honingzoete stof. Voorts overvielen haar openbaringen en deed ze aan voorspellingen. Zelf beschouwde ze dit als een teken van God. Door dit alles genoot ze grote faam. Velen, arm en rijk, kwamen haar bezoeken. Onder meer de gravin van Meurs, prinses Elisabeth van Engeland en de Nederlandse prins Maurits brachten een bezoek.

Naast deze devote bewonderaars waren er velen die haar van hekserij of duivelse machten beschuldigden. Coenraad Velthuizen, de lokale predikant, nam haar gedurende twaalf dagen in huis, om haar zo nauwlettend in het oog te kunnen houden. Toen hij haar niet op enig bedrog kon betrappen, werd hij een vurig pleitbezorger van dit vastenwonder. Het lokale stadsbestuur verspreidde zelfs certificaten met de verklaring dat haar 'leven zonder eten' authentiek was.

In 1612 kreeg ze het bezoek van Guilhelmus Fabricus Hildanus (1560-1634), een Duitse chirurg die zeer geïnteresseerd was in vastenwonderen en hierover een publicatie voorbereidde. Twee jaar later, op 1 maart 1614, stierf Eva, zogezegd, nadat een engel aan haar verschenen was die haar had meegedeeld dat God de zonden van de wereld niet meer kon aanzien en de mensheid zou straffen met een 'grooten sterfte', tenzij men zich haastig bekeerde. Vanaf dat moment tot aan haar vermeende dood zou Eva Vliegen niet meer hebben gesproken. Onder meer Hildanus en de zoon van een apotheker in Düsseldorf meldden later dat Vliegen nog in leven was. Na dertig jaar zich als vastenwonder te hebben voorgedaan, werd zij uiteindelijk ontmaskerd. De Amsterdamse dichter-medicus Nicolaes van Wassenaer (1571-1629) maakte hierover verslag. Toen bezoekers in haar huis werden gekweld door een stank, trof men na inspectie op diverse geheime plaatsen voorraden voedsel en drank aan. Hierop werd Eva Vliegen gearresteerd. Hoe het verder met haar is gegaan, is onbekend.

Eva Vliegen zou lang na haar dood als attractie blijven voortleven. Tot in de negentiende eeuw was zij als wassen beeld te zien in een soort panopticum, het Oude Doolhof in Amsterdam. Ze zat op een vergulde houten troon. Een mechaniek deed haar arm de kruimels van haar mond afvegen, tot groot amusement van de toeschouwers. Het begeleidend rijmpje luidde:

Dat is Bessie van Meurs, dat leugenachtig wijf
Ei zie, zij schut haar hoofd, en zweert nog even stijf
In 32tig jaar heeft zij geen brood gegeten
Wel 't leugenachtig wijf, liegt dat de steenen zweeten.

Ware afbeeldinghe van de dochtere ghenaempt Heva Vliegen,
gravure, 1615. Collectie Nauta, Leiden

ALEXANDER COUCKHUYT

Daniel Lambert

Daniel Lambert (1770-1809), afkomstig uit het Britse Leicester, was de zoon van de bewaarder van Bridewell, een plaatselijk correctiehuis. Daniel ging als veertienjarige voor zeven jaar in de leer bij een graveur in Birmingham. Daarna keerde hij terug en nam zijn vaders job over. Hij werd gezien als een vriendelijke cipier die op goede voet stond bij de gedetineerden. Ook in de gemeenschap van Leicester was hij een wel gerespecteerd persoon.

Als jongeling was Lambert een uitstekende zwemmer en loper. Daarnaast hield hij van de jacht en stond hij bekend als uitstekend fokker van vechthanen en honden. Toen zijn kennel in 1806 werd verkocht, haalden vele dieren hoge prijzen. Zelf bleef hij actief in veldsporten tot 1801. Een anekdote uit Stamford vertelt dat hij, reeds zwaar, regelmatig in een pub mensen uitdaagde voor een loopwedstrijd. Zijn voorwaarde was dat hij een kleine voorsprong kreeg bij de start. Er waren vele kleine steegjes die als doorsteek werden gebruikt. Door zijn omvang kon niemand Lambert in die steegjes inhalen. Zo won hij meestal de wedstrijd.

Behalve een oom en tante, was niemand in Lamberts familie zwaar gebouwd. Vanaf zijn twintigste begon zijn gewicht fors toe te nemen. Volgens een pamflet uit 1806 was hij nochtans vaak van 's morgens tot 's avonds buiten. En hij hield van lange wandelingen en paardrijden. Maar hoe meer oefeningen hij deed, des te zwaarder hij werd. Tenminste, zo kwam het bij hem over. Zelfs al dronk hij geen alcohol en at hij niet meer dan een gemiddeld persoon, zijn gewicht bedroeg 203 kg in 1793. Hij was dan 23 jaar. Wellicht leed Lambert aan primaire obesitas, veroorzaakt door voeding met hoge calorie-waarden, verkeerd samengestelde maaltijden en een te sedentaire levensstijl. Begin eenentwintigste eeuw zou Lamberts conditie wellicht beter te verhelpen zijn.

In 1804 woog hij reeds 311 kg. Door de samensmelting van Bridewell met de stadsgevangenis werd hij een jaar later op pensioen gestuurd. Even leidde hij een teruggetrokken leven, maar in 1806 liet hij voor zichzelf een speciaal rijtuig maken en trok naar Londen. Daar kon men hem voor één shilling per persoon gaan bekijken als curiositeit. Vermoed wordt dat Lambert dit deed uit financiële noodzaak. Door zijn gestalte had hij nood aan op maat gemaakte kleren, meubelen... zijn pensioen was wellicht niet toereikend.

In Londen werden strooipamfletten over hem uitgedeeld. Hierin wordt hij beschreven als iemand met 'een mannelijke en intelligente gelaatsuitdrukking' en met 'minzame en aangename manieren'. Lambert hield van een goed gesprek, en *'he can sing a good song'*, aldus het pamflet. De prijs om bij hem te komen was hoog genoeg, wellicht om een 'vulgair' publiek te mijden. Zichzelf te kijk stellen was uit noodzaak; zelf voelde hij zich er steeds oncomfortabel bij.

Na Londen was hij nog te zien in onder meer Birmingham, Hinckley en Coventry. In 1807 en 1808 keerde hij terug naar Londen. Hij stierf onverwachts in Stamford in 1809. Om hem uit zijn hotelkamer te krijgen, werd een deel van de muur uitgebroken. Zijn begrafenis volgde twee dagen later, waarbij hij ter aarde werd neergelaten door twintig man. Hij woog 335 kg, was 1m80 groot en had een taille van 2m84. De omtrek van zijn kuit bedroeg 94 cm.

Lambert bleef populair na zijn dood. Van hem werd een wassen beeld gemaakt, dat lange tijd te zien was in P.T. Barnum's American Museum. Zijn kleren zijn te zien in het Stamford Museum, waar ze getoond worden naast deze van General Tom Thumb, een Amerikaanse circusartiest en dwerg. Vandaag zijn in Groot-Brittannië nog steeds veel bars en restaurants naar hem genoemd.

Daniel Lambert,
Weighing over fifty stone, aged 36,
ingekleurde gravure, 19de eeuw. Wellcome Library, Londen

Een spotprent vergelijkt de obese Daniel Lambert met de Britse staatssecretaris voor buitenlandse zaken Charles James Fox.
Charles Williams, The Two Greatest Men in England,
ingekleurde gravure, 1806. Wellcome Library, Londen

YOON HEE LAMOT

Claude Ambroise Seurat, het levende skelet, beschreven door een tijdgenoot

Claude Ambroise Seurat werd op 10 april 1797 geboren in Troyes, Frankrijk. Zijn ouders waren normaal gebouwd en vertoonden geen enkele misvorming. Tot zijn tien jaar was Seurat een relatief gezond kind, enkel zijn borstkas was ingezakt. Hij was ook veel minder sterk dan zijn leeftijdsgenoten en viel regelmatig. Vanaf zijn tiende verzwakte hij echter steeds meer. Hij at altijd zeer weinig en meestal in kleine porties om zijn maag niet te overbelasten. Ook moest hij voorzichtig zijn als hij dronk om verstikking te voorkomen. Seurat toonde zichzelf tegen betaling eerst in eigen land, maar later vertrok hij naar Engeland waar hij te zien was als 'het levende skelet'.

De Engelse auteur William Hone beschrijft in 1826 in *The Every-day Book* over zijn bezoeken aan Seurat en pent een zeer vriendelijk relaas neer, waarin hij 'het levende skelet' als een vrij normale man beschrijft die, behalve zijn extreme magerte, niet veel verschilt van ieder ander mens. We volgen hier Hones beschrijving, het relaas van een tijdgenoot.

Hij eet, drinkt en slaapt en ook het verteringsproces verloopt normaal. De lever ontgift het bloed en zijn hart werkt eveneens zoals het moet. Seurat kan goed tegen hitte en koude en heeft geen speciale kleding nodig. Zijn organen zijn aangepast aan zijn mismaakte lichaam en werken prima. Hij is nooit ziek geweest en heeft nooit medicijnen moeten nemen. Zijn huid is niet droger dan de huid van andere mensen die zo weinig drinken. Als hij opgevulde kleding zou dragen, dan zou hij niet eens opvallen tussen de menigte. De Engelsen zouden hem enkel als een buitenlander bestempelen. Hij begrijpt alles snel en zijn geheugen werkt goed. Hij kan in zijn eigen taal lezen en schrijven en wil ook, nu hij in Engeland woont, het Engels leren.

Hone beschrijft Seurat tijdens zijn optreden in een kamer in het Pall-Mall te Londen in 1825, ook het Chinees Salon genoemd. Seurat is gekleed in niets anders dan een kleine purperen, met franjes versierde zijden doek met langs weerszijden gaten, waaruit zijn heupbeenderen steken. Om de vinger van zijn linkerhand draagt hij een gouden ring. Hone vindt dat de titel 'het levende skelet' niet helemaal van toepassing is en tot teleurstelling kan leiden bij de bezoeker. Het is niet zozeer de mate van magerte die choquerend is, maar het feit dat een dergelijke magerte nog tot een min of meer normaal leven in staat is. Wat volgens Hone nog het meest opvalt, is dat, terwijl het lichaam dergelijke tekenen van verval vertoont, er op het niet onaangename gelaat geen tekenen van ziekte of verzwakking te zien zijn. Seurat antwoordt meteen en met precisie op elke vraag die hem gesteld wordt en spreekt op een verstandige manier, verstandiger dan sommigen die bij Hone in de kamer zitten. Zij maken domme opmerkingen over zijn fysieke structuur en zijn mentale vermogens en noemen hem een 'choquerend wezen'. Hone vindt niets choquerend aan Seurat. Zijn stem is aangenaam en vriendelijk en hij is zeker geen meelijwekkende persoon. De auteur meent dat men dagelijks perfect gevormde mensen tegenkomt die door hun verachtelijk gedrag meelijwekkender zijn en zelfs meer choquerend. Hone schrijft dat hij nooit een gevoel van afkeer ervoer tijdens zijn ontmoetingen met Seurat.

Hij houdt van lezen en luistert graag naar muziek. Hij kan zich niet bukken, maar kan wel een gewicht van twaalf pond van een stoel opheffen. Hij kan zich enkel tonen aan zijn publiek, maar geen opzienbare prestaties verrichten. Hone waarschuwt dat als hij niet goed wordt verzorgd, dat de koude en de vermoeidheid van het zich tentoonstellen kunnen leiden tot ziekte. Seurat is zich daar zelf van bewust alsook zijn vader, die met hem meegekomen is naar Engeland. Hij blijft daarom tien minuten staan en wandelt ook voor zijn publiek om zich dan terug te trekken achter de gordijnen waar hij op een stoel wacht tot de volgende lading toeschouwers gearriveerd is.

Hone besluit zijn beschrijving door te stellen dat Seurat enkel als choquerend kan worden ervaren door zij die nog nooit hebben gereflecteerd over de sterfelijkheid van de mens en hem beschouwen als iemand die met zijn voet in het graf staat. Dit lijkt alleen maar zo. 'De dood omringt ons heel ons leven: zij is niet verder weg van ons omdat we er niet aan denken en ze is niet dichterbij omdat we het met onze eigen ogen zien.' Claude Ambroise Seurat stierf op achtentwintigjarige leeftijd op 6 april 1826.

Rawbones (naar Bleuliver),
Claude Ambroise Seurat, a very thin man,
ingekleurde gravure, 19de eeuw, Wellcome Library, London

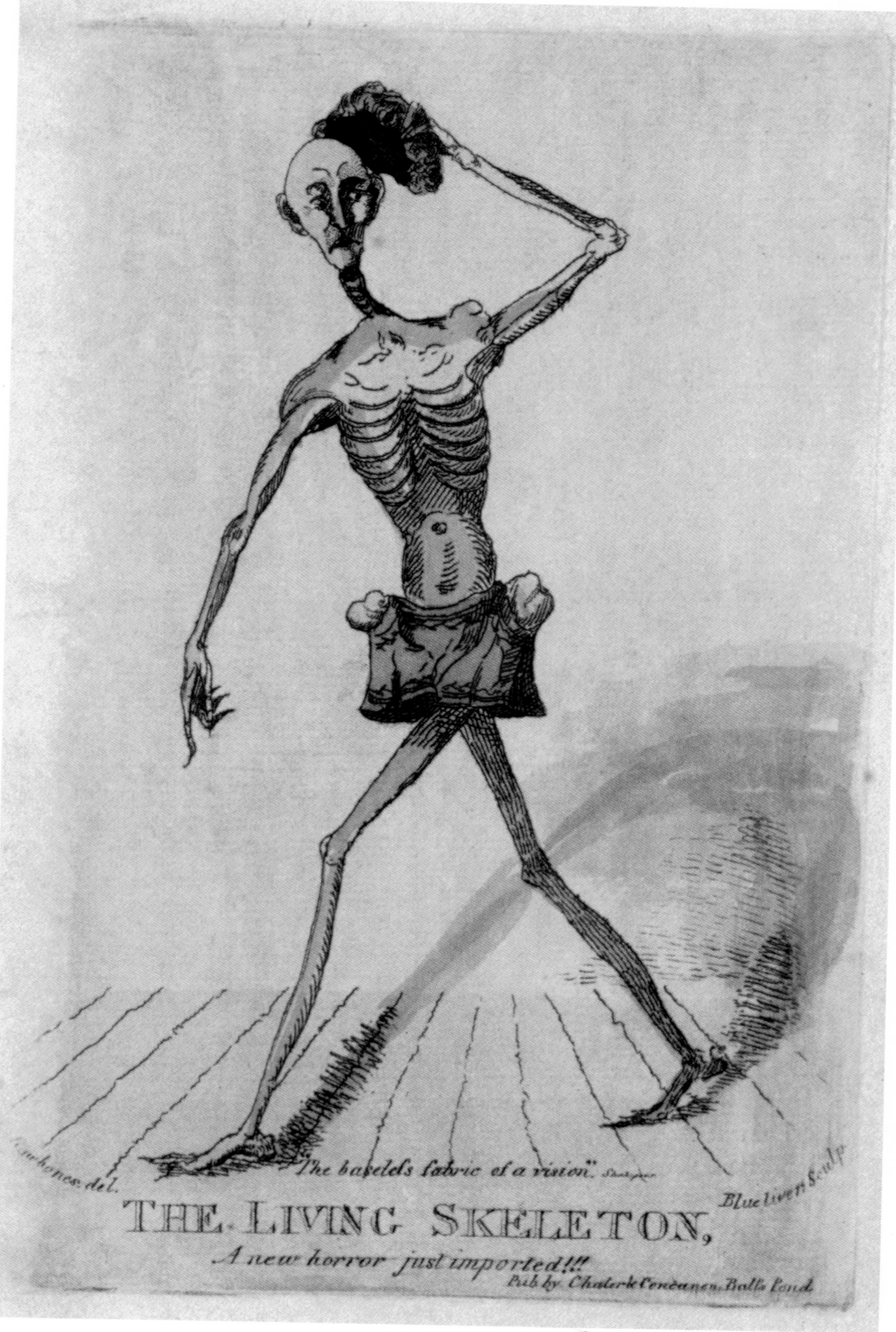
"The baseless fabric of a vision"
Blue liver Sculp
THE LIVING SKELETON,
A new horror just imported!!!

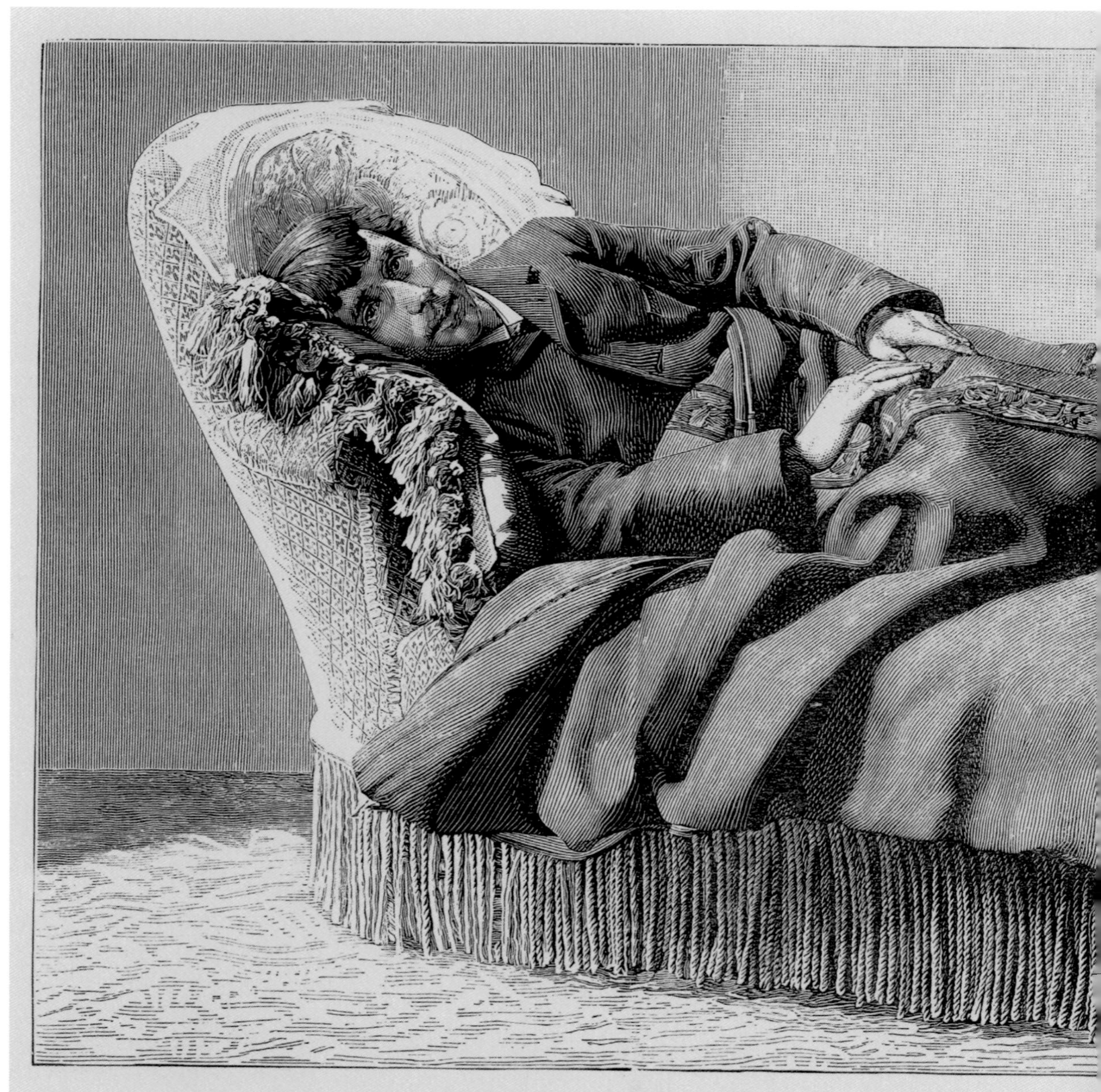

Merlatti, sur sa chaise longue, recevant les visiteurs au Grand-Hôtel in: *L'Illustration*, 18 december 1886. Privécollectie

YOON HEE LAMOT

Hongerkunstenaars Succi versus Merlatti

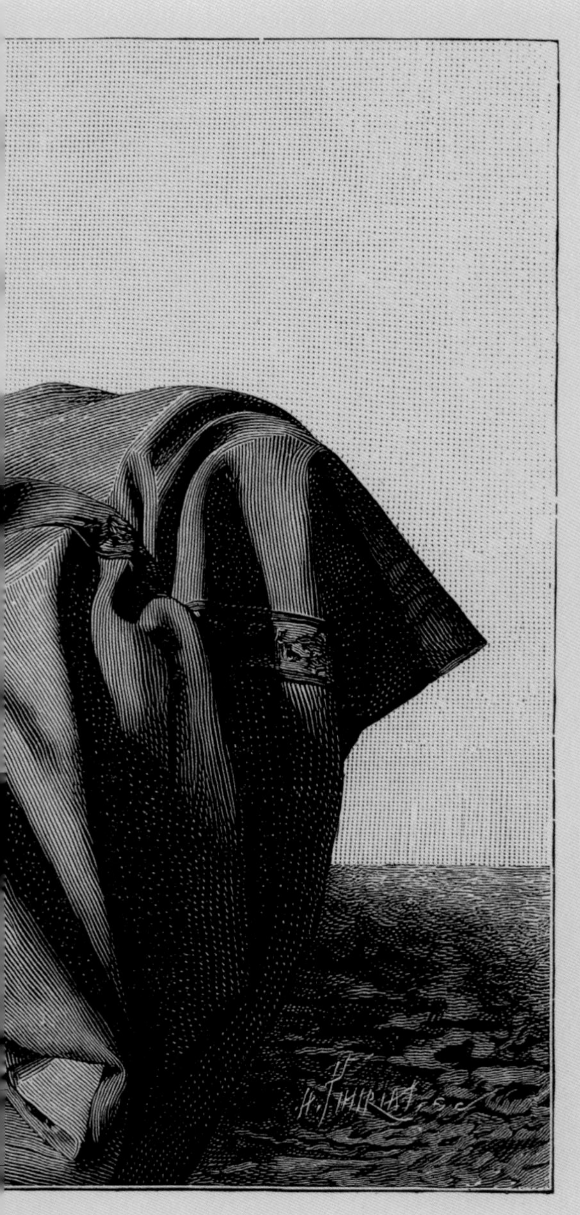

In de negentiende eeuw verscheen een nieuw fenomeen: de hongerkunstenaars. Zij overleefden dagenlang enkel op water of likeur, en dit voor het oog van een nieuwsgierig en voyeuristisch publiek. Zo schitterden de Italianen Succi en Merlatti. Beiden waren in 1886 de attractie waarop de pers zich gretig stortte en zijn lezers inlichtte over het wel en wee van deze wel zeer bijzondere mannen. In dat jaar was er onder meer over hen te lezen: 'Een Italiaan met de naam Succi wekt sinds enkele weken in Milaan de publieke aandacht. En inderdaad, deze man is een echt fenomeen. Hij ging de weddenschap aan om gedurende veertig dagen zonder voedsel te leven en dit zonder zijn fysieke en intellectuele kracht te verliezen.' Op 25 september 1886, de dag waarop de weddenschap afliep, schrijft *L'Illustration*: 'Succi begon op 18 augustus. Hij kwam om middernacht de zaal binnen en dronk een mysterieuze likeur die ervoor zorgde dat zijn hongergevoel werd onderdrukt en ging dan slapen. Dankzij deze likeur kwam hij de dag door met slechts één karaf water en een glas laxerend water. Toch leek het alsof hij niets van zijn levendigheid verloren was. Hij bleek bijna even alert als een man die normaal gegeten had en vulde zijn dagen met wandeloefeningen, oefeningen voor paardrijden en gymnastiek. Op het einde van het experiment was hij 14 kilo afgevallen en vandaag weegt hij 61 kilo 300 gram. Tijdens de laatste vastendagen kwamen veel mensen hem bezoeken, nieuwsgierig om deze man in het echt te ontmoeten, zoals te zien is op onze gravure. De scène toont het moment dat de bewakingscommissie het onderzoek voortzet. Succi zit op zijn bed en een van de artsen voelt zijn pols terwijl de bezoekers, die zich rondom hem hebben opgesteld, de vaster zeer aandachtig observeren, zoekend naar enig teken van leed op zijn gezicht.'

Maar Succi was niet de enige die erin slaagde gedurende lange perioden zonder voedsel te overleven. Hij kreeg al gauw concurrentie, onder andere van zijn rivaal Merlatti. De pers schrijft enkele maanden later:

'Een jonge Italiaanse kunstschilder, M. Stephano Merlatti, is vastbesloten om vijftig dagen zonder eten te overleven door enkel gefilterd water te drinken. De arts Maréchal, die hij heeft aangeschreven om deze merkwaardige proef te regelen, heeft een commissie samengebracht die dit nieuwe experiment moet bestuderen en de echtheid ervan moet bewaken. Merlatti begon met vasten op 27 oktober, in een appartement van het Hôtel des Etranges, in de rue Tronchet. Van 's morgens tot 's avonds is er een nieuwsgierige menigte aanwezig om de vastberaden Piëmontees te zien. Klein, nerveus, zeer bruin, een baardeloos gezicht en zeer beweeglijk. Merlatti spreekt met gemak Frans. Hij drinkt van tijd tot tijd grote glazen gefilterd water, wat zijn enige vorm van voeding is. Begin november ruilde hij zijn verblijfplaats in de rue Tronchet in om zich te vestigen in het Grand Hôtel. Zijn bewakers zijn hem gevolgd. Volgens de laatste berichten heeft Merlatti last van flauwtes. De artsen hebben verklaard dat ze de proef meteen zullen beëindigen wegens te gevaarlijk indien deze crises zich opnieuw zouden voordoen. Wat ook het resultaat van deze bizarre poging mag zijn, ze zal de naam van degene die ze heeft ondernomen in enkele dagen tijd populair maken.'

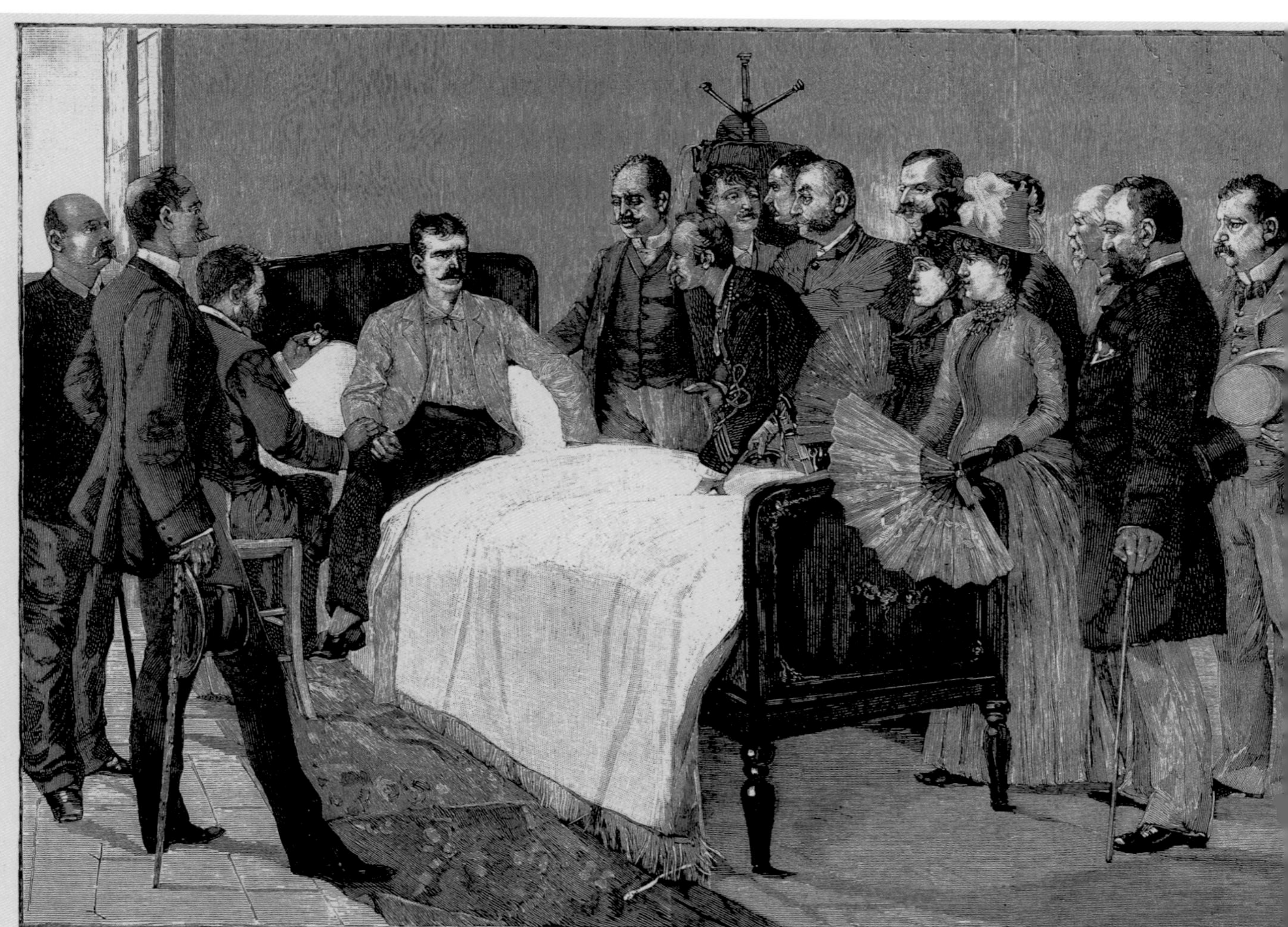

G. SUCCI, LE 28e JOUR DE SON JEUNE, DANS LA SALLE DES ÉCOLES MUNICIPALES, A MILAN

G. Succi, le 28e jour de son jeune,
dans la salle des écoles municipales à Milan.
in: *L'Illustration*, 25 september 1886. Privécollectie

Merlatti le 45e jour de jeûne. Photograph
faite par notre collaborateur M. Clair-Guy
1886. Privécollectie

Dat hongerkunstenaars helden waren, blijkt uit de merchandising die ontstond. Niet alleen konden nieuwsgierigen de vastende mannen tegen betaling bezoeken, ook konden ze foto's als souvenir mee naar huis nemen. Er bestaan zelfs hele albums met foto's van Succi tijdens zijn vastenperiode. Rastignac schrijft nogal lacherig over zo'n album in *L'Illustration*: 'Succi om zeven uur 's ochtends, Succi 's middags, Succi om 22u35 's avonds (als het licht het toelaat). En Succi al slapend, Succi terwijl hij zijn laxerend water drinkt, Succi al wandelend, Succi die zijn neus snuit! Het doel wordt om de hongerkunstenaar op alle mogelijke manieren te presenteren. Mijn god! Wat gaan we ons amuseren als we geen enkele krant meer kunnen openslaan zonder er artikelen in te vinden over Succi en Merlatti. Zonder de vaster uit Brussel mee te rekenen, want ook Brussel heeft zijn vaster (Belgische imitatie), een vaster die, tijdens zijn laatste vastendag een reis zal maken van Brussel naar Parijs, zonder te eten of te drinken! En daar zal het trio samenkomen. De Drie Vasters! Om de tegenhangers te worden van de Drie Musketiers!'

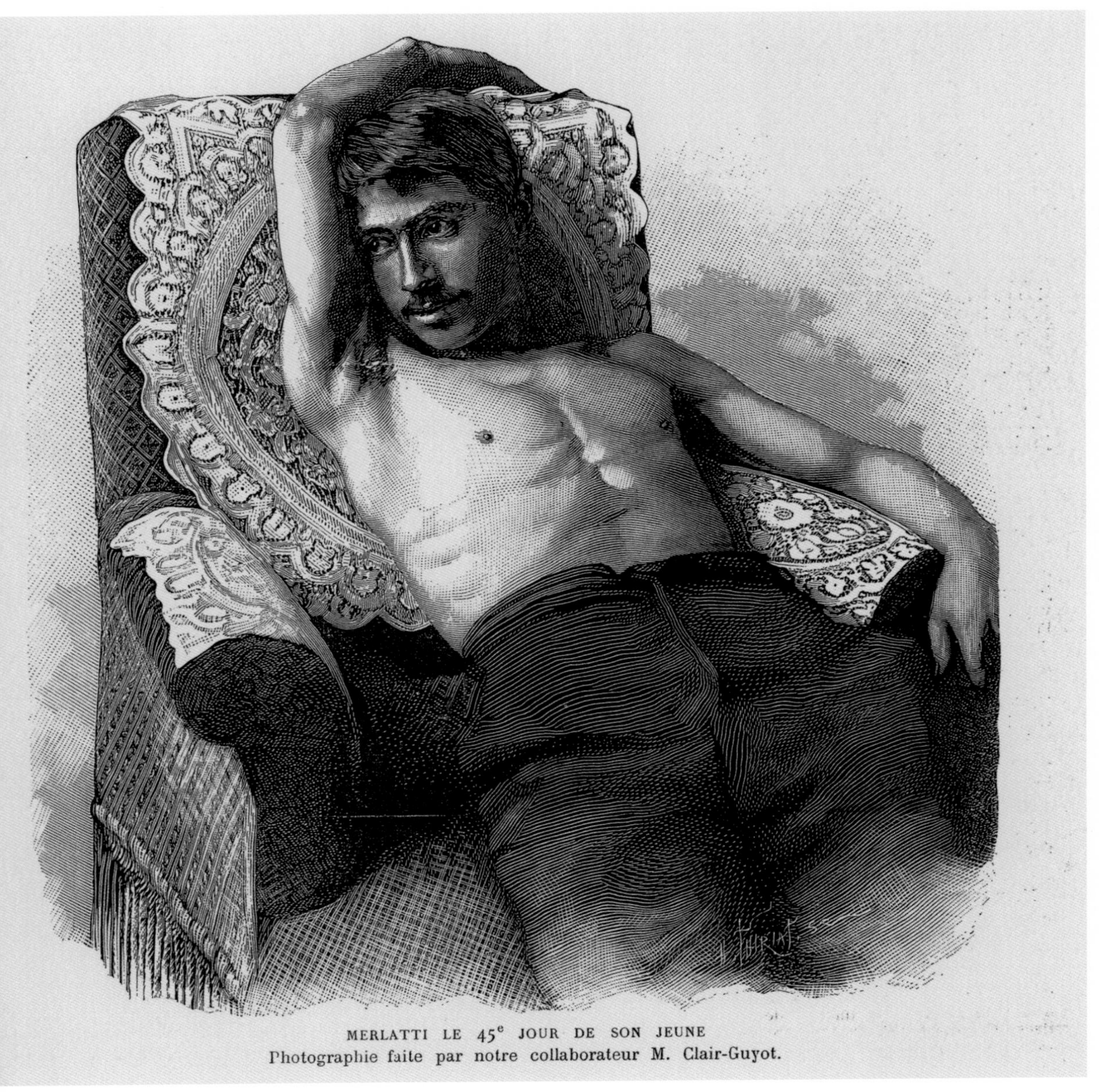

MERLATTI LE 45[e] JOUR DE SON JEUNE
Photographie faite par notre collaborateur M. Clair-Guyot.

ALEXANDER COUCKHUYT

Gustaf Zander en de bewegingstherapie

Hier ziet men de meest ingewikkelde en ongelijke wendingen en draaiingen door het toestel ten uitvoer brengen. Voor vingerbuigingen en strekkingen, voor beenrollen en ademhaling, rompdraaiing en bekkenheffing. Ge aanschouwt hier vibratie-bewegingen door het weergalooze toestel op zulk een wonderdadige wijze uitgevoerd, dat ge aan een tooverwereld gaat denken. Hier is een zadel waarop gij slechts behoeft plaats te nemen en de onzichtbare rossinant gaat er met u in galop vandoor!

Anonieme bezoeker van het Haags Zanderinstituut, 1898

De Zweed Jonas Gustaf Vilhelm Zander (1835-1920) was al vroeg in zijn leven in de ban van lichaamsbeweging. Als kind was hij tenger gebouwd. Zijn eigen lichaam meer body geven, zwaarder maken, was een doel op zich. Zander begon zijn carrière als gymnastiekleraar, maar besloot nog verder geneeskunde te studeren, zowel in Stockholm als in Uppsala. In 1864 studeerde hij af. Maar reeds eerder, in 1857, begon hij te experimenteren met (tegen)gewichten, veren en schuifsystemen en legde zo de basis voor zijn gymnastiektoestellen.

Zander baseerde zijn toestellen op de gymnastische oefeningen van zijn landgenoot Pehr Henrik Ling (1776-1839). Begin negentiende eeuw had Ling de 'Zweedse gymnastiek' ontworpen: lichaamsoefeningen die kwalen en afwijkingen moesten genezen. De bedoeling was enkel die spieren (of spiergroep) te bewegen, die geoefend moesten worden, een zeer lokale, gedoseerde beweging dus. Gustaf Zander, die als gymnastiekleraar de praktijk kende, wilde dit verbeteren. Volgens Zander konden therapeuten niet steeds even efficiënt patiënten bijstaan, een toestel zou dit wel kunnen. De weerstand bleef gelijk en het toestel was (theoretisch) 24u op 24u inzetbaar... Met behulp van steunpunten voor de schouders en de fixatie van armen en benen zorgde hij ervoor dat enkel die spieren actief waren waarvoor het apparaat bedoeld was.

Zander ontwikkelde zijn eerste toestellen in 1865. Ze werden verdeeld in vier groepen: de toestellen voor actieve bewegingen, passieve bewegingen, mechanische inwerking en orthopedische behandelingen (vooral ruggengraatverkromming of scoliose). Dankzij het behalen van prijzen op wereldtentoonstellingen werden de Zandertoestellen zeer populair eind negentiende eeuw. In meerdere landen werden Zanderinstituten opgericht. Het meest succesvol waren de toestellen bij afwijkingen van lichaamshoudingen en aandoeningen betreffende de voortbeweging. Maar ze waren ook behulpzaam voor gewrichtsproblemen, hartgebreken, ademhalingsstoornissen, neurosen. Ze werden zelfs gebruikt voor minder pijnlijke bevallingen.

Het hiernaast afgebeelde toestel simuleerde de op- en neergaande bewegingen van het paardrijden. Het toestel, aangedreven door een krachtbron, was een soort volautomatisch massageapparaat en werkte in op de darmwerking en de daaruit voortkomende eetstoornissen. Zodra iemand erop plaatsnam, trad het in werking. Per seconde ging de patiënt driemaal op en neer. Een oefening werd 2 à 3 minuten aangehouden. Via de hendel, net voor het zadel, kon men de omvang van de bewegingen regelen.

Gustaf Zander zou uiteindelijk zowat zeventig verschillende toestellen op de markt brengen. Na de Eerste Wereldoorlog taande de belangstelling voor de Zandertoestellen. Ze waren niet alleen duur (het hierboven beschreven toestel kostte in 1893 al 675 Reichsmarken), langzamerhand ontwikkelde men ook nieuwe theorieën over bewegingstherapie: niet enkel het beschadigde onderdeel (spier) van het lichaam moet geoefend worden, maar het gehele lichaam, ter versterking van het lokale, minder werkende deel. Het laatste Zanderinstituut in Nederland sloot zijn deuren in 1939.

Gustav Zander, Toestel F2 om het gehele lichaam in rijzit te laten vibreren, gietijzer en leder, vroege 20ste eeuw. Museum Boerhaave, Leiden

MARLEEN LEPÉE EN UUS KNOPS

Wat woorden niet kunnen zeggen. Woordeloos waardevo

Werken met creatief materiaal – klei, steen of kleur – kan een verrijkende en verreikende ervaring zijn. Het doet een beroep op onze gezonde drang naar schepping. Het vormt ook een wezenlijke bijdrage tot verwerking en integratie van wat zo moeilijk verwerkt of geïntegreerd kan worden, en op die manier tot de therapie van mensen met een eetstoornis. Knijpen, strelen, duwen in klei. Hameren en beitelen in steen. Spelen, fantaseren, experimenteren met kleuren. Voelen wat je voelt terwijl je boetseert, beitelt, beschildert. Deze ervaring om opnieuw te 'voelen' is zo belangrijk voor mensen met een eetstoornis, juist omdat ze verwoede pogingen doen dit aspect een halt toe te roepen. Ze proberen bij voorkeur te wonen in hun hoofd, waarbij hun gedachten hun belangrijkste genode en ongenode gasten zijn.

Bij het creatieproces daarentegen worden verschillende zintuigen aangesproken als zien, ruiken en tasten. Hierdoor wordt de aandacht gericht naar het hier en nu, en onvermijdelijk ook naar de gevoelens in het hier en nu. Het creëert een toestand van aanwezig zijn, een doe-modus, waardoor er vaak geen notie meer is van tijd, en geen tijd meer voor gepeins en gepieker. De creatieve en kunstzinnige benadering van mensen met een eetstoornis werkt altijd wat onderhuids. Meestal is dit totaalgebeuren moeilijk in woorden te omschrijven. Het werkt op een ander niveau dan de verbale therapieën die doorgaans deel uitmaken van een klassiek behandelingsprogramma, en kan in die zin een waardevolle aanvulling zijn. 'Om je gezicht te zien gebruik je een spiegel; om je ziel te zien een kunstwerk' (G. B. Shaw).

Maar er is meer. De patiënt wordt uitgedaagd om na een creatief en non-verbaal proces de brug te slaan naar het verbale. Er wordt gevraagd om het werkstuk een naam of een titel te geven, en om de betekenis ervan te delen met de groep en de therapeut. Op deze wijze worden de twee hersenhelften aangesproken.

Tijdens de ergotherapie wordt gewerkt met thematische opdrachten of met vrije creatie. Het ontstaan van een werkstuk kan op twee manieren gebeuren, via de buik of via het hoofd. De ervaring leert dat een creatieproces dat gestuurd wordt vanuit het hoofd meer dan eens voor extra moeilijkheden zorgt. Een voor ogen gehouden idee of uitgedachte vorm zijn niet altijd realiseerbaar, wat kan leiden tot ontmoediging, frustratie, opgave of tot een bevestiging van een negatief zelfbeeld. Een creatieproces dat vanuit de buik ontstaat, verloopt vaak veel spontaner en intuïtiever. Sommigen krijgen bij het horen van de opdracht al meteen een beeld, een idee, een metafoor waardoor ze enthousiast of net met een stille gedrevenheid op zoek gaan naar hun materiaal. Als er vanuit het buikgevoel – meestal zonder opdracht – gewerkt wordt, tonen de handen de weg naar een woordeloos maar veelzeggend eindresultaat.

Anoniem, **Zonder titel**, verf op papier, s.d. Museum Dr. Guislain, Gent

Dit beeldje is in stilte ontstaan: een vrouwentorso met daarop een hoofd dat in de verkeerde richting staat, afgewend van wat een vrouwenlichaam vrouwelijk maakt. Het werkstuk heeft geen titel gekregen, maar deze achtergrondinformatie wordt wel meegegeven: 'Ik heb een grondige afkeer van mijn lichaam, ik wil het niet zien, ik wil er niets mee te maken hebben. Ik zit in mijn hoofd. Mijn lichaam is niet van mij, ik wil het niet voelen.' De schepster van dit kunstwerkje heeft met liefde dit beeldje geboetseerd. Ze ging er volledig in op, werd er ook rustig van. Een dergelijk werkstuk toont wat woorden niet kunnen zeggen.

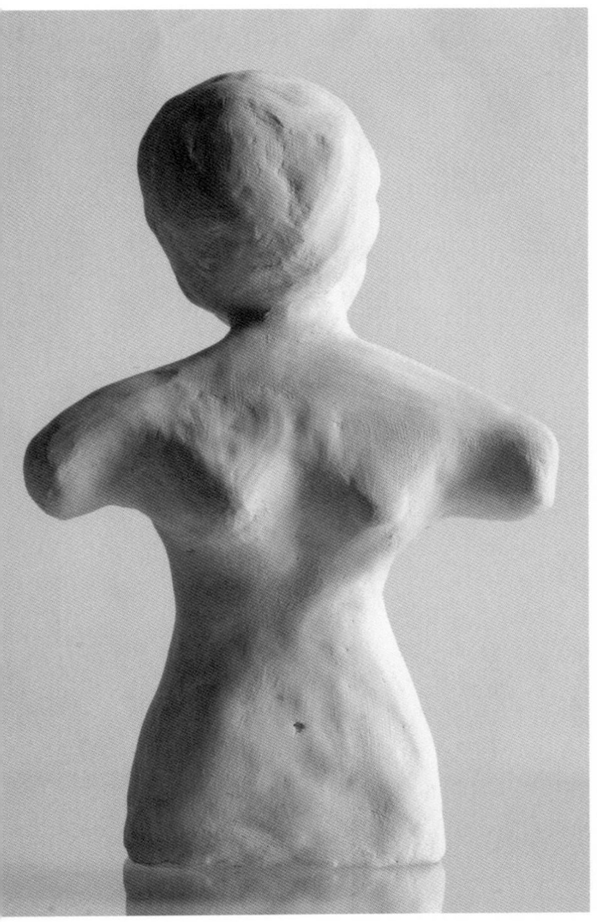

Anoniem, **Zonder titel** (figuur), plaaster, s.d. Museum Dr. Guislain, Gent

BART MARIUS

Fernando Botero

Een tentoonstelling maken over de tegenstelling dik-dun brengt ons bij een zeer breed scala van kunstenaars. Bepaalde perioden in de kunstgeschiedenis gaan gepaard met specifieke schoonheidsidealen en visies op die tegenstelling. We denken onder meer aan de gespierde mannen van Michelangelo, de hoeren en criminelen van Caravaggio, de corpulente vrouwen van Rubens, de aartslelijke hertogin van Quinten Matsijs, de ranke dames van Parmigianino of de vrolijke dansende dames van Niki de Saint Phalle. Maar twee hedendaagse kunstenaars zijn bezeten door dik of dun. En allebei blijven ze ook niet achterwege in *Het gewichtige lichaam*: de anorectische vrouwen van Vanessa Beecroft en de op zijn zachtst gezegd corpulente dames van de Colombiaan Fernando Botero.

Na een mislukte poging om matador te worden, richtte Botero zijn energie op de ontwikkeling van een artistieke carrière. In de jaren 1950 verhuisde hij naar Europa en schreef zich in aan de Koninklijke Academie San Fernando in Madrid. Hij studeerde er schilderkunst en kwam in contact met de grote meesters, onder andere in het Museo del Prado. Deze ervaring zou van grote betekenis blijken te zijn voor de ontwikkeling van zijn kunstenaarschap. Pas in de jaren 1970 begon hij

Fernando Botero, El Café,
gekleurde tekening, 2006. Robinsons Art Gallery, Knokke

Fernando Botero, Mujer con guitarra,
gekleurde tekening, 2006. Robinsons Art Gallery, Knokke

met beeldhouwen, een kunst die hij vanaf dat ogenblik samen met het schilderen zou beoefenen.

Hoewel Botero vele jaren van zijn leven in Europa en New York heeft gewoond, blijft zijn hele oeuvre doorspekt met referenties naar zijn afkomst: de pre-Columbiaanse kunst en de creoolse invulling van de christelijke iconografie. Ook het magisch realisme in de surrealistische traditie van Magritte speelt een grote rol. Botero toont ons een heel dromerige wereld. Zelfs wanneer hij recente thema's als Abu Ghraib aanpakt, wordt het gruwelijke bijna verhult door zijn esthetische grondbeginsel. Vanuit zijn typerende vormentaal distilleert Botero eigenzinnige interpretaties van oude meesters en monumenten uit de kunstgeschiedenis. Picasso moet een van de eerste twintigste-eeuwse kunstenaars geweest zijn die kunsthistoricus-schilder werd. Zijn hele leven lang bleef Picasso de oude meesters bestuderen. Zowel Manet, Poussin, Cranach als Velásquez interpreteerde hij telkens opnieuw, met *Las Meninas* als bekendste voorbeeld. En laat het nu net die Picasso zijn met wie Botero het vaakst wordt vergeleken. De Mona Lisa, het echtpaar Arnolfini en uiteraard de badende vrouwen van Bonnard en Cézanne passeren ook de revue in het oeuvre van Botero.

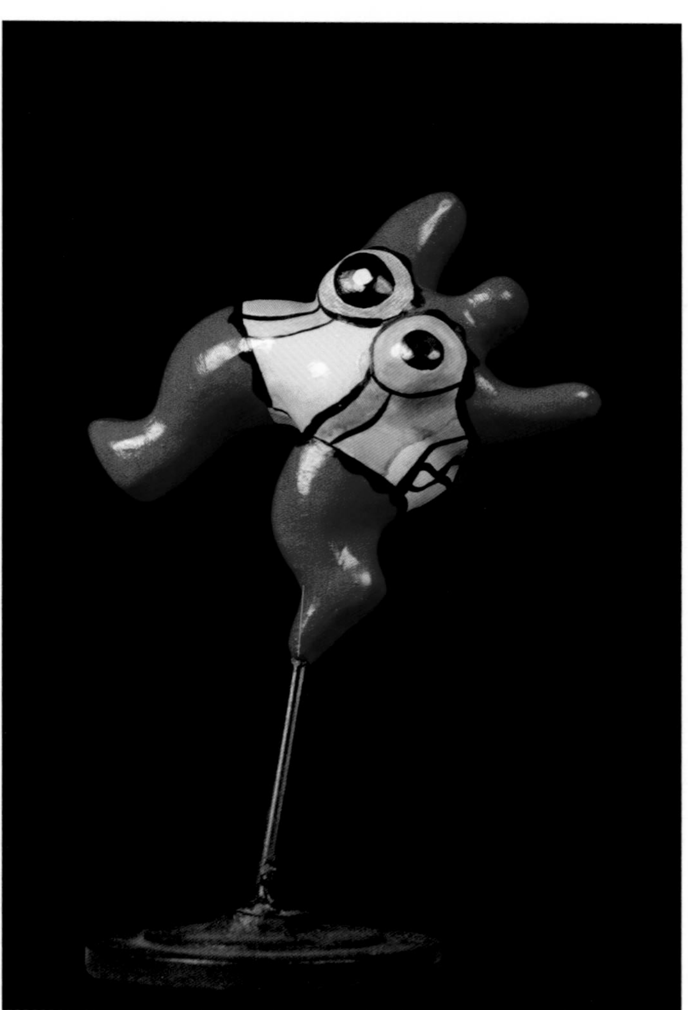

Zeer typerend aan Botero's tweedimensionaal werk is zijn kleurgebruik, een duidelijke verwijzing naar zijn Latijns-Amerikaanse afkomst. De corpulente figuren die hem zo eigen zijn, baden in het licht dat gereflecteerd wordt in zijn kenmerkende kleurgebruik. Vaak gebruikt hij primaire kleuren die bijna aan stripverhalen doen denken. Maar de menselijke anatomie klopt dikwijls helemaal niet. De borsten zijn te perfect en ook veel te klein in verhouding met de groteske rondingen van de vrouwenlichamen. Ook de hoofden zijn vaak helemaal niet in verhouding met de rest van de menselijke anatomie. Daardoor slaagt Botero er ook in de aandacht te vestigen op het lichaam, wat blijkbaar meer spreekt dan het gezicht. Auteur Erica Jong wijst er in de catalogus bij de Milanese Boteroretrospectieve (2007) ook op dat we alleen al in de naam van de kunstenaar een verwijzing kunnen vinden naar zijn beeldtaal: bOterO. Twee perfecte cirkels, zoals de kleine maar perfecte borsten in zijn werk.

Anders dan de rubensiaanse dames, lijken de figuren van Botero meestal bevroren. Niet zozeer in de actie, geen snapshots, want van dynamiek kunnen we haast niet spreken. Bovendien is er helemaal niks vrolijks aan zijn werk. Nooit zijn de vrouwen aan het lachen, er is bijna geen emotie te zien. Dit is ook zo in de twee tekeningen die hier te zien zijn.

Sommigen noemen zijn werk komisch omdat het bijna karikaturen zijn die worden afgebeeld. Maar in feite is er weinig grappig. Integendeel, de ochtendscène waar een vrouw een man een tas koffie brengt, heeft net iets heel bevreemdends. Geen enkel aspect van de tekening wijst op een vrolijke relatie, maar ook het omgekeerde, een trieste verharding, is er niet uit af te leiden.

Een Nana is een bepaald soort expressief, in felle kleuren beschilderd vrouwenbeeld. De Nana's werden gecreëerd door de Franse kunstenares Niki de Saint Phalle. De eerste Nana maakte zij in 1965. Aanvankelijk werden ze van papier-maché gemaakt, pas later werd polyester gebruikt. De Nanafiguren zijn wereldberoemd en hebben ophef gemaakt in de moderne kunstwereld. Ze staan voor de vruchtbaarheid en zijn daarom ook altijd dik.

Niki de Saint Phalle, **Nana**, papier-maché, handgeschilderd op rond voetstuk gemaakt door Jean Tinguely, ca. 1969. Collectie Galerie Adrian David, Knokke

Niki de Saint Phalle, Nana, papier-maché, handgeschilderd op rond voetstuk, gemaakt door Jean Tinguely, 1968, Collectie Galerie Adrian David, Knokke

Yvonne Thein, **Zonder titel, nr. 14 (32 kg)**, c-print op alu-dibond, 2006-2008. Courtesy Galerie Voss, Düsseldorf

BART MARIUS

Ivonne Thein. Thirty-Two Kilos en proanasites

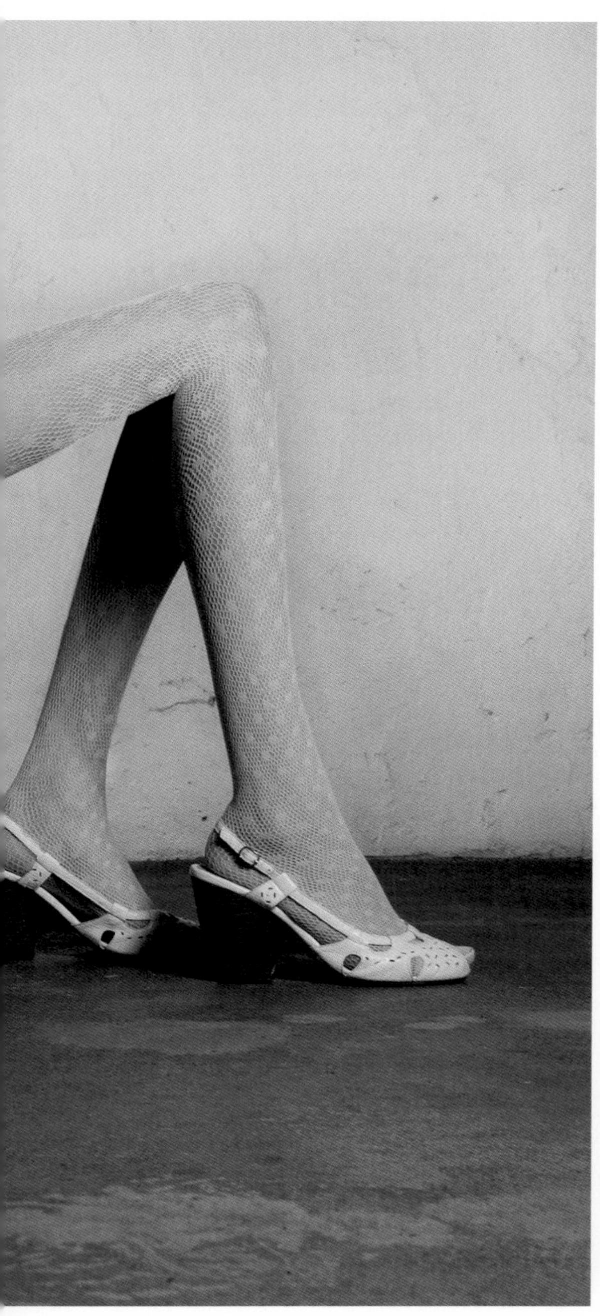

Foto's van vrouwen die poseren in een wit kleedje en zeer atletische houdingen aannemen. Sommigen lijken verbanden te dragen rond hun benen of hoofd. De weelderige haardos verbergt hun gezicht. Maar het meest opvallende is hoe extreem mager ze allen zijn. En dergelijke houdingen zijn voor extreem magere mensen wellicht heel pijnlijk. Het gaat om de reeks *Thirty-Two Kilos* van de jonge Duitse fotografe Ivonne Thein. En die titel is gekozen naar het extreme lichaamsgewicht van het Franse model Isabelle Caro, bekend van de No Anorexiacampagne.

Ivonne Thein is naast haar werk als kunstfotografe vooral bekend door haar werk als modefotografe. Blijkbaar voelt ze toch de drang om haar dagelijks werk artistiek te lijf te gaan. Haar prille oeuvre lijkt nu al gericht te zijn op het westerse schoonheidsideaal. *Het gewichtige lichaam* toont foto's uit twee reeksen. De reeks *Pro-Forma* en *Thirty-Two Kilos*. In allebei staat het (al dan niet) schone van het vrouwelijke lichaam centraal.

'Horror, *"in your face"*, afschuwelijk, ziek, afgrijselijk', zijn enkele reacties op de foto's. Verwonderlijk zijn echter commentaren als 'prachtig, ik wil dat mijn benen eruitzien als het meisje van foto 3' of 'ik denk echt dat deze foto's tonen hoe mooi dun wel kan zijn'. Reacties waar we ons veel vragen kunnen bij stellen.

Op het internet zijn honderden reacties te vinden, de ene al meer obscuur dan de andere. En enkel de naam van Ivonne Thein googelen levert al 60.000 hits op. Wanneer je surft valt op dat de meeste reacties te vinden zijn op proanasites, en dat is zeer verontrustend. Proanasites zijn communities, blogs en fora, waar jongeren informatie uitwisselen en reageren op elkaar over hongeren, lichaamsbeweging, extreem snel diëten en andere eetgewoonten. Daar blijkt hoe wijdverspreid het fenomeen proanorexia is. De meeste jongeren reageren verbijsterend op de foto's, maar sommigen laten door hun bijtende kritiek net merken dat hen de manier van voorstellen niet aanstaat. Het nummer

Big isn't Beautiful van de rockgroep King Adora is hetzelfde lot beschoren. Als aanklacht tegen anorexia is het uitgegroeid tot het lijflied van vele buitensporige hongeraars. En zowel de songtekst als de videoclip laat niet veel aan de verbeelding over. De band speelt afwisselend op een podium en in de etalage van een kledingzaak. Daarbij worden ze vergezeld van een paspop in lingerie. En ook de pop is duidelijk extreem mager. *'Get me real, real slim, I want to feel my bones on your bones, baby, I am a teenage drama queen, I throw my guts up for self-esteem I wish I had a body to die for, Skinny is sexy.'* De ironie van de tekst is blijkbaar velen ontgaan, of is anorexia op zich een ironisch protest?

De foto's van Ivonne Thein staan nochtans in schril contrast met wat we vrijuit op het internet vinden. De vermelde proanasites, de groepen op Facebook, MySpace en de honderden filmpjes op YouTube inspireren andere meisjes om er net zo uit te zien. Het grote verschil is dat die sites en films vaak tonen hoe extreem dit vreet aan de vaak nog niet volledig ontwikkelde lichamen van de meisjes. Hoewel Thein uitgaat van haar artistieke kritiek op die sites, zijn haar foto's uitgegroeid tot het symbool ervan. Maar haar modellen zijn geen anorexiapatiënten. Het zijn vriendinnen van de fotografe, die helemaal niet anorectisch zijn. Alle foto's zijn digitaal bewerkt, de meisjes zijn alleen virtueel uitgehongerd. Te weten dat de foto's digitaal gemanipuleerd zijn, werkt in zekere zin geruststellend. Meteen wordt duidelijk waarom we geen ribben zien. Wanneer je deze foto's vergelijkt met echte 'anorexiamodellen' is het verschil zelfs overduidelijk. Waarschijnlijk zijn die laatste ook niet in staat zulke atletische houdingen aan te nemen. En het houterige, langzame bewegen, typisch bij anorexia, is ook niet wat Thein evoceert, integendeel. Er zit dynamiek en beweging in de foto's. Zelf zegt ze dat ze tegen die proanasites reageert. Voor sommigen stuit net het fake van de foto's van Thein tegen de borst. Maar dergelijke reacties druisen in tegen het artistieke statement van Thein die geen bestaande modellen toont en het gezicht van haar vriendinnen verbergt. Andere commentaren richten zich tegen de typische symptomen van anorexia, het 'futloze haar' waar geen enkele shampoo tegen bestand is, de dons die op de huid verschijnt bij extreem uithongeren, de blauwe en rode plekken die op het lichaam verschijnen. Ivonne Thein toont ons net hoe die proanorexiameisjes er willen uitzien, het onbereikbare ideaal zonder al die fysieke ongemakken.

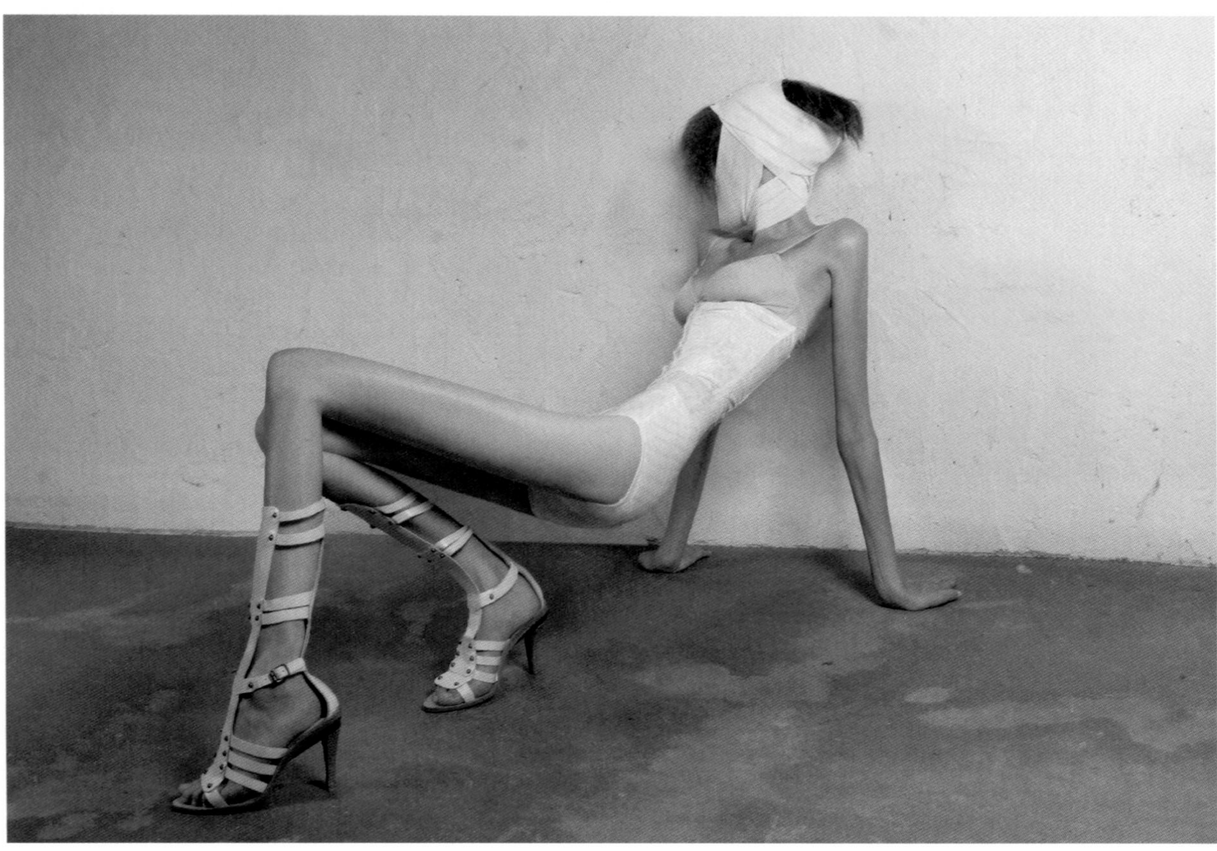

Yvonne Thein, **Zonder titel, nr. 4 (32 kg)**, c-print op alu-dibond, 2006-2008. Courtesy Galerie Voss, Düsseldorf

Yvonne Thein, **Zonder titel, nr. 3 (32 kg)**, c-print op alu-dibond, 2006-2008. Courtesy Galerie Voss, Düsseldorf

© Oliviero Toscani, **Nolita**, 2007

BRAIN
Calvin Klein
BODY MANAGER
16958 + 16984
61 11 04 / 1429
V PRAZE 10, VRŠOVICÍCH, KRYMSKÁ

BARBARA SAFAROVA

De fabriek van het perfecte lichaam: het werk van Lubos Plny

Zich niet meer voeden, zich niet meer bezighouden met 'vuile' afvalstoffen, geen slaaf meer zijn van zijn fysiologische behoeften, niet meer onderworpen zijn aan de eindeloze kringloop van eten en zich ontlasten. Waarom zich voedsel ontzeggen, waarom een rem zetten op eten en drinken? Voor sommigen (in geval van anorexia, vasten) is dit soort zelfbeheersing het bewijs van een alertheid, van een intensiteit van leven die heel wat groter is dan bij iemand die zijn lichaam volstopt. Anderen drijven die ervaring zo ver dat ze uit hun lichaam treden, dat ze momenten bereiken van exaltatie en gelukzaligheid, van een mystieke versmelting met een Andere, een immateriële instantie. En voor nog anderen is het een manier om niet te 'verdwijnen', omdat het dikke lichaam hun identiteit dreigt te verzwelgen. Andere grenservaringen – pijn, folteringen die iemand zichzelf aandoet – hebben vaak eenzelfde bedoeling: zich bewust zijn van het eigen lichaam, de eigen identiteit, en de bevestiging van de eigen aanwezigheid in de wereld, soms zelfs de zoektocht naar het moment waarop pijn sublimeert in genot, in extase.

Lubos Plny heeft in het verleden zijn lichaam onderworpen aan enkele grenservaringen (denk maar aan hoe de kunstenaar een naald door het vel van zijn gezicht en zijn armen steekt om ze aan elkaar te naaien). Toch is dit avontuur op de drempel van de extreme pijn, deze bevreemdende initiatierite, gevolgd door momenten van extase, voor hem eerder een zeldzame ervaring. Het zoeken naar identiteit (en de praktijk van het absolute) verloopt bij Plny op een andere wijze. Hij geeft er de voorkeur aan zijn lichaam te verzorgen, het te perfectioneren door zijn voedsel zorgvuldig te kiezen en lichaamsoefeningen te doen, er goed uit te zien – getuige de foto's van acts waarin hij in de huid kruipt van figuren uit beroemde schilderijen. Ze brengen ook zijn beroep van 'academisch model' in herinnering, want in de jaren 1990 poseerde hij voor de studenten van de Academie voor Schone Kunsten van Praag. Die titel prijkt ook op het stempel dat hij zorgvuldig op zijn werken aanbrengt bij wijze van handtekening. Een 'handtekening' die iets zegt over de manier waarop de kunstenaar tegenover zijn productie staat: als 'perfect lichaam'.

Voor Plny is de werking van zijn organen een constante, grondig gedocumenteerde bekommernis, een manier om zijn persoonlijke identiteit op te bouwen in tijd en ruimte. Hij lijkt zich te vereenzelvigen met zijn lichaam, tenzij hij het beschouwt als een 'gewijd' object van genot. Door zijn werk toont hij ons die oneindig complexe machine, die hij zelf beleeft als een heerlijke bevestiging van zijn processen en producten. De 'permanente trilling' van zijn afzonderlijke organen weerklinkt in hem als een felle oproep waaraan hij zich overgeeft, het goddelijke – en goddelijk makende – geschenk van zijn lichaam dat het genot voltrekt.

Hij heeft oog voor iedere uiting ervan, tekent zorgvuldig alle openingen en verbanden. In deze minutieuze verkenning van wat er met zijn lichaam gebeurt, demonteert en herschikt Plny de dingen: hij verandert de proporties van lichaamsdelen en speelt met de plaats van de organen. Die laat hij soms zien vanuit verschillende standpunten tegelijk. Ze stapelen zich op in hetzelfde werk en worden zo hopen materie, kleurrijk afval. De toeschouwer kan alleen maar bewonderend kijken naar de complexe netwerken die hij toont. Soms vragen we ons af of de kunstenaar zich niet evenzeer heeft laten inspireren door zijn eerste beroep van elektrotechnicus bij de spoorwegen. Dat verklaart nochtans niet waarom wij zo gefascineerd zijn door die lichamen die worden ontleed en weer samengesteld in een transplantatieproces waarin nieuwe, hybride, 'veellichamige' structuren ontstaan. Deze op drift geraakte, monsterlijke lichamen, verstrengeld of gedeeltelijk in elkaar overgaand, maken het mysterie van het lichaam groter doordat ze de grens tussen mannelijk en vrouwelijk, tussen mens en dier soms doen verdwijnen.

In andere werken registreert Plny de gedaanteveranderingen die eten en drinken ondergaan nadat ze zijn geconsumeerd. Een voorbeeld daarvan is het werk

Lubos Plny, **triptyque 1**, inkt, acryl, collage en stempel op papier, 2000- 2009. Collectie abcd, Parijs met de titel *Obstruction de miction (Obstructie van urinelozing)*, waarin hij een maand lang, dag na dag, het volume van de ingenomen en de afgescheiden vloeistoffen vergelijkt. De data maken trouwens bijna altijd deel uit van zijn werk. Gaat het erom de evolutie van het lichaam dag na dag te volgen, de link te leggen met de tijd en dus met het ouder worden, met het bederven van de bouwstof van het lichaam? Of wil dit 'intieme dagboek', als een magisch ritueel, het 'vervallen lichaam' veranderen in een 'lichtend lichaam', dat straalt in zijn perfectie?

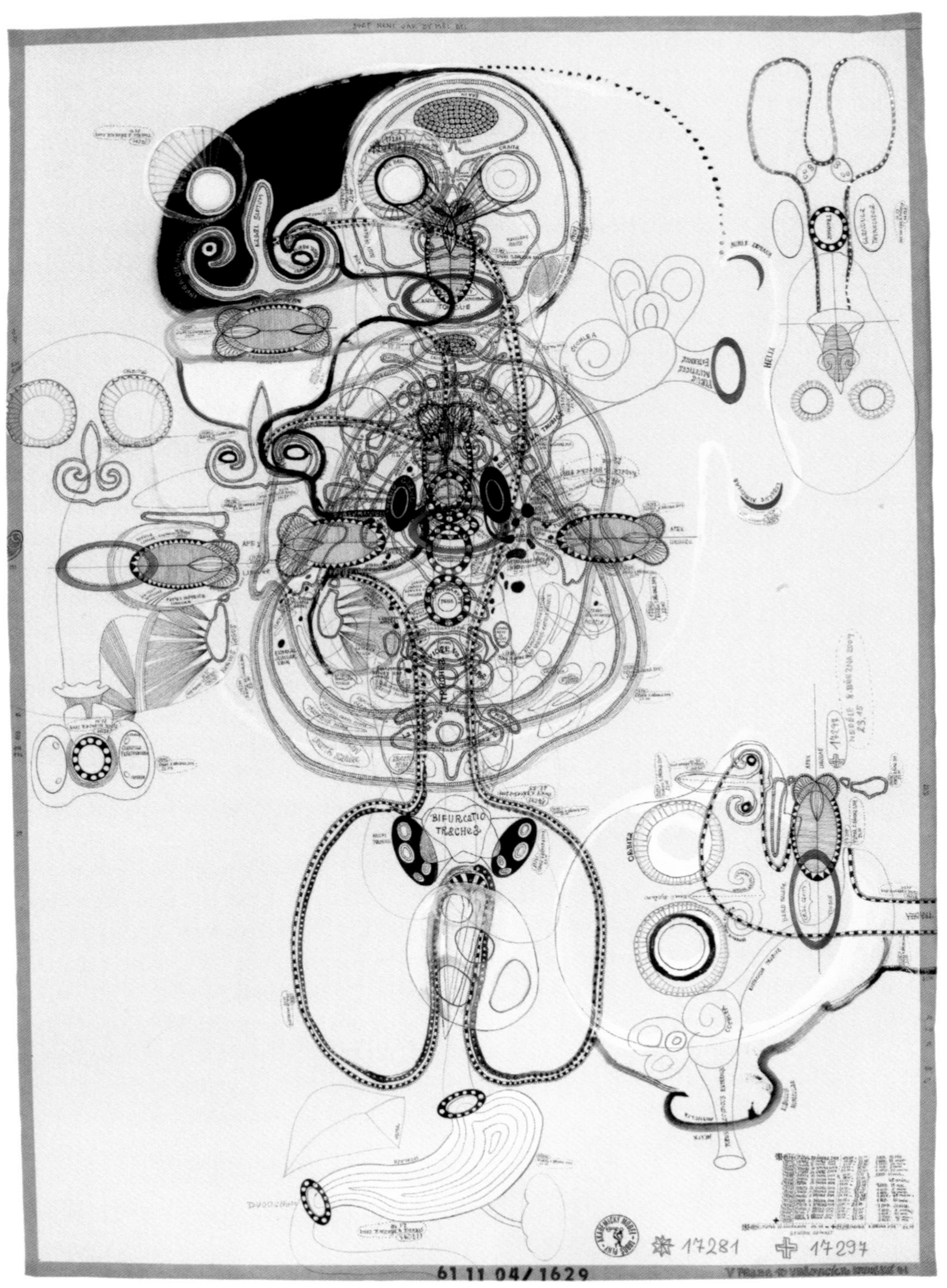

Lubos Plny, **triptyque 3**
inkt, acryl, collage en stemp
2000-2009. Collectie abcd,

Lubos Plny, **triptyque 2**
inkt, acryl, collage en stem
2000-2009. Collectie abcd,

BRAIN
BRAIN
BRAIN
TRACHEA
THYROIDEA
✱ 17020
✝ 17052
61 11 04 / 1629
V PRaze 10 VRŠOVICÍCH, KRYMSKÁ 41

YOON HEE LAMOT

John Isaacs en de naakte waarheid

Het werk van de Britse kunstenaar John Isaacs (1968, Lancaster) kan niet in één definitie worden gevat. Hij werkt multidisciplinair en zijn oeuvre is zeer gevarieerd. Van tekeningen en schilderijen over sculpturen tot foto's en film: Isaacs beheerst de technieken probleemloos en creëert er beelden mee die zich op het netvlies vastzetten.

Een van de thema's in het eclectische werk van Isaacs is duidelijk 'vlees', zowel dierlijk als menselijk vlees. Een afgehakte haaienvin, de kop van een eenhoorn, een wegrottend lijk waarvan het skelet al zichtbaar is, een deels gevild mensenhoofd waaruit een boom groeit, een kubus van samengeperst vlees. En dit alles overgoten met het nodige bloed. Deze vleessculpturen zijn gemaakt van was en plastic maar wekken dezelfde afkeer op als hun echte, vleselijke tegenhangers.

Vlees is ook alomtegenwoordig in zijn sculpturen van dikke mannen. Zo is er *I can't help the way I feel* uit 2003: een 2m20 hoge man die letterlijk wordt opgeslokt door zijn eigen vet. Enkel zijn onderbenen en voeten zijn te zien: de voeten gaan gebukt onder de zware, obese benen, die op hun beurt worden bedolven door enorme vetballonnen, een vaalroze kruin van zwevende vetmassa's. De sculptuur is het resultaat van onze hedendaagse samenleving: een maatschappij waarin we onafgebroken worden ondergedompeld in emotionele overvloed. Het is voor ons moeilijk om het goede van het kwade te scheiden en dus nemen we noodgedwongen alle impressies in ons lichaam op, dat zo langzaamaan verandert in een soort immense kanker of tumor. *Bad Miracle (Self-portrait)* uit 2002 toont de kunstenaar zelf als vrijwel uitsluitend lichaam. Zijn kleine hoofd rust op zijn romp, de hals is verworden tot een netwerk van kankerende vetkwabben. Van schouders is er geen sprake meer. Het werk doet denken aan de extreem dikke vrouwen die zichzelf laten volproppen door zogenaamde vetbewonderaars. Vrouwen met een minuscuul hoofd op een geheel van over elkaar hangende vetkwabben. Ze kunnen dikwijls lopen noch staan, maar voor hun geliefde kan het nog altijd beter – en dus dikker.

De figuren zijn meer dan levensgroot en dringen zich aan ons op. Kleiner in formaat, maar niet minder imposant, is *I used to think I could change the world but now I think it changed me*. Het betreft een onderbeen met voet dat lijkt weggelopen van onder zo'n immens lichaam, blij de kolos niet langer te hoeven dragen. De kunstenaar maakte zowel een versie in was als in nikkelzilver. Zelfs in het laatste geval blijft het been, ondanks de elegantie die het materiaal het verleent, enige vorm van walging oproepen.

John Isaacs werd geboren in het Verenigd Koninkrijk, maar bracht zijn jeugd door in Zuid-Afrika, Europa en Amerika, waardoor zijn visie op de wereld grondig werd verruimd en beïnvloed. Hij wil met zijn kunst het culturele en individuele egocentrisme ter discussie stellen, maar beseft hoe beperkt zijn aandeel hierin zal zijn. Iedereen is zich min of meer bewust van wat er zich in onze wereld afspeelt en hoe het idealiter zou moeten zijn. En hoe groot de kloof is die tussen deze twee werelden gaapt. We weten allemaal dat de helft van de wereldbevolking in armoede leeft terwijl de andere helft op dieet is. We weten allemaal dat de aarde aan het opwarmen is, terwijl we zorgeloos blijven energie verbruiken. Isaacs probeert met zijn kunst de toeschouwer uit te dagen om de wereld vanuit een ander oogpunt te bekijken. En dit doet hij met overtuiging, met een grotesk gebaar, met humor en met een spervuur aan shocks.

John Isaacs, I used to think I could change the world but now I think changed me, was, metaal, verf, 2004. Courtesy Aeroplastics Contemporary, Bru

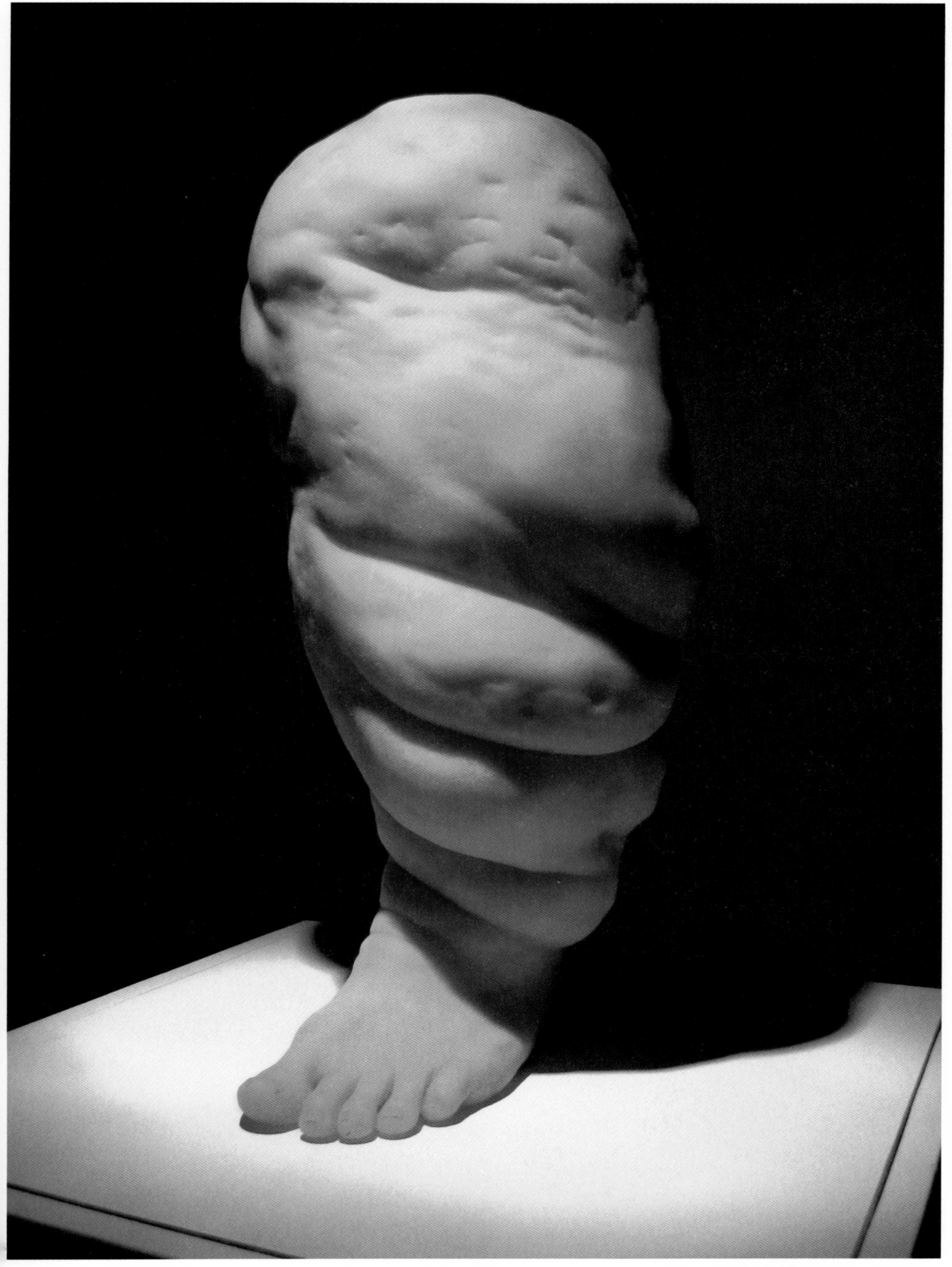

De zwaarste vrouw ter wereld.

Alice Foulton, in... natuurlijk in Amerika, is de zwaarste dame ter wereld! Ze weegt 685 Engelsche ponden, dat is ruim 310 Kilo, desniettemin is ze zooals de foto toont, nog vlug ter been! 1253

De zwaarstse vrouw ter wereld. Alice Foulton. Krantenartikel, s.d. Collectie Nauta, Leiden

Lisette Model (1901-1983) is een Amerikaanse fotografe, afkomstig uit Oostenrijk. Haar foto's zijn opmerkelijke portretten die mensen in al hun kwetsbaarheid laten zien, op een onbewaakt moment op de gevoelige plaat vastgelegd. Hoewel ze zich geen pose hebben kunnen aanmeten, slaagt ze erin om in die kwetsbaarheid de innerlijke kracht van haar model naar voren te brengen. Zo straalt de corpulente dame op het strand, ondanks haar maatje meer, een enorme kracht en levensvreugde uit.

Lisette Model, Coney Island Bather, foto, New York, ca. 1940. Musée de la Photographie, Charleroi © Keitelman Gallery, Bruxelles / Baudouin Lebon, Paris

BART MARIUS

Vanessa Beecroft en haar artistieke obsessie voor eten

De lijst van beroemdheden die te kampen hebben met eet-stoornissen is onuitputtelijk, denken we maar aan Franz Kafka, Anna Freud, Audrey Hepburn, Kate Winslet, Alanis Morissette en Amy Winehouse. Over sommigen wordt er uitvoerig gespeculeerd. Anderen komen er openlijk voor uit en mengen zich in het debat, zoals de popkunstenaar Andy Warhol. Maar het bekendste actuele voorbeeld is Vanessa Beecroft (Genua, 1969).

Vanessa Beecroft, **Zonder titel**,
aquarel en pastel, s.d. Collectie Galerie Adrian David, Knokke

De kunstenares woont momenteel in Cold Spring Harbor bij New York. Sinds haar twaalfde is ze werkelijk bezeten door alles wat met voeding te maken heeft. Beecroft: 'Toen ik twaalf werd, begon ik vrouw te worden en veranderde mijn lichaam. Ik was ontredderd omdat ik geen jongen meer kon zijn. Ik verloor mijn jongensachtige look. Toen ik iets anders begon te worden, wist ik niet meer hoe mezelf samen te houden. Dat was zeer pijnlijk: hoe meer je eet, hoe meer je op een vrouw begint te gelijken. Toen begon mijn obsessie met voeding. Ik voelde me heel alleen, maar nu merk ik dat alle vrouwen in mijn familie een eetstoornis hebben.'

Beecroft komt uit een gebroken gezin. Als kind ziet ze haar vader het huis voorgoed verlaten. Zelf blijft Vanessa bij haar feministische en cultureel zeer geïnteresseerde moeder. Omdat ze vaak en al op jonge leeftijd met haar moeder naar tentoonstellingen, opera en film gaat, lijkt het meisje gedetermineerd om kunstenaar te worden. Ze begint haar carrière met tekeningen en aquarellen. Maar als afstudeerproject krijgt ze de vraag van een docent om deel te nemen aan een tentoonstelling in Milaan. Naast enkele tekeningen maakt ze haar eerste performances. Ze vraagt enkele medestudentes om model te spelen. Bijna allemaal hebben ze een eetstoornis. Maar veel instructies krijgen ze niet. Ze worden enkel gevraagd er te zijn. Wanneer een bende punks binnenkomt en tijdschriften rondstrooit, lijkt het op een fiasco uit te draaien. Ook de cameraman en fotograaf die ze gevraagd heeft om beelden van de performance te maken, sturen hun kat. Er blijft enkel indirecte informatie van het chaotische gebeuren over. Toch wordt daar de basis van haar latere werk gelegd.

Vanessa Beecroft houdt zich meer en meer met performances bezig. Haar methode blijft dezelfde en wordt zelfs excentrieker. Ze voert grote groepen, al dan niet naakte, mensen ten tonele (bijna altijd vrouwen). Ze staan urenlang stil, met of zonder pruik en soms met een volledig onthaard lichaam. Misschien zijn het niet in de strikte zin performances, omdat de kunstenares de grote afwezige is en alles nogal organisch wordt bepaald. Beecroft geeft instructies, maar laat ook heel veel aan het toeval over. Waar ze in het begin startte met collega-studenten, familieleden en mensen van de straat, schakelt ze nu meer en meer over op het gebruik van professionele modellen, zoals we ook op de foto van haar performance *VB 45* kunnen zien (werken krijgen steeds op dezelfde manier een titel, haar initialen met het nummer van de performance). Het westerse schoonheidsideaal is overal aanwezig. Bovendien is Beecroft niet zozeer beïnvloed door voorgangers als Marina Abramovic (haar performances haken zeer sterk in op het lichaam en de fysieke uithouding) of Vito Acconci. Meer zijn het aspecten uit de films van Jean-Luc Godard, Rainer Werner Fassbinder, en zeker Michelangelo Antonioni die in haar performances aan bod komen. Een andere invloed die zeker niet te onderschatten is, zijn modefoto's uit glossy tijdschriften als *Vogue*. Haar moeder wilde niet dat ze die tijdschriften las, vandaar dat het voor Beecroft een stiekeme bezigheid werd.

Naast de performances is het *Book of Food* een van haar bekendste artistieke producties. Van haar veertiende tot de eerste presentatie van het boek in 1994 houdt Beecroft zorgvuldig, zelfs dwangmatig bij wat ze eet, hoe ze zich daarbij voelt, hoeveel ze beweegt. Ze gaat er heel ver in. Bepaalde perioden eet ze enkel rood gekleurd eten of groen of oranje... Maar er valt ook in het dagboek te lezen hoe ze zichzelf herhaaldelijk 'pig' noemt en voelt. Alleen al het feit dat de presentatie van het boek zorgt voor een kentering in haar obsessie wijst erop dat ze het boek als kunstenares benadert en niet vanuit een psychisch probleem. Voer voor psychologen, ware het niet dat ze er als kunstenares in slaagt om haar sterk bezig zijn met eten op een voorbeeldige wijze te sublimeren. Maar vooral in haar tekeningen – van de jaren 1980 tot begin 1990 – komt de obsessie voor eten naar voor.

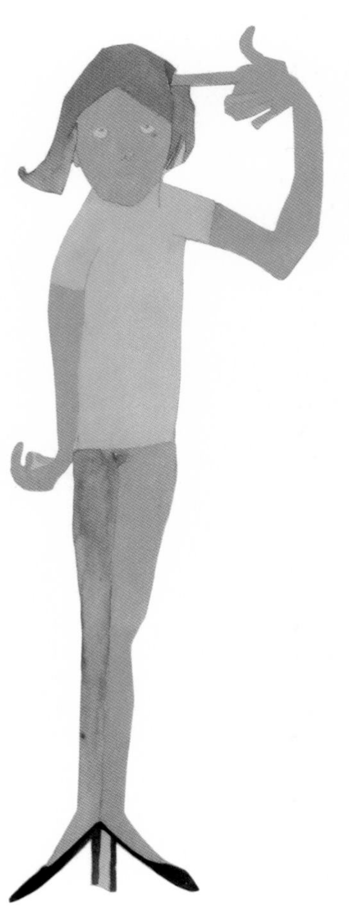

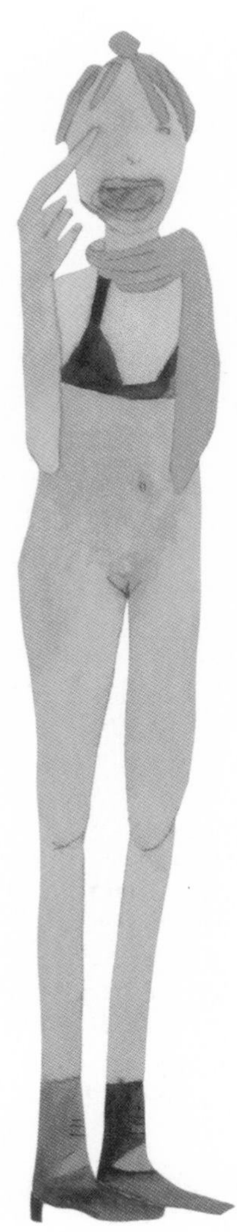

Kurt Stallaert, **Zonder titel, nr. 22.1**,
kleurprint op barietpapier, 2009. Collectie kunstenaar

YOON HEE LAMOT

De bodybuilderswereld van Kurt Stallaert

Vier jongeren zitten aan een tafel. Ze hebben zich strategisch rond het meubelstuk gegroepeerd zodat ze voor iedereen goed zichtbaar zijn. Het viertal bevindt zich duidelijk in een schoolruimte: een kille refter die opgefleurd is met uitvergrote foto's van dieren. Op hun bord ligt er voor elk een gebraden kip. De meisjes drinken er melk bij. Deze tieners in uniform eten echter niet. Ze kijken ons enkel strak aan. Uitdagend, zelfs pretentieus. Ze tonen zichzelf aan ons, maar weigeren te kruipen in de onderdanige rol van degene die bekeken wordt. Zij dwingen ons bijna om hen te bekijken. We hebben geen keuze...

Waarom intrigeren deze schijnbaar normale tieners ons zo? Waarom stellen ze zichzelf tentoon? Na de eerste vluchtige blik en het niet meteen te plaatsen bevreemdende gevoel, kijken we opnieuw, ditmaal onderzoekend. Wanneer we erin slagen onszelf los te maken van de strenge blik, durven we voorzichtig naar de lichamen te kijken. Gespierde, breedgeschouderde lichamen. Spieren die moeten gevoed worden met een stevige maaltijd. Deze jongeren blijken gezegend met de lichamen van bodybuilders. Of zijn het hun eigen lichamen?

De reeks *Bodybuilders World* van de Belgische fotograaf Kurt Stallaert (1969, Asse) laat ons kennismaken met de gespierde medemens. Door ze letterlijk te onthoofden en in een andere context te plaatsen, bereikt hij een bevreemdend, surrealistisch effect. We zien wel wat we zien maar tegelijkertijd geloven we onze eigen ogen niet. Gespierde figuren worden ten tonele gevoerd, bezig met alledaagse handelingen en als het ware betrapt door een momentopname: al werkend op kantoor, al sportend, al glurend. Soms poseren ze onbeschaamd voor ons, zichzelf trots tonend, tentoonstellend. Vooral de zwart-witreeks met als decor een prachtig Praags kasteel laat ons zijn bewoners zien als in een boek waarin alle personages aan de lezer worden voorgesteld.

Kurt Stallaert is sinds midden jaren negentig actief als professioneel fotograaf. Hoewel hij hoofdzakelijk in het commerciële circuit werkt, blijft hij experimente-

Kurt Stallaert, **Zonder titel, nr. 22.6**,
kleurprint op barietpapier, 2009. Collectie kunstenaar

ren met vrij werk. Pas recent komt hij met deze kunstfotografie naar buiten. In de reeks *Bodybuilders World* creëert Stallaert een bevreemdende wereld bevolkt door bodybuilders, die er op de een of andere manier toch uitzien zoals u en ik. Detail is het sleutelwoord bij Kurt Stallaert, en dit detail slaagt erin een schijnbaar normale scène om te toveren tot iets bijna bovennatuurlijks. Gewone mensen worden plots sterke mensen en dus ook machtige mensen. Stallaert creëert een wereld waarin *power* centraal staat en die enkel bevolkt wordt door machtige – en hier dus ook fysiek krachtige – wezens.

Hoewel de kunstenaar zijn hele leven lang gefascineerd is door extreme vormen van omgang met het lichaam, draait het in *Bodybuilders World* duidelijk om iets anders. Het gaat niet meer om het feit dat de personages extreem gespierd zijn, maar om het feit dat ze door hun gespierdheid boven de gewone mens uitstijgen en dus macht verwerven. Stallaert zet in zijn reeks fysieke kracht om in werkelijke macht en laat ons binnengluren in zijn krachtpatserswereld, zonder echter de deur te openen.

Michaela Spiegel, **Es Störung**, olieverf op porselein, 2007. Fondation Frances, Senlis

ALEXANDER COUCKHUYT

Michaela Spiegel. Anno Rex Ie

Michaela Spiegel (1963, Wenen) leeft en werkt in Wenen en Parijs. Sedert meer dan twintig jaar onderzoekt zij wat het is 'vrouw' te zijn. De soms veelzijdige en ingewikkelde facetten van *'la condition féminine'* verwerkt Spiegel in zeer diverse kunstvormen: collages, video, schilderijen, fotografie. Sinds 1995 richtte ze daartoe het Institut für Heil & Sonderpädagogik op, bewust zonder weglatingsstreepje geschreven. Zeker in de Duitse taal ontstaat zo een andere associatie. Ze gebruikte de titel in dat jaar voor een tentoonstelling en is die blijven gebruiken als een structuur voor (terugkerende) creativiteit, waaraan ze haar werken en onderzoek koppelt.

Spiegel is, net als haar werk, een woelwater: geïnteresseerd in alles, gecultiveerd, politiek geëngageerd en sterk feministisch. Hoewel ze geen etiket van 'antiman' wil opgekleefd krijgen. In haar werk probeert ze, met de nodige humor, de klassieke mythe van de vrouw en haar vooroordelen te doorbreken om te komen tot de kern: de individuele persoon. Spiegel: 'Ver van de sekssymbolen, verkocht door de mannenmaatschappij, moeten vrouwen hun eigen rolsymbolen op basis van andere criteria kunnen kiezen.' De Franse kunsthistorica Marie Deparis hierover: 'Een manier om te zeggen dat de intellectuele een lichaam heeft en dat een vrouwelijk lichaam kan denken.' Naar aanleiding van een tentoonstelling van haar werk in Klagenfurt (2002) daagt Spiegel graag uit: 'Om kunstenaar te zijn moet je Engels spreken, en om een vrouwelijke kunstenaar te zijn, moet men minstens ooit anorectisch geweest zijn.'

Over *Anno Rex Ie* schrijft Deparis: 'Deze versierde borden zijn zoals een doorsneesouvenir, dat men aan de muur hangt, maar de weergegeven anorectische vrouwen creëren op zijn minst ambigue connotaties.' Uit deze borden eten kan niet de bedoeling zijn, wel tonen ze ons hoe vrouwen zich stereotiep verhouden tegenover het actuele vrouwbeeld. Spiegel confronteert ons met het web van de slechte smaak waarin vrouwen door allerhande sociale, historische en seksuele motieven, verstrikt raken.

Michaela Spiegel, Anno-Rex-Ie,
olieverf op porselein, 2007. Fondation Frances, Senlis

RONNY DELRUE

CCM – Center for Cloning and Manipulation

Het CCM werd in 2003 gesticht in de schoot van het Europees Keramisch Werkcentrum (.ekwc) te 's-Hertogenbosch. Net als de reeks tekeningen *Cerebriraptor* ontstond en groeide de organisatie in de context van mijn beeldend werk waaraan vervuiling en een droom naar zuiverheid vaak ten grondslag liggen. Het portret is een landschap en het landschap is een portret. De krachten van de natuur zijn ondoordringbaar; de wandeling in de kamers van het hoofd is oneindig. Sommigen streven er naar om het denken en het landschap te manipuleren. Ondanks alles wil men controle hebben over het gebeuren. Klonen en manipuleren om het 'ideale lichaam' in de toekomst te bereiken?

Het CCM omarmt de begrippen van zuiverheid en vervuiling. Het uitermate witte porselein is reeds van bij het begin in een vaste vorm gegoten: de bomkinderen dragen een gevaarlijke poëzie in zich. Het leven bepaalt in welke mate de witte huid met zwart wordt bedekt en de martelaren krijgen al dan niet hun onderkomen in een glazen stolp. Deze nieuwe heiligen van de tijd worden individueel of in groep gepresenteerd en vormen een landschap van versteend denken dat ons prikkelt om na te denken over ons zijn.

Tijdens de tentoonstelling *Touching the earth and the sky* (2008) in Z33 (Hasselt) werd de beginfase van het CCM voorgesteld: het laboratorium, de shop en het magazijn. Het overige labyrint van het centrum bleef ontoegankelijk. In 2009 werd de nieuwe collectie voorgesteld in het CEAC – Chinese European Art Center in Xiamen, China. De beelden kwamen tot stand in een ander denken. Het aftasten van een voor mij vreemde cultuur deed me meer vragen stellen dan ik beantwoorden kon. De nieuwe collectie werd een vervloeiing van oosters en westers denken: buiten had de galerie de allure van een Chinese shop, binnenin werd de collectie minimalistisch gepresenteerd. De affiches van de tentoonstelling werden op verschillende plaatsen in China verspreid: Xiamen, Quanzhou, Xuzhou, Beijing, Shanghai, Hongkong, Guangzhou...

In het Museum Dr. Guislain te Gent wordt naar aanleiding van *Het gewichtige lichaam* het CCM voor de eerste keer als een witte 'ruimte in de ruimte' gepresenteerd. De *Mindsculpture* kan niet worden betreden zodat de spanning tussen verdwijnen en verschijnen wordt geaccentueerd. De veelvuldige gelaagdheid van het transparante en het dekkende wit laat je meanderen in het op het eerste gezicht vlekkeloze landschap. Buiten 'de blijkbaar maagdelijk witte kamer' vertellen de zwarte sculpturen hun verhaal...

Ronny Delrue, Center for Cloning and Manipulation, mixed media, 2003-2008. Collectie kunstenaar

De schilder toont wat moreel eigenlijk niet mag. Het is een vreemde omkering die heel wat moraliserende schilders uit die periode kenmerkt. De scène toont goed eten en drinken, wellust ook, en dit zijn nu net zaken die moreel als laag worden gemerkt.
Jan Massys, **Vrolijk gezelschap**, olieverf op paneel, 16de eeuw. Privécollectie

Le corps imposant

OBÉSITÉ OU MAIGREUR, PERFECTION OU PERTURBATION

FRÈRE DR. RENÉ STOCKMAN

AVANT-PROPOS

En 1986, nous avons pris l'initiative de fonder un musée sur l'histoire des soins de santé mentale. Notre intention était de présenter de façon concrète l'histoire de la psychiatrie, si étroitement liée à celle des Frères de la Charité. Mieux connaître mais aussi mieux préserver l'héritage psychiatrique a constitué dès le début l'un de nos principaux objectifs. Notre intérêt ne se limitait pas à l'histoire de la psychiatrie belge. Nous souhaitions la replacer dans un cadre plus large. Nos propres instituts, les grandes figures nationales, comme le chanoine Petrus Jozef Triest et le professeur Jozef Guislain, nos propres conceptions en matière de traitement des personnes atteintes de troubles psychiques étaient au centre de nos préoccupations, mais les contacts, les influences et les pratiques internationales ayant donné forme aux soins psychiatriques nous semblaient tout aussi importants.

Nous avons ainsi rassemblé du matériel médical, des gravures, des photos, des manuels, des témoignages, des œuvres d'art. L'ensemble était d'une richesse exceptionnelle. Il en disait long sur la pratique médicale et son histoire, mais nous voulions resituer cette histoire dans son contexte social et historico-culturel. Tout cela a permis de constituer la collection permanente du musée.

Au-delà de cette collection, nous souhaitions aussi mener les recherches nécessaires pour nous concentrer, par le biais d'expositions temporaires, sur certains aspects plus particuliers des soins psychiatriques. Notre première exposition a été consacrée à l'œuvre d'un expressionniste flamand, Oscar Colbrandt, décédé au C.P. Dr. Guislain. Depuis, des dizaines d'expositions temporaires ont été réalisées sur des thèmes liés à la psychiatrie, comme la phrénologie et la physionomie, et des sujets sociaux comme la « désinstitutionnalisation » de la psychiatrie dans certains pays et ses conséquences, ou encore les relations entre nazisme et psychiatrie. Peu à peu, la grande qualité des travaux plastiques des patients s'est également imposée à nous. Nous avons montré des œuvres provenant de grandes collections historiques d'art en marge, comme la collection Prinzhorn de Heidelberg, la collection Morgenthaler de Berne ou, plus récemment, la collection abcd de Paris.

Dans les jeunes années du musée, plus précisément en 1991, nous avions monté avec les moyens assez limités propres à cette époque « pionnière » une petite exposition sur l'histoire de l'anorexie mentale. C'était la première exposition du Musée Dr. Guislain qui abordât une affection psychiatrique contemporaine sous l'angle historique. Avec *Le corps imposant*, nous revenons sur cette problématique, toujours d'actualité. Deux décennies séparent les expositions, décennies pendant lesquelles nous avons tenté de mieux faire connaître la thématique des troubles psychiatriques à travers une approche muséale et de la dégager petit à petit des tabous qui l'entourent encore.

Ce parcours nous a énormément appris.

The Weighty Body

FAT OR THIN, VANITY OR INSANITY

BROTHER DR. RENÉ STOCKMAN

FOREWORD

In 1986 we took the initiative to set up a museum dedicated to the history of mental healthcare. Our intention was to present the history of psychiatry, which is so intertwined with that of the Brothers of Charity, in a vivid way. From the outset, our major concern was to get a better view of but also to take care of the heritage of psychiatry. Not only did we devote our attention to our own, Belgian history, but we also wanted to place this history in a broader context. The central focus was on our own institutions, our own great figures, such as Canon PetrusJozef Triest and Professor Jozef Guislain, and our own visions about how to deal with people in psychiatric need; however, we also focussed on the international contacts, influences and practices that contributed to the formation of mental healthcare.

Therefore, we gathered medical material, engravings, photographs, manuals, testimonies and visual work. The material was unusually rich. It revealed a lot about a medical practice and its history, but we wanted to place this history in its broader social, cultural and historical context. All this formed the point of departure for creating the permanent collection in the museum.

In addition to developing a permanent collection, we wanted to investigate the options for using temporary exhibitions to zoom in on specific aspects of mental healthcare. For example, the first temporary exhibition was dedicated to the work of the Flemish expressionist artist Oscar Colbrandt, who died in the Doctor Guislain psychiatric centre. Since then, there have been numerous temporary exhibitions about certain themes in psychiatry, such as phrenology and physiognomy, about social issues, such as the 'de-institutionalisation' of psychiatry in some countries and the consequences of this, about Nazism and psychiatry, etc. Gradually, more and more attention was given to the high quality of the visual work of patients. We have displayed work from major historical collections of outsider art, such as the Prinzhorn collection from Heidelberg, the Morgenthaler collection from Bern and, more recently, the abcd collection from Paris.

In the museum's early years – in 1991, to be precise – we made a small exhibition on the history of anorexia, despite the quite limited options available to us at the time. This was the first exhibition in the Dr. Guislain Museum that presented a current psychiatric disease in its historical context. In our new exhibition entitled *The weighty body*, we are now re-examining what is still a current issue. Two decades have passed since the first exhibition and this present one, two decades in which we have approached the currentness of this psychiatric issue as a museum, in order to make the subject more open to discussion and to gradually remove it from the realm of the taboo.

It has been a valuable and educational path.

TRADUCTION FRANÇAISE

Pradeep Kumar, beschilderde lucifer, hout & verf, s.d. Collectie kunstenaar

PATRICK ALLEGAERT & ANNEMIE CAILLIAU

LE CORPS IMPOSANT

Obésité ou maigreur, perfection ou perturbation

Dédié à l'histoire des soins psychiatriques, le Musée Dr. Guislain a ouvert ses portes en septembre 1986. Dans les premières années on y a surtout travaillé à l'acquisition et à la présentation d'un ensemble représentatif de ce domaine de l'histoire. En 1989, un premier catalogue, intitulé *Ni rime ni Raison*, venait démontrer la richesse de la collection et la diversité de thèmes que recouvre le domaine des soins psychiatriques.

Dès le début, ce jeune musée a choisi d'aborder des aspects spécifiques de l'histoire à travers des expositions temporaires. Dans le choix de nos sujets, nous nous laissons guider par leur signification sociale, la «présence» d'une problématique définie. La première exposition temporaire, en 1991, avait pour titre: *Saints de carême, filles miraculeuses et artistes de la faim.* La traduction de la thèse de doctorat de Walter Vandereycken et Ron van Deth, *Van vasten wonder tot magerzucht. Anorexia nervosa in historisch perspectief* (1988), en une exposition, une publication et un symposium s'est révélée être une expérience passionnante. Le public a réagi très positivement. Chacun a souhaité poursuivre l'aventure.

De 1992 à aujourd'hui, le musée a organisé chaque année (au moins) une exposition situant un aspect précis de l'héritage psychiatrique dans un contexte culturel et historique plus large. Des expositions comme *De mémoire. Sur le savoir et l'oubli* (2009), *Le jeu de la folie (La folie vécue au cinéma et au théâtre)* (2008) et *Maladie. Entre corps et esprit* (2007) en sont des exemples récents.

Dernièrement, le souhait de «refaire» la toute première exposition temporaire s'est peu à peu manifesté: vingt ans plus tard mais heureusement aussi avec plus de moyens financiers et un champ d'intérêt bien plus large. Le concept de 1991 a été en grande partie repris mais adapté, tantôt affiné, tantôt élargi. Avec *Le corps imposant. Obesité ou maigreur, perfection ou perturbation*, le Musée Dr. Guislain remonte pour la première fois une exposition, mais en la transformant.

COMBAT

Commençons par une citation tirée du catalogue *Saints de carême, filles miraculeuses et artistes de la faim:* «Le corps est un lieu de rassemblement de signes, un entrepôt de valeurs, un produit de facteurs sociaux et historiques. Les caractéristiques de la "beauté" sont construites en permanence et "naturalisées", pas à pas, par le biais du corps. La culture fait l'humain, les vêtements font l'homme. Fabriquer des vêtements – autrement dit des visages ou des masques, des gestes, des images de soi ou, encore fabriquer de la culture revient, selon Kurimoto à "*a fight against the body that is other than the self*". C'est le combat contre le corps que nous n'avons pas choisi», écrit Bart Verschaffel. Ce combat prend d'innombrables formes. Il suffit de voir la diversité inouïe de silhouettes: tantôt rondes, tantôt élancées, osseuses ou trapues. Le corps ne cesse d'être peinturluré, parfumé, transformé, déguisé, couvert d'étoffes, d'ornements.

On cherche à s'approcher de la forme idéale, de la plus belle apparence à l'intérieur d'un code propre à une époque. Le corps idéal influence donc en permanence le corps réel. Cela mène parfois à des pratiques physiques pénibles consistant à se comprimer dans un corset, à se jucher sur de hauts talons ou à se mettre constamment sous pression afin de respecter un régime. *Le corps imposant* aborde la façon dont l'homme se comporte vis-à-vis de son corps, qui est rarement gratuite et pèse énormément à nos yeux. Le sujet est précis, délicat et sérieux à la fois. Le tout est de savoir quand la relation entre le soi et le corps déraille et peut être qualifiée de « perturbée ». Pour l'exposition, nous avons abordé cette recherche sous les angles de l'alimentation et de la privation, de l'abstinence et de l'excès.

CONCEPT

Le fait de se priver de nourriture est actuel, à la fois comme « tendance » et comme « problème ». L'anorexie nerveuse est une maladie bien connue de notre époque, donc le nom médical s'est d'ailleurs insinué jusque dans le langage courant. L'exposition et la présente publication replacent l'anorexie dans l'histoire plus large de l'abstinence de nourriture. Celle-ci dessine un fil rouge à travers l'exposition. Pourquoi certains mangent-ils si peu, voire cessent-ils de s'alimenter ? Les motifs sont-ils essentiellement esthétiques, religieux, politiques ou économiques ? Quand peut-on parler d'un comportement perturbé ?

Et sommes-nous aujourd'hui maîtres de la façon dont nous traitons notre corps ? Il existait jadis, semble-t-il, davantage de normes de comportement imposées par la religion ou l'idéologie, alors qu'aujourd'hui, nous pouvons enfin choisir ce que nous voulons être. Qu'en est-il dans les faits ?

Le philosophe Ignaas Devisch introduit comme suit son article : « "Vous devez avant tout être vous-même." Aucune phrase n'exprime mieux le paradoxe dans lequel on semble aujourd'hui vivre la réalité corporelle dans la société d'Europe occidentale. En effet, dès que l'on utilise le verbe "devoir", il y a longtemps que le "je" n'est plus simplement lui-même mais quelqu'un qui voudrait ou devrait être beau, mince, attirant, que sais-je encore. Et même si "je" m'impose quelque chose à titre personnel, on peut se demander si ma volonté n'a pas été influencée de l'extérieur. Disposons-nous bien de nous-mêmes comme nous l'imaginons ? Lorsque nous décidons un jour de courir le marathon, le lendemain de suivre un régime, avons-nous bien pris ces décisions tout seuls ? Et même si c'est le cas, pourquoi sommes-nous aujourd'hui si nombreux à nous rendre dans les centres de fitness pour travailler sur notre corps et éviter la prise de poids ? » La conviction que l'homme est aujourd'hui autonome dans la façon dont il aborde son corps est replacée par Ignaas Devisch dans la relation avec l'hétéronomie : peut-être quelque chose interfère-t-il, au sommet apparent de l'autonomie individuelle, dans notre relation à nous-mêmes ? Paraîtrions-nous plus autonomes que nous ne le sommes en réalité ?

LE CORPS TRANSCENDÉ. VIVRE ET JEÛNER DANS LA FOI

Le corps symbolise dans de très nombreuses religions la relation entre Dieu et ses sujets. Si les croyants décident de jeûner, c'est afin de mettre leur corps au service du Seigneur. L'ascèse des saintes de carême nous sert ici d'exemple. Les représentations de la voracité sont censées dissuader les fidèles d'un comportement alimentaire coupable.

L'historienne de l'art Yoon Hee Lamot souligne la complexité de la relation entre religion et privation de nourriture : « Pour expliquer le phénomène, il faut invoquer non pas une raison unique, mais un faisceau de motivations. Le jeûne était un moyen de donner aux chrétiens un sentiment de solidarité, mais aussi une expression du chagrin face à la souffrance du Christ. Selon certains pères de l'Église, le croyant pouvait grâce au jeûne récupérer le paradis, en compensation de la violation de la règle par Adam et Ève. » *Le corps transcendé*, première partie de l'exposition, présente des images qui illustrent les conceptions religieuses concernant le corps et le jeûne. Le catholicisme se trouve au centre des attentions, mais on apprend que cette pratique apparaît dans d'autres religions. Plus tard, le jeûne sera détrôné par l'Église catholique comme idéal de sainteté et peu à peu remplacé par celui de la charité, de l'enseignement et des soins en général. Le jeûne se détache de plus en plus du contexte religieux. Il devient alors « spectacle » : à partir du XVIe siècle, les filles miraculeuses deviennent une attraction, des squelettes vivants bons à amuser le peuple. Fin du XIXe siècle, le phénomène est même élevé au rang d'art : on parle alors d'« artistes de la faim », qui exhibent fièrement leur corps décharné contre monnaie sonnante et trébuchante.

LES PROMESSES DU CORPS. VIVRE ET MINCIR POUR UNE RÉALITÉ POLITIQUE

Le corps présente également une signification hautement symbolique dans le contexte politique et idéologique. Maîtrise de soi, modération, contrôle y sont les maîtres mots. L'historien Evert Peeters décrit pour nous les idéaux de sobriété socialistes : « Quiconque se veut un levier et non un frein dans le combat pour l'établissement de la société socialiste doit faire preuve de maîtrise de soi. L'endurcissement physique, en particulier, aide à surmonter l'obstacle du "je" invaincu. Dès leur jeune âge, les jeunes socialistes doivent s'entraîner à "la plus difficile de toutes les luttes : la victoire sur soi-même". L'abstinence d'alcool et de tabac constitue une étape importante dans ce combat. Au sein de l'Arbeidersjeugdverbond – mouvement flamand de la jeunesse ouvrière –, une minorité expérimentent aussi le végétarisme. La gymnastique et d'autres sports font également partie du programme. » Par la pratique sportive, on entraîne le corps et on développe une identité collective. Les idéologies déterminent clairement qui nous sommes et ce à quoi nous devons ressembler. L'exploitation du corps dans la propagande et en tant qu'objet de fierté nationale nous montre toutes les promesses qu'il renferme.

Mais le corps peut aussi être engagé dans la politique d'une autre façon radicale, à savoir par la menace de la mort par grève de la faim. Ce moyen d'action éprouvé met la vie en jeu pour attirer l'attention politique. Grâce à l'intérêt médiatique dont bénéficient les grévistes de la faim, le public prend conscience de leur situation.

LES LIMITES DE LA BEAUTÉ. DE L'ANOREXIE ET DE LA BOULIMIE

Au cours des dernières décennies, l'anorexie nerveuse est passée du statut de maladie rare à celui d'affection à la mode. Maintenant que les grandes Lois et Vérités ont disparu, l'homme se demande qui il est et qui il voudrait être. Si nous ne savons pas qui nous sommes, si nous ne possédons pas d'identité claire, nous évoluons sur des sables mouvants. Le désir d'identité est une question difficile, qui nous pose aujourd'hui d'énormes problèmes. Le corps est par excellence devenu un symbole de notre aspiration identitaire : « Je veux être mince, je veux ressembler à ceci ou à cela... »

Cette quête d'une nouvelle identité n'est pas sans entraîner certains excès. Car où se situent les limites de la beauté : quand sa quête vire-t-elle au pathologique ? Walter Vandereycken, psychiatre, et Ron van Deth, psychologue, abordent dans leur article l'histoire de la minceur et de la corpulence. Ils cherchent les racines de notre culte contemporain de la minceur. « Fitness, laxatifs, inhibiteurs d'appétit, préparations douteuses... d'innombrables femmes expérimentent aujourd'hui les moyens les plus divers pour atteindre le plus vite possible le "poids idéal". L'ampleur de cette obsession de la minceur est un phénomène moderne. Dans un passé pas si lointain, la majeure partie de la population n'avait pas le luxe de surveiller sa ligne. La vie quotidienne était avant tout déterminée par la survie : il fallait précisément trouver de quoi ne pas souffrir de la faim. Dans ce quotidien précaire, susceptible jusqu'au XIXe siècle d'être affecté par la famine, l'aspiration à la minceur n'avait rien d'évident. De même que l'on associait la maigreur à la maladie, à la pauvreté et à la misère, on associait l'embonpoint à la richesse, à la santé et à la prospérité. En des temps de menace permanente de pénurie alimentaire, il n'était en rien indiqué de chercher à être mince, surtout pas pour les femmes, dont le corps payait un lourd tribut au labeur quotidien, aux grossesses et à l'allaitement de longue durée. La médecine populaire disposait au contraire de nombreux moyens pour lutter contre la maigreur : pendant des siècles, la devise fut donc "forcir" plutôt que "maigrir". »

Dans notre société, être gros ou maigre est souvent problématique. On parle désormais de « troubles de l'alimentation ». Psychiatres, psychologues et autres experts s'efforcent d'explorer la maladie. Selon Vandereycken et van Deth, le phénomène en dit long sur le malade, mais aussi sur la société : « Notre corps raconte non seulement une biographie personnelle, mais aussi une histoire sociale. Nous devons donc apprendre à "lire" chaque corps : des soins de beauté et des ornements aux cicatrices de toutes sortes, il comporte une série de messages que nous devons décoder. Les femmes atteintes de désordres alimentaires incarnent semble-t-il un récit presque archétypique : c'est notre société qui se reflète dans leur miroir, tandis que l'équilibre homme-femme se pèse sur leur balance. Mais il y a plus à voir, dans le miroir des troubles alimentaires, que l'image de femmes problématisées. Tout cela n'est-il pas aussi lié à "l'insoutenable légèreté" de l'existence : la vie de beaucoup semble si vide que leur enveloppe est finalement ce qui pèse le plus. Autrement dit : l'apparence – mince ou corpulente – a souvent plus à cacher qu'à exprimer ! »

Quoi qu'il en soit, la menace de l'anorexie et de la boulimie peut être mortelle. L'expertise thérapeutique est donc fondamentale dans l'approche des patients et de leur entourage. La psychologue Myriam Vervaet donne le récit autobiographique de sa longue expérience clinique. L'enfermement constitue selon elle une notion clé : « L'expertise est une condition *sine qua non* et les interventions psychologiques, combinées ou non avec la prescription de remèdes psycho-pharmaceutiques, doivent être sous-tendues par une formation professionnelle. Tout évident que cela puisse paraître, ce n'est toujours pas le cas en Belgique aujourd'hui. (...) L'expertise est indispensable, mais certainement pas suffisante. Pour poursuivre avec l'idée "d'enfermement", j'ai autrefois décrit les troubles alimentaires comme un "enfer sécurisant". De peur de ne pas être "assez bien", ces filles se retirent du monde menaçant des attentes et du jugement dans un autre où elles déterminent elles-mêmes les règles qu'elles suivront. Ce monde leur semble sûr, elles se cramponnent obstinément à ces règles mais, hélas, ce refuge entraîne aussi leur déchéance physique, psychologique et sociale. En quête de la perfection, elles échouent sur une plage isolée où la communication avec le monde extérieur est totalement coupée. »

L'AVENIR DU CORPS. LA TECHNOLOGIE COMME MOYEN DE SE DONNER FORME À SOI-MÊME

Notre façon d'appréhender le corps va changer dans le futur. La médecine accroît nos possibilités physiques, déplace les frontières, masque les affections. Nous pouvons donner à notre corps la forme que nous souhaitons. Des innovations intervenues en chirurgie après la Première Guerre mondiale aux implants, en passant par les transplantations, on observe une évolution spectaculaire de la façon dont médecine et technologie réduisent à néant nos limites physiques. La chirurgie plastique connaît une croissance explosive : nous pouvons choisir sur catalogue la forme de notre nez, rester éternellement jeunes grâce au botox, booster à la fois notre corps élancé et notre identité. L'avenir du corps constitue la conclusion de l'exposition *Le corps imposant*. Pieter Bonte, bioéthicien, parle de cette amélioration physique : « Notre corps peut dès aujourd'hui faire l'objet de divers bricolages, du cerveau aux orteils. Ceux que la nature n'a pas gâtés sont de moins en moins tenus de rester dans leur moule biologique. En rassemblant votre courage (et de l'argent), vous pouvez améliorer votre sort – votre corps. Une "science de l'amélioration" multiforme s'impose peu à peu dans notre culture : chirurgie esthétique pour un physique plus beau et plus harmonieux, produits dopants pour plus d'agilité et de puissance, médicaments ou implants électroniques pour une vie sentimentale meilleure et des pensées plus positives, et, finalement, amélioration des éléments les plus intimes de notre existence : celle de nos gènes ou "eugénisme". » Les questions morales que soulève cette évolution spectaculaire de la médecine sont immenses. Bonte plaide pour une approche prudente et met en garde. Le débat est ouvert. *Le corps imposant. Obesité ou maigreur, perfection ou perturbation* est davantage qu'une exposition. Le Musée Dr. Guislain souhaite par cette initiative attirer l'attention sur d'importants problèmes psychiatriques dans leur contexte social et culturel. À travers l'exposition, le présent ouvrage, le symposium et diverses initiatives, c'est l'approche du corps hier et aujourd'hui qui sera « mise en lumière ». En tant que musée, nous espérons contribuer à documenter l'histoire de la psychiatrie et, par ailleurs, mettre à l'ordre du jour l'actualité de l'urgence thérapeutique.

Nous voudrions remercier tout particulièrement ici les personnes qui nous ont prêté leur expertise et leur engagement dans la réalisation de ce projet. Notre reconnaissance va tout spécialement aux professeurs Vandereycken (Université de Louvain), Myriam Vervaet et Ignaas Devisch (tous deux de l'Université de Gand).

IGNAAS DEVISCH

CECI EST MON CORPS

«Respirer profondément,
pour parvenir à vous-même»
(librement traduit d'Ingeborg, enseignante Lightbody)

TROUBLES ET MALADIES

«Vous devez avant tout être vous-même.» Aucune phrase n'exprime mieux le paradoxe dans lequel on semble aujourd'hui vivre la réalité corporelle dans la société d'Europe occidentale. En effet, dès que l'on utilise le verbe «devoir», il y a longtemps que le «je» n'est plus simplement lui-même mais quelqu'un qui voudrait ou devrait être beau, mince, attirant, que sais-je encore. Et même si «je» m'impose quelque chose à titre personnel, on peut se demander si ma volonté n'a pas été influencée de l'extérieur. Disposons-nous bien de nous-mêmes comme nous l'imaginons? Lorsque nous décidons un jour de courir le marathon, le lendemain de suivre un régime, avons-nous bien pris ces décisions tout seuls? Et même si c'est le cas, pourquoi sommes-nous aujourd'hui si nombreux à nous rendre dans les centres de fitness dans l'espoir de modeler notre corps et d'éviter la prise de poids?

Ne serait-ce pas que notre libre arbitre, notre autonomie, est toujours déterminée par une hétéronomie, quelque chose venu de l'extérieur (du grec *heteros*, étranger) qui agit sur nous et influence nos comportements? Peut-être quelque chose interfère-t-il, au sommet apparent de l'autonomie individuelle, dans notre relation à nous-mêmes? Cette «chose» sera au centre de notre texte. Puisque le questionnement ne va pas de soi – aujourd'hui, on est plutôt tenté de partir de l'hypothèse inverse –, nous allons tenter de trouver des arguments pour et des arguments contre.

Commençons par commenter une série de symptômes du vécu corporel autour desquels cette exposition a été construite. Comme souvent, ces symptômes renvoient à quelque chose d'extérieur à la personne. Notre société se caractérise par une série de maladies que l'on peut classer dans la catégorie de l'excès, du trop. Voici un bon siècle, on mourait surtout de maladies liées à un manque: manque de nourriture, d'habitations salubres, de soins médicaux, etc.[1] Aujourd'hui, nous souffrons plutôt d'affections liées à l'excès: stress, nourriture, alcool, tabac, inactivité, etc. De plus, nous ne semblons pas tant «malades» qu'atteints de troubles: troubles de l'identité, de l'alimentation, de l'anxiété, troubles hyperactifs... La liste en est longue.

Chacun de ces troubles est explicable sur des bases physiques, neurologiques ou génétiques. Et cette explication s'accompagne généralement d'un remède pharmacologique qui réduit ou supprime les symptômes. Le cynique dirait ici: il y a d'abord eu le médicament, le «trouble» est venu ensuite... et il n'aurait pas tout à fait tort; nous y reviendrons. Bien que tous ces troubles soient (bien entendu) médicalement fondés, le fait que certains apparaissent en des périodes précises reste une donnée culturelle importante. Ian Hacking a nommé ces phénomènes «*transient mental illnessess*»: selon lui, certaines maladies (mentales) sont typiques de périodes bien déterminées.[2] Nous venons précisément d'en donner une liste succincte.

FATIGUE ET AUTONOMIE

L'intérêt de cet angle culturel critique est qu'il dépasse les cas médicaux individuels et pose la question: qu'est-ce qui, dans notre relation avec notre temps, explique que nous générions culturellement, médicalement et socialement ces symptômes? Cette question menace d'être moralisatrice et le serait effectivement si nous la formulions ainsi: «Qu'est-ce qui ne va pas dans notre époque?», pour ensuite indiquer depuis l'extérieur comment elle devrait en fait être. Nous préférons partir de l'idée que, dans une question, celui qui la pose est impliqué dans le problème et ne peut s'en extraire d'un simple claquement de doigts.

Il ne s'agit donc pas de signaler ce qui ne va pas, mais ce avec quoi nous nous débattons, ce dont nous ne savons que faire, les choses autour desquelles les symptômes se développent. Ce sont des éléments complexes, que l'on ne peut se contenter d'énumérer et d'assortir d'une solution immédiate. En nous interrogeant sur nous-mêmes et sur la façon dont nous abordons la maladie et la santé, nous voulons non pas indiquer, dans ce texte, la façon de sortir de nos problèmes mais signaler un malaise qui nous traverse au plus profond. Nous voulons en outre soumettre à un questionnement critique l'idée même qu'il existe pour ces problèmes des solutions pharmacologiques toutes prêtes.

Le «malaise de notre temps» est assez bien décrit dans ce que le sociologue français Ehrenberg résume avec pertinence comme «la fatigue d'être soi» (ou de devoir être soi).[3] Ehrenberg a mené une enquête sur le lien entre l'accroissement de la liberté individuelle d'une part, la prévention des dépressions de l'autre. Ce lien est d'après lui omniprésent dans notre société. Jour après jour, nous pouvons et, donc, devons disposer de nous-mêmes; cela implique une pression énorme. Nous avons la possibilité de réussir dans les études et le travail, la famille et le temps libre, de choisir à quoi nous voulons ressembler, quand nous voulons avoir un bébé, etc. Pour bien vivre, il ne suffit plus de suivre une série de règles, il faut disposer de soi-même. Nous sommes fatigués de devoir faire des choix, d'être nous-mêmes, conclut l'auteur.

Cette dernière phrase nous amène peu à peu au coeur de notre questionnement: la relation autonomie/hétéronomie dans le cadre du vécu physique. Quelle est la situation? Si nous considérons notre attitude globale vis-à-vis de la maladie et du corps, nous pouvons affirmer sans la moindre hésitation que nous ne considérons plus notre vie comme une loterie mais comme un bien dont nous pouvons et, par conséquent, devons disposer. Quand nous sommes malades, nous faisons tout pour échapper à ce sort; de plus en plus, notre corporalité devient le théâtre de ce que nous *souhaitons* être plutôt que de ce que nous sommes.[4] L'autonomie peut aisément se définir comme suit: le fait de disposer de soi-même.

L'autonomie, ou autodétermination, est souvent mise en cause en tant que protagoniste de l'hétéronomie. Dans la tradition chrétienne, par exemple, saint Augustin affirme que la vie et, de ce fait, le corps, ne nous appartient pas. Notre existence est déterminée par une loi – *nomos* – qui lui donne forme de l'extérieur – *heteros*. La vie est un don de Dieu, un sort que nous devons accepter tel quel, avec tous les défauts et désagréments que cela implique. L'univers augustinien se fonde sur une vision très claire de la douleur et de la souffrance. Puisque l'ordre du monde a été créé par Dieu et est bon par définition, toute douleur et toute souffrance sont une conséquence des mauvaises actions de l'homme. La maladie et la souffrance constituent une punition divine, que l'homme ne doit qu'à lui-même. Notre mission en tant qu'humain consiste donc à assumer ce sort et à l'accepter comme un châtiment.[5]

Le christianisme ne part donc pas du principe d'un être humain autonome – qui ferait lui-même (*autos*) sa propre loi (*nomos*) – mais au contraire d'un être hétéronome qui reçoit sa loi de l'extérieur, en l'occurrence de Dieu. L'homme chrétien se base sur l'idée que nous n'avons pas en main le fondement de notre existence et que nous devons agir en conséquence. La vie est une loterie, un don. Le sort est tantôt favorable, tantôt non.

TOTALITARISME

Si, au cours de l'histoire, le corps individuel a mis longtemps à nous appartenir, ce n'est pas lié à la seule hétéronomie religieuse. Du point de vue politique également, le corps a constitué un instrument soumis à la loi politique ou à une vérité. Le corps était par excellence ce qui symbolisait l'appartenance à la loi. Ce n'est pas un hasard si l'une des métaphores des régimes totalitaires est justement le «corps», c'est-à-dire la société conçue comme un grand organe dans lequel les individus ne comptent qu'à partir du moment où on leur y donne une place, mais jamais en tant que tels.

Dans le totalitarisme, tout est déterminé par le désir que peuple et pouvoir coïncident. Le peuple est un ensemble organique auquel chacun doit se soumettre. L'image du peuple unique correspond à celle du pouvoir unique; le peuple est un corps homogène qui se comporte en tant que sujet collectif. Ces deux idées convergent finalement dans la personne d'un seul individu, qui incarne l'unité et la volonté du peuple, le dirigeant totalitaire, pierre d'angle de l'hétéronomie.[6]

Avec l'image du corps homogène, tout germe d'altérité est éliminé de la société – l'altérité constituant une menace pour l'intégrité de ce corps, elle doit être traitée en ennemie. De plus, chaque individu qui défend ses intérêts personnels est par principe un traître à une société homogène. En effet, il n'a pas à se préoccuper de lui-même (autonomie) mais de l'intérêt supérieur, de ce qui le dépasse (hétéronomie).

Le corps dans ce cas n'est pas une affaire d'autodétermination mais de façonnement collectif d'une pensée politique précise. Les cérémonies de masse et les parades dans les stades sont des exemples types de la façon dont les régimes *valident* cette collectivité: l'ensemble des corps se rejoignent dans l'idée d'un corps homogène. Les corps se ressemblent, ils sont modelés d'après un idéal auquel ils doivent correspondre le mieux possible. Ou, pour le dire dans les termes de cet exposé: dans un régime totalitaire, l'hétéronomie est radicalement à l'œuvre, dans et avec le corps.

CAFOUILLAGE

Tout ce qui a un parfum de modernité, de démocratie et d'individualité relève avant tout de la tentative d'en découdre avec ces formes d'hétéronomie. Que ce soit en termes d'autonomie, de rationalité, d'autodétermination ou de faisabilité, les idéaux inspirés par les Lumières de la Révolution française se manifestent par excellence dans l'idée que l'homme est désormais à même de donner forme à sa vie de la façon qu'il juge la plus souhaitable. Tant sur le plan médical que sur le plan culturel, l'homme occidental peut surtout être lui-même en toute liberté et façonner lui-même sa propre existence.

Dans cette perspective, l'aspiration à l'autodétermination équivaut à rien moins qu'à l'élimination de l'hétéronomie. Comme l'affirmait également Luc Ferry voici quelques décennies dans *L'Homme-Dieu ou le sens de la vie:* nous avons évolué d'une action basée sur l'hétéro-sacrifice – agir en se sacrifiant pour l'un ou l'autre grand sujet (Église, nation) – vers une action motivée par l'auto-sacrifice – l'homme qui s'est trouvé lui-même ne pose plus que des choix que lui et lui seul juge bons.[7]

Il s'agit à première vue d'une évolution résolument positive: nous sommes libres et n'avons plus besoin, en tant qu'êtres agissants, de nous cacher derrière des règles que nous serions obligés de suivre. Nous pouvons dorénavant donner nous-mêmes forme à notre vie sans regarder autour de nous ce qui doit se faire. Dans cette logique, il va également de soi que les possibilités scientifiques, médicales et culturelles de remplir notre vie de la naissance à la mort doivent résulter en une meilleure existence. En effet, plus nous disposons de nous-mêmes, plus nous serons arrivés près de nous-mêmes.

Quiconque observe un peu ce qui se passe dans la société et le domaine médical se rend compte que quelque chose coince dans cette logique. Il existe au moins un revers à l'évolution décrite par Ferry: nous devons constamment choisir nous-mêmes. La question de savoir si, avec cette obligation, l'autonomie s'est également accrue est fondamentale. Premièrement, de plus en plus de gens se font aujourd'hui conseiller dans leurs activités quotidiennes par de soi-disant experts, que ce soit dans le domaine de l'alimentation ou dans celui de l'activité physique, de l'éducation des enfants, de la façon de faire l'amour, etc. Ces experts savent chaque fois nous réexpliquer comment nous devons agir et ce que nous devons faire pour vivre sainement. Autant de démarches qui rendent notre vie bien plus hétéronome qu'elle ne l'était, car nous confions à d'autres des questions qui concernent notre sphère de vie privée.

Ensuite, on a indéniablement affaire à une augmentation des troubles qui semblent trahir une gestion problématique de soi avant même le stade de l'autonomie et de l'autodétermination. Non seulement ces troubles se multiplient chez les jeunes et les adultes, mais le nombre de gens qui font transformer leur corps en fonction d'un idéal social, afin d'être ainsi «eux-mêmes», laisse supposer une approche problématique de ce «soi-même». Lorsqu'une fille de dix-sept ans fait rectifier les lèvres de sa vulve sous prétexte qu'elles ne sont pas bien formées, il y a fort à craindre qu'elle ne dispose pas d'elle-même en posant cet acte. Une fois encore, ceci ne constitue en rien une dénonciation de la façon dont nous nous comportons vis-à-vis de nous-mêmes, mais une simple interrogation sur la mesure dont nous disposons bien d'une manière autonome de notre corps. De nous-mêmes.

LIBÉRATION ?

En ce sens, l'évolution historique de l'hétéronomie vers l'autonomie vaut d'être étudiée de plus près. Nous nous sommes *grosso modo* affranchis de la vision chrétienne du corps comme instrument nécessaire, comme véhicule en attente d'une vie éternelle dans le Royaume de Dieu. L'idée selon laquelle l'homme moderne trouve la liberté dès qu'il se libère du joug chrétien n'en reste pas moins des plus douteuse. L'idée même de devoir se libérer de quelque chose, centrale dans notre société, est en effet éminemment chrétienne. Comme l'affirme le titre de ce texte, nous devons parvenir jusqu'à nous-mêmes et nous libérer de toute imperfection. Le sommet de l'autonomie semble ici étroitement lié à une logique hétéronome dont on pensait s'être libéré pour de bon.

Ne faut-il pas plutôt supposer ce qui suit: n'est-ce pas seulement dans et par sa «libération» après qu'il s'est posé la question de lui-même que l'homme devient *nachträglicherweise* – pour le dire en des termes freudiens – un individu? Cet individu ne se libère pas d'emblée d'une série de chaînes mais se pose pour la première fois la question de lui-même. Ce n'est qu'après être devenu une instance, un point de référence, qu'il se pose une question identitaire: «qui suis-je» et, surtout, «qui voudrais-je être»? Ces questions ont beau former le point de départ de l'autonomie et de l'autodétermination et matérialiser l'individualisme au sens strict du terme, elles ne nous mènent pas encore de façon évidente au stade de l'autodétermination. Bien au contraire, si nous ne disposons pas d'une identité induite de l'intérieur, mais n'existons que comme questionnement sur ce que/qui nous sommes, tout ce que nous possédons, provisoirement, c'est un *souhait* d'autodétermination. Nous ne sommes pas tant quelqu'un qui dispose de soi qu'aspiration à être un «je», à être quelqu'un.

Le corps – peut-être n'est-ce pas un hasard – est devenu le symbole par excellence de ce désir. De la lutte pour l'avortement (dont le slogan néerlandais était «*baas in eigen buik*» – «maître de mon ventre») aux idéaux de minceur ou de beauté, le corps est progressivement devenu le miroir de notre désir d'une identité autonome. Plus exactement, on observe, dans notre approche du corps, que notre identité se fonde sur un rapport de réflexivité entre ce que nous sommes et ce que nous aimerions être. Il suffit de regarder n'importe quelle émission de type «avant-après»: l'idée qu'un corps transformé acquiert automatiquement une nouvelle identité y est évidente. Ce désir n'est d'ailleurs pas neuf, mais nous disposons aujourd'hui d'un tel arsenal de possibilités médicales et biotechnologiques que nous pouvons désormais littéralement donner forme à un physique neuf ou transformé. Mon corps est ce que je souhaite qu'il soit. Autrement dit, entre «je» et «moi-même», il y a une aspiration à un soi qui fait que «je» ne peux plus simplement être «moi-même». Ou encore: pas d'autonomie sans hétéronomie. Parallèlement, le corps est devenu symbole de la crise qu'entraîne en nous notre quête d'identité. Si nous nous confrontons sans cesse à la question de nous-mêmes alors même que toute réponse sociale et culturelle a disparu – jadis, la loi religieuse ou idéologique déterminait très clairement qui j'étais: chrétien, allemand, socialiste, etc. –, notre tâche devient particulièrement difficile. Si nous ne savons pas qui nous sommes, si nous ne disposons pas d'identité claire, il ne faut pas nous étonner que ces questions exigent de nous un combat acharné.

CRITIQUE CULTURELLE

L'affirmation qui précède sur l'interdépendance entre autonomie et hétéronomie a été livrée à l'état brut et demande évidemment une analyse approfondie que nous ne pouvons pas fournir dans ce court exposé. Non que cette analyse nous libérerait avec certitude d'une série de symptômes mais, en revanche, sa description pourrait nous armer contre l'idée trop facile qu'il existe des solutions toutes faites. Cela nous amène au dernier concept abordé dans ce texte: le phénomène de médicalisation. Ce terme recouvre deux aspects. Premièrement, que le monde médical est en expansion, mais aussi, deuxièmement, que le regard médical occupe de plus en plus de terrain dans notre vie: des questions qui n'étaient pas du ressort de la médecine le sont aujourd'hui devenues. La timidité, par exemple, devient un syndrome d'anxiété; le fait de ne pas rester en place, un trouble hyperactif, etc. Dans un ouvrage intitulé *Shyness: How Normal Behavior Became a Sickness*, Christopher Lane résume cette évolution d'une boutade: «*We used to have a word for sufferers of ADHD. We called them boys.*»[8]

Ce n'est peut-être qu'une boutade, mais elle illustre bien le phénomène inquiétant auquel nous faisions allusion en tout début de texte: qui est apparu en premier, du médicament ou du trouble? Aujourd'hui, la médicalisation se traduit notamment par la prescription massive d'antidépresseurs, d'anxiolythiques, de remèdes anti-ADHD, autant de malaises ou de troubles qui révèlent que la cause des problèmes médicaux est avant tout cherchée – et qui cherche trouve – dans l'individu plutôt que dans la société ou le «système», comme c'était le cas dans les années 1960. Cette recherche ne pose pas problème en soi, mais on est en droit de se demander si elle doit être menée sous un angle exclusivement médical. N'avons-nous pas aussi besoin d'une place dans la société pour nous confronter à la question de nous-mêmes?

Nous tenons à souligner, pour conclure, qu'il ne faut pas voir dans ce texte une volonté de démasquer notre temps et de dégager la vraie nature de notre époque du voile fallacieux de l'apparence. Notre société est ce qu'elle est, mais peut-être est-il tout de même nécessaire ou du moins pertinent de s'arrêter aux dilemmes et aux paradoxes dans lesquels nous nous débattons aujourd'hui. L'idée selon laquelle nous serions exclusivement nous-mêmes aussitôt après nous être débarrassés de la Vérité ou de l'Hétéronomie a seulement été remise en question. Nous n'avons nullement tenu un plaidoyer pour le maintien ou la réintroduction de l'hétéronomie qui parasite notre autodétermination. Mais force est de constater que le corps et notre façon de l'aborder sont le lieu et le théâtre où ce parasitage se manifeste de la façon la plus flagrante.

Notes

1 Nestle, M., *Food politics. How the food industry influences nutrition and health*. Berkeley, University of California Press, 2002.

2 Hacking, I., *Mad Travellers: Reflections on the Reality of Transient Mental Illnesses*. Londres, Free Association Books, 1998.

3 Ehrenberg, A., *La fatigue d'être soi. Dépression et société*. Paris, Odile Jacob, 1998.

4 C'est dans ce contexte qu'a été créée l'expression «*wish-fulfilling medicine*». Voir Buyx, A. M., *Be careful what you wish for! Theoretical and ethical aspects of wish-fulfilling medicine*, Medicine, Healthcare & Philosophy 11(2): 133-143, 2008.

5 Voir aussi Devisch, I., *De roze billen van Renoir*. Louvain, Acco, 2008.

6 Pour une analyse intéressante de ce phénomène, on peut consulter l'étude, toujours très pertinente, de Claude Lefort *L'image du corps et le totalitarisme*: Lefort, C., *L'invention démocratique. Les limites de la domination totalitaire*. Paris, Fayard, 1981.

7 Ferry, L., *L'Homme-Dieu ou le sens de la vie*. Paris, Grasset, 1996.

8 Lane, C., *Shyness: How Normal Behavior Became a Sickness*. New Haven. Yale University Press, 2007.

YOON HEE LAMOT

LA SAINTE FAIM

Qui entend le nom de saint Nicolas pense immédiatement jouets et friandises : figurines en chocolat, biscuits en forme de lettres, etc. Nombreux sont les enfants sages qui prennent quelques grammes aux alentours du 6 décembre. Pourtant, on peut difficilement décrire le saint en question comme un amateur de sucreries. Jeûnant dès la petite enfance, il refusait systématiquement l'allaitement maternel les mercredi et vendredi. Saint Nicolas n'était d'ailleurs pas unique en son genre, beaucoup l'avaient précédé et beaucoup le suivraient encore.

LES MOTIVATIONS

Le jeûne était et est toujours le propre de diverses cultures et religions. Il fait partie depuis plusieurs siècles de la pratique religieuse chrétienne. Dans *Van vastenwonder tot magerzucht. Anorexia nervosa in historisch perspectief*, notamment, Walter Vandereycken et Ron van Deth abordent le jeûne dans le christianisme sous l'angle historique. Cette publication de 1988 a servi de fil rouge à ce texte.

Pour expliquer le phénomène, il faut invoquer non pas une raison unique mais un faisceau de motivations. Le jeûne était un moyen de donner aux chrétiens un sentiment de solidarité, mais aussi une expression du chagrin ressenti face à la souffrance du Christ. Selon certains pères de l'Église, le croyant pouvait grâce au jeûne récupérer le paradis, en compensation de la violation de la règle par Adam et Ève. Parmi ces motivations, Vandereycken et van Deth en relèvent une série qui sont communes à différents peuples.

À l'origine, on partait du principe que la nourriture était sensible aux forces démoniaques et que, par conséquent, celles-ci pouvaient pénétrer dans le corps lorsque l'on mangeait. Le jeûne était donc un moyen de tenir le mal à distance. Il maintenait le corps pur. C'est pourquoi l'on jeûnait souvent en préparation d'un acte saint ou rituel, par exemple lors de l'entrée en fonction d'ecclésiastiques ou lorsque l'on prenait part à un baptême ou à la Sainte Communion. Grâce à cette pratique, le corps était rendu réceptif au Très Haut. Mais le jeûne était également indiqué pour demander une faveur à Dieu. Ceux qui étaient possédés par le diable devaient aussi effectuer de longs jeûnes et prier pour se libérer de l'esprit malin.

Manger peu ou pas du tout fut aussi rapidement considéré comme un moyen de faire pénitence. C'était un signe de deuil qui devait, en tant que forme de mortification, éveiller la pitié de Dieu. Le plus souvent, on se privait de viande et de vin ou l'on se mettait au pain et à l'eau. Le jeûne était également considéré comme la principale expression de l'ascèse, aspiration à des buts à la fois spirituels et vertueux, souvent réalisée aux dépens du corps. Selon la doctrine chrétienne, les désirs physiques, terrestres, étaient pernicieux et devaient être réprimés au profit de l'élévation de l'esprit. Le jeûne était un moyen efficace d'atteindre l'ascèse, une forme de self-control ayant pour but l'indépendance totale vis-à-vis des besoins du corps. Il n'était bien entendu qu'un moyen parmi d'autres ; le croyant pouvait aussi s'abstenir de rapports sexuels et de sommeil et se soumettre à de nombreuses formes de mortifications.

L'exemple de saint Jean-Baptiste, dans le Nouveau Testament, en est l'illustration. Né quelque six mois avant le Christ, Jean-Baptiste est celui qui crie dans le désert, annonce la venue du Christ et le baptise dans le Jourdain. Ce saint est souvent représenté comme prophète et prédicateur, la barbe et la chevelure en bataille, vêtu d'une peau de chameau. Il prêche dans le désert et exhorte à la pénitence. Il ne se nourrit, dit-on, que de sauterelles et de miel sauvage.

LE JEÛNE DANS LES RÈGLES

Dans les débuts de la chrétienté, au cours des premiers siècles qui suivent la venue du Christ, les disciples constituent encore une petite communauté persécutée au sein de l'Empire romain. Ils s'opposent aux conceptions matérialistes de leurs contemporains et ne considèrent la vie sur terre que comme une mise à l'épreuve. Le jeûne est donc très présent dans toutes les couches de la société paléo-chrétienne. Les règles sont inutiles dans la mesure où ces premiers chrétiens pratiquent leur foi corps et âme. La situation change toutefois lorsque l'Église cesse d'être persécutée et que les conversions se multiplient. L'augmentation du nombre de croyants s'accompagne d'une diminution de la ferveur, si bien que, dès le IIIe siècle, l'Église se voit obligée d'instaurer des règles concernant la pratique du jeûne. Dans un premier temps, elle prescrit un jeûne partiel deux fois par semaine. Au IVe siècle, un jeûne de deux semaines est instauré avant Pâques, puis avant Noël et la Pentecôte. En outre, les croyants doivent s'abstenir de nourriture pendant de courtes périodes. Au Moyen Âge, on finit par devoir jeûner près d'un tiers de l'année ! L'Église ne peut néanmoins empêcher que les règles soient de moins en moins suivies et elle se voit forcée de lâcher du lest. Au Ve siècle, l'abstinence totale de nourriture à date fixe est remplacée par une privation partielle de produits animaux avant que, peu après, la consommation de poisson ne soit autorisée en remplacement de la viande. Au Moyen Âge, les longues périodes de jeûne liées à Noël et à la Pentecôte sont supprimées. Mais ces règles assouplies paraissent encore trop strictes, comme le montre l'ingéniosité mise en œuvre par de nombreux croyants pour les contourner et berner ainsi l'Église. De nos jours, la pratique du jeûne a quasi disparu. On se contente généralement d'adapter légèrement le menu en période de carême.

LESS IS MORE

Alors même que les règles applicables au jeûne sont intenables pour la plupart des chrétiens, un nombre croissant de dévots s'insurgent contre tout assouplissement en optant au contraire pour le jeûne le plus extrême. Il s'exerce surtout comme une forme d'ascèse. Cette forme extrême de vécu de la foi va connaître son apogée vers le IVe siècle et à la fin du Moyen Âge.

Le début du IVe siècle correspond à la fin des persécutions chrétiennes. En beaucoup d'endroits, le christianisme devient religion officielle. Cependant, certains croyants perdent confiance en une Église devenue à leurs yeux trop « laïque ». Ils abandonnent tous leurs biens et partent vivre dans la pauvreté au cœur des déserts d'Égypte et de Palestine. Là, ces pères du désert s'adonnent à une ascèse extrêmement sévère. Ils s'abstiennent de viande et de vin ou se contentent de manger de la viande crue ou séchée. Certains n'ingèrent plus rien du tout, à l'exception de la Sainte Communion, pendant des périodes plus ou moins longues. L'un des plus connus de ces saints est Antoine, qui vécut de 251 à 356 ap. J.-C. environ ; il était né en Haute-Égypte, dans une famille aisée de chrétiens coptes. Il distribua ses terres à ses voisins, vendit tous ses biens et fit don des bénéfices aux pauvres. Il rechercha la solitude non seulement dans le désert mais aussi dans un bâtiment abandonné et dans une caverne sur une montagne près de la mer Rouge. Pendant vingt ans, saint Antoine vécut de pain, de sel et d'eau, ne mangeant qu'une fois par jour, après le coucher du soleil. Il lui arrivait de s'abstenir de toute nourriture pendant deux ou trois jours. Étonnamment, il ne maigrit pas de façon frappante et atteignit l'âge de 105 ans sans avoir perdu une seule dent.

LE JEÛNE AU FÉMININ

Le second « âge d'or » du jeûne extrême commence au XIIe siècle, époque à laquelle de plus en plus de femmes prennent part à la vie spirituelle, avec pour résultat une augmentation considérable du nombre de saintes. Ces femmes pratiquent souvent un jeûne radical. Elles sont également coutumières d'autres pratiques ascétiques toujours liées à la souffrance physique délibérément engendrée : flagellation de plusieurs heures, port de chaussures garnies de clous acérés, transpercement du corps avec des plumes de fer, sommeil sur un lit d'épines ou de pointes de fer. Lorsque ces saintes femmes mangent, c'est uniquement l'hostie consacrée. Elles entendent ainsi prendre part à la souffrance du Christ, un phénomène appelé « *Imitatio Christi* », en vertu duquel leur corps est souvent marqué, en outre, des stigmates du Christ. Certaines réussissent même à jeûner de manière stricte non pas quelques semaines mais plusieurs années. Cette pratique va souvent de pair avec l'insomnie et une vie extrêmement active. Bien que pour la plupart restées anonymes, ces femmes qui jeûnent en signe de piété attirent l'attention du grand public : elles sont admirées et, souvent aussi, imitées.

Heilige Brigitta, plaaster, s.d. Kerkfabriek Sint-Niklaaskerk, Gent

Dans *L'Anorexie sainte, Jeûne et mysticisme du Moyen Âge à nos jours* (1994), Rudolph M. Bell décrit Claire d'Assise (1194-1253) comme l'une des pionnières de ces femmes célèbres. Claire fut la sœur spirituelle de saint François et la fondatrice des pauvres clarisses, un ordre qui existe encore aujourd'hui. Une photo du Musée d'art religieux d'Uden montre les clarisses le Vendredi saint, jour de la mort par excellence, mangeant à même le sol et recevant leur ration de la mère abbesse et de la prieure. D'après les témoignages des nonnes qui vivaient avec elle au monastère de San Damiano, sainte Claire ne s'alimentait jamais les lundis, les mercredis ni les vendredis, et si peu les autres jours qu'elle tomba gravement malade. Saint François lui ordonna alors de manger chaque jour au moins une once et demie de pain, grâce à quoi elle finit par se rétablir. En tant que supérieure des clarisses, elle commença elle-même à douter de la nécessité de l'abstinence extrême de nourriture. Elle stipula dans la règle que les sœurs devaient s'en tenir chaque jour de l'année aux prescriptions du carême, sauf à Noël. Des règles plus souples étaient appliquées aux plus jeunes, aux plus faibles et à celles qui travaillaient à l'extérieur du monastère. Si le régime prescrit était certes maigre et monotone, il n'était en rien malsain. Claire devint pour beaucoup d'Italiennes un exemple de piété féminine mortificatrice. Elles ne tardèrent pas à marcher sur ses traces, attirées par la façon dont elle niait ses désirs physiques.

LE JEÛNE COMME MENACE

L'Église n'acceptant pas cette pratique extrême, les femmes dévotes avaient du mal à conquérir la notoriété et la vénération. Vandereycken et van Deth expliquent les raisons de cette résistance de l'Église. Le jeûne sévère était avant tout rejeté pour des raisons théologiques. Le principe était que tout avait été créé par Dieu, était donc bon et que Dieu avait accordé aux hommes les bonnes choses pour qu'ils puissent en jouir. Les croyants qui jeûnaient à l'extrême niaient, selon l'Église, la bonté essentielle de la création divine. Jésus lui-même s'était exprimé en termes positifs sur la nourriture et avait déclaré que le carême devait se faire dans la plus grande discrétion et sans aucune manifestation publique. Le jeune sévère était donc considéré par les autorités ecclésiastiques comme une auto-élévation déplacée. Dans les monastères, on fustigeait également les moines qui s'adonnaient aux privations extrêmes au point de ne plus être en mesure d'accomplir leurs tâches quotidiennes. Au début des temps modernes, on voyait souvent dans cette forme de jeûne l'œuvre du diable. Les possédées étaient soupçonnées de recevoir en secret de la nourriture du Malin. Un autre motif de résistance était que l'on doutait de l'inspiration divine quand l'abstinent était célèbre et vénéré. Ces gens, croyait-on, avaient sûrement de mauvais motifs et se rendaient même peut-être coupables de tromperie en s'alimentant en cachette. Un médecin néerlandais du nom de Johannes Wier (1515-1588) démasqua ainsi Barbara Kremers, une « fille miraculeuse » qui, suite à une maladie, avait cessé de manger et de boire et ne produisait plus ni selles ni urine. Elle était vénérée comme un vrai prodige et couverte de cadeaux par des admirateurs venus de partout. Lorsque ses parents demandèrent au duc Guillaume IV un certificat attestant que Barbara n'avait plus mangé ni bu depuis treize mois, Wier, le médecin du duc, flaira la supercherie. Il l'invita chez lui pour la « guérir » mais très vite elle avoua : sa sœur Elza lui donnait à manger en secret et ses déjections étaient jetées dans le jardin. Un ouvrage de Wier, intitulé *De Commentitiis Jejuniis* (« Du jeûne imaginaire »), est présenté dans l'exposition.

Enfin, l'Église avait aussi des raisons politico-religieuses de s'opposer aux abstinentes. Elle se voulait en effet seule intermédiaire entre Dieu et les croyants. Or, cette position était remise en cause par des femmes qui prétendaient avoir une relation personnelle, exclusive, avec Dieu, vivre selon sa Volonté et, donc, avoir accès à Lui. Cette conception individualiste de la foi minimisait inévitablement l'importance de l'Église. En réaction, les autorités religieuses firent assister les aspirants à la sainteté par un accompagnateur spirituel particulier. Celui-ci devait soi-disant les accompagner dans leur quête de sainteté mais il servait en réalité à les surveiller et à limiter au maximum la vénération dont ils faisaient l'objet. Bien entendu, ils tentaient aussi de les convaincre de se réalimenter et, s'ils n'y parvenaient pas, ils les mettaient à l'épreuve, par exemple en leur servant une hostie non consacrée. Vers la fin du Moyen Âge, des enquêtes approfondies furent également menées et les « saints » durent se justifier devant la commission ecclésiastique.

LUDIVINE DE SCHIEDAM

Au bas Moyen Âge, les Pays-Bas comptaient de nombreuses religieuses qui, à longueur d'année, ne se nourrissaient pratiquement que de l'hostie consacrée. Sur le territoire de la Belgique actuelle, quelques noms sont restés dans l'histoire. Julienne de Cornillon (1192-1258), orpheline, fut élevée par les augustines du monastère de Mont-Cornillon. Elle en devint plus tard l'abbesse mais se heurta à une telle opposition qu'elle se retira et devint religieuse cloîtrée chez les cisterciennes, sur la Sambre. Élisabeth de Spalbeek (1247-1274) n'entra jamais à l'abbaye cistercienne d'Herkenrode mais vécut chez elle en en suivant les règles, dont le jeûne. Elle s'affaiblit au point de ne plus tenir sur ses jambes, sauf sept fois par jour au moment des prières canoniales. Pendant ces moments, elle revivait à chaque fois la passion du Christ et les stigmates apparaissent sur ses mains. On peut encore citer les exemples de Marguerite d'Ypres († 1237) et d'Ida de Louvain († vers 1300).

Ludivine de Schiedam est une importante sainte de carême néerlandaise. Elle naquit probablement en 1380 à Schiedam. Fille pieuse, elle vénérait particulièrement Marie. Elle était aussi particulièrement jolie, ce qui lui valut de recevoir dès son jeune âge des demandes en mariage. Mais les hommes ne l'intéressaient pas car ce qu'elle voulait, c'était se consacrer entièrement à Dieu. Lorsqu'elle eut quinze ans, elle se cassa une côte en patinant et en garda une plaie purulente qui refusa de guérir. Ludivine devint grabataire et ne quitta plus le lit pendant trente-quatre ans. Plus sa maladie s'aggravait, moins elle mangeait et buvait. Au début, elle avalait un morceau de pomme, un peu de pain avec de la bière ou du lait sucré ; plus tard, elle se contenta de boire une demi-pinte de vin par semaine, éventuellement allongé d'eau. De temps en temps, elle avalait un peu de sucre, de noix de muscade ou une datte. En revanche, elle buvait régulièrement de l'eau de la Meuse. À partir de 1410, elle ne vécut plus que de la Sainte Hostie, seule nourriture qu'elle pût encore ingérer. Mais même cela n'allait pas sans peine car, lorsqu'elle ingérait le corps du christ, elle était prise de hauts-le-cœur et devait constamment se gargariser. Son état physique se dégrada à l'extrême. Son corps était couvert d'ulcères purulents et fourmillant de vers, elle était partiellement paralysée et vomissait du sang. Pendant sept ans, elle souffrit de violentes poussées de fièvre tous les trois jours. Elle se mortifiait elle-même en se comprimant le corps avec une ceinture en crin de cheval. Elle perdit en outre des morceaux d'intestin et de foie, attrapa des plaies suppurantes à la tête et des bubons ainsi que des infections aux dents. Ludivine devint aussi partiellement aveugle. Un chirurgien célèbre, Govaert Sonderdanck, la visita et lui prédit qu'elle mourrait d'œdème dans les six mois. Il lui conseilla d'accepter la souffrance. Pour Ludivine, le fait de vivre dans son corps le martyr du Christ et de s'identifier à Lui donnait à celle-ci tout son sens. Dans le même ordre d'idées, elle reçut également les stigmates.

Si, au début, le peuple ne faisait guère attention à elle, les choses changèrent lorsqu'elle se mit à exhaler de doux parfums plus ou moins intenses. À partir de 1408, elle eut aussi régulièrement des visions, au cours desquelles elle recevait et dégustait des mets célestes. Un soir de 1412, un miracle se produisit : un Christ enfant crucifié lui apparut au bout de son lit. Lorsqu'elle lui demanda un signe tangible de sa visite, il se changea en une hostie avec cinq blessures saignantes. Mais son confesseur, un certain père Andrias, ne le crut pas et monta la population contre elle. On lança une enquête, qui donna raison à Ludivine et accrut encore sa notoriété. Malgré cela, une certaine incrédulité continua de régner et la sainte reçut à de nombreuses reprises la visite de « saints Thomas » désireux de la mettre à l'épreuve. En 1427, un deuxième miracle eut lieu. Une veuve appelée Katerijn eut la révélation que les seins vierges de Ludivine se rempliraient de lait pendant la nuit de Noël et qu'elle pourrait téter ce lait. Ainsi en fut-il. Le dernier miracle se produisit *post mortem*. Lorsqu'elle mourut, en 1433, son corps redevint en effet aussi beau qu'avant son « chemin de croix » ; il ne portait plus ni trace de maladies ni blessures. Ludivine ne fut pas sanctifiée immédiatement. Il fallut attendre 1890 pour que l'Église autorise le culte de la vierge de Schiedam.

ANOREXIE SACRÉE

Rudolph Bell, dans *L'Anorexie sainte, Jeûne et mysticisme du Moyen Âge à nos jours* (1994), étudie des biographies de saints ayant vécu dans les centres urbains d'Italie centrale, plus précisément en Ombrie et en Toscane. Il cherche à montrer que l'anorexie n'est pas seulement un problème psychique mais aussi une donnée sociale. Pour cela, il se réfère aux « saintes de carême ». Bell décrit des femmes pieuses comme Catherine de Sienne, Humilienne de Cerchi et Véronique Giuliani, qui réagirent aux structures patriarcales et sociales de leur temps. Un schéma récurrent apparaît selon lui dans leur biographie : ce sont des filles en apparence douces et obéissantes qui se révoltent contre leur famille pour échapper à la vie que leurs parents ont prévue pour elles : une existence soumise au pouvoir d'un époux. À l'époque, les filles n'ont pas les mêmes chances que les garçons et, notamment, n'ont pas le droit de disposer d'elles-mêmes. La femme médiévale réagit à cette situation en changeant la lutte extérieure, dont elle sort perdante à tous les coups, en une lutte intérieure qui lui permet d'acquérir la maîtrise d'elle-même. Beaucoup de saintes de carême échappèrent ainsi à un mariage non désiré. Souvent, elles entraient au monastère, ce qui était aussi la seule façon de pouvoir bénéficier d'une formation. Là, elles ne réussissaient pas immédiatement à se réalimenter. Ce n'est qu'à la fin de la vingtaine ou au début de la trentaine que ces jeunes filles guérissaient de leur anorexie et devenaient actives dans la vie monastique. Elles continuaient à jeûner de façon rigoureuse mais, cette fois, en contrôlant la démarche.

Selon Bell, les motivations de l'anorexie sacrée et de l'anorexie nerveuse se rejoignent. Ces femmes n'ont pas particulièrement peur de prendre du poids, mais l'amaigrissement devient pour elles le symbole d'une lutte pour l'indépendance. Elles cherchent à contrôler leur corps et leurs besoins. On décèle aussi un certain parallélisme dans les symptômes. Tant les saintes du Moyen Âge tardif que les anorexiques contemporaines disent qu'elles ne refusent pas de manger mais qu'elles n'ont pas d'appétit ou sont incapables d'avaler quoi que ce soit. Cela dépasse en quelque sorte leur volonté. C'est pourtant elle précisément qui les pousse à s'affamer. Forcées à manger, ces femmes se font ensuite vomir. Souvent, elles dorment aussi très peu et sont physiquement très actives.

Enfin, Bell constate que l'anorexie sacrée a disparu lorsque l'Église a cessé de s'opposer à la privation de nourriture et que le comportement anorexique n'a plus été considéré comme marque de sainteté. Il en conclut que l'anorexie nerveuse serait moins attirante pour les jeunes filles d'aujourd'hui si leurs besoins d'épanouissement et d'indépendance personnelles étaient respectés plutôt que bafoués.

CATHERINE DE SIENNE

Le cas de Catharina Benincasa constitue selon Rudolph M. Bell un bel exemple d'anorexie sacrée. Catherine naquit vers 1347 à Sienne en même temps qu'une sœur jumelle. Maladive, celle-ci décéda prématurément après avoir été confiée à une nourrice alors que Catherine fut allaitée pendant un an par sa mère. Catherine se sentit coupable dès l'enfance d'avoir survécu alors que sa sœur était morte. Sa mère ne manquait jamais non plus de lui rappeler qu'elle devait se montrer reconnaissante d'avoir eu cette chance.

Catherine eut une enfance heureuse et épanouie. À l'âge de cinq ans, on la surprit à genoux, occupée à réciter un Ave Maria sur chaque marche de l'escalier menant à sa chambre. Ses compagnons de jeu la surnommaient « Euphrosyne », du nom de celle qu'elle-même citait fréquemment et considérait comme son héroïne. Euphrosyne était une jolie jeune fille qui s'était déguisée en homme et réfugiée dans un monastère pour échapper à un mariage imposé par un père autoritaire. Plus tard, Catherine rencontrerait le même problème, mais le gérerait autrement. À six ou sept ans, elle eut sa première vision, qu'elle garda pour elle et médita en secret. Son silence prouve qu'à partir de ce moment, elle ne compta plus que sur sa force intérieure et sa relation personnelle avec Dieu. Elle se consacra peu à peu à son seul esprit et se mit à mortifier son corps. Lorsqu'elle eut douze ans, sa mère estima qu'il était temps de la préparer au mariage. On la confia pour cela à sa sœur Bonaventura, ce qui la força à adopter une existence plus profane. Trois ans plus tard, sa sœur mourut en couches. Une fois encore, Catherine s'attribua la responsabilité de ce décès et chercha un soutien dans la religiosité. Cependant, sa mère souhaitait toujours trouver un mari pour sa fille. Elle voyait dans le veuf de Bonaventura l'homme idéal, en particulier parce qu'il était peintre, comme le père de Catherine. Mais Catherine ne refusait pas seulement de l'épouser lui, elle refusait purement et simplement le mariage. Elle souhaitait se préserver en vue d'une union mystique avec le Christ. Catherine avait conclu avec Dieu un pacte pour qu'il garantisse le salut spirituel de sa famille. En échange, elle se punirait et mènerait une vie de privations et de solitude. Elle finit par convaincre son père, Giacomo, qu'elle ne changerait pas d'avis car elle devait obéissance à Dieu et non aux hommes. Il la crut et ordonna à sa femme de laisser la jeune fille agir à sa guise : cela signifiait notamment la pratique de la mortification et du jeûne. Catherine s'abstint définitivement de toute consommation de viande et de tout aliment cuit, hormis le pain. Elle ne but plus de vin, même en quantité infime. À partir de ses seize ans, elle se nourrit uniquement de pain, d'eau et de légumes crus, si bien qu'elle perdit la moitié de son poids. Elle ne s'habilla plus que de laine brute et enserra ses hanches d'une chaîne en fer. Pendant trois ans, elle ne parla plus que pour se confesser et ne dormit que trente minutes par jour sur une planche de bois. Elle se flagellait aussi trois fois par jour et était totalement épuisée. Mais quand il s'agissait de pratiquer la charité, elle débordait d'énergie. De crainte d'être tout de même forcée au mariage, elle demanda à entrer chez les dominicaines. Lorsqu'elle tomba gravement malade, les sœurs de la Miséricorde l'acceptèrent dans leur congrégation. Ces religieuses vivaient non pas dans un couvent, mais chez elles. Apprenant la nouvelle de son admission, Catherine guérit complètement en quelques jours. Elle apparut de plus en plus souvent en public et se lia étroitement aux religieuses, ainsi qu'à certains dirigeants politiques. Grâce à la grande confiance dont elle jouissait auprès de Grégoire XI, elle participa au retour de la papauté de France à Rome et prêcha une croisade. Elle eut aussi la force de réunir autour d'elle un cercle de disciples qui l'appelaient « Mamma ». Lors de l'élection du pape Urbain VI, elle sentit toutefois qu'elle ne réussirait plus à mener à bien les réformes religieuses. En 1380, elle décida donc de durcir encore sa pratique du jeûne et de ne plus boire d'eau. Par ce biais, elle sacrifia littéralement son corps pour sauver l'Église. Cela finit par lui coûter la vie. Catherine fut canonisée en 1461.

L'anorexie de Catherine de Sienne est plus qu'un simple cas d'ascèse excessive. Par son mode de vie extrême, la sainte parvint à prendre sa vie en main et à tenir tête à ses parents, à ses confesseurs et à toute forme d'autorité.

SAINTES DE CARÊME MODERNES

Les saintes de carême ne disparurent pas avec le Moyen Âge. Au XIXe siècle et même au XXe, on trouve encore des cas – certes sporadiques – de ce type de saintes femmes. Vandereycken et van Deth en citent quelques exemples célèbres. Il y eut notamment Louise Lateau (1850-1883), qui provenait de Bois-d'Haine, un village wallon. Elle ne mangeait, ne buvait et ne dormait pratiquement jamais, passant ses nuits à prier, en extase. En 1868, elle reçut les stigmates, après quoi elle ne put plus avaler aucune nourriture le vendredi, fût-ce en infime quantité. Entre Pâques 1871 et sa mort en 1883, elle ne mangea semble-t-il quasi plus rien. Pendant les premières années de son jeûne extrême, elle n'en fut pas incommodée physiquement. Mais quand elle était obligée de s'alimenter, elle était prise de violentes douleurs et de vomissements. Malgré de nombreux opposants qui se croyaient bernés par la sainte, personne ne put jamais prouver sa duplicité.

Thérèse Neumann est une autre sainte de carême du XXe siècle. Elle avait vu le jour en 1898, dans le petit village de Konnersreuth, dans le sud de l'Allemagne. De 1922 à sa mort en 1962, cette fille de paysans aurait vécu de la seule Sainte Communion et se serait privée de presque toute boisson, tout cela sans maigrir, souffrir de déshydratation ni tomber malade. Pendant la Seconde Guerre mondiale, elle aurait refusé sa carte de rationnement en alléguant que, de toute façon, elle ne mangeait pas. En échange, on lui donna des tickets de savon, car elle recevait les stigmates chaque vendredi et souillait de sang ses draps et ses vêtements. Elle attira l'attention par sa vie exceptionnelle et fut vénérée, mais elle fit également l'objet de nombreuses enquêtes pour soupçon de tromperie.

COMMENT LE JEÛNE PERDIT SON CARACTÈRE SACRÉ

Les saintes de carême, comme Louise Lateau et Thérèse Neumann, étaient assez exceptionnelles à leur époque. Après le Moyen Âge, le phénomène se fit de plus en plus rare. Quelques raisons importantes expliquent cette évolution. Tout d'abord, elle résultait de l'opposition croissante de l'Église. Voulant limiter le nombre de saints, celle-ci décida de soumettre la canonisation à des règles plus strictes. Des procédures officielles furent fixées, par exemple au XVIIIe siècle par Prospero Lambertini, le futur pape Benoît XIV. Dans son *De servorum Dei beatificatione et beatorum canonizatione*, ce dernier s'efforça de distinguer les véritables saints de carême des faux en définissant une série de critères auxquels ils devaient correspondre. Il fit appel au monde médical, qui conclut dans la plupart des cas que l'on avait affaire à des tromperies. Benoît déclara que la sainteté ne découlait pas du jeûne : c'était la sainteté de la personne qui le pratiquait qui rendait le jeûne sacré. Une enquête ecclésiastique et médicale approfondie était donc indiquée.

De moins en moins d'adeptes du jeûne extrême étant canonisés, la pratique perdit de son attrait. À partir du XVIIe siècle, le jeûne et la mortification en général furent détrônés en tant qu'idéaux de sainteté et peu à peu remplacés par la charité, l'enseignement et les soins.

Parallèlement, le jeûne se multiplia en dehors du contexte religieux. Aux XV et XVIe siècles, le jeûne de longue durée était souvent assimilé à un signe de sorcellerie ou de possession. À partir du XVIe siècle, il se mua également en spectacle, la privation sévère de nourriture devenant une manière de gagner sa vie. L'artiste de la faim, qui exposait son corps décharné sur les foires et les kermesses, était né ! Parallèlement, le domaine commença aussi à être investi par le monde médical et lentement transformé en symptôme pathologique.

Bibliographie

Bell, R.M., *Sancta Anorexia. Vrouwelijke wegen naar heiligheid. Italië 1200-1800*, Amsterdam, Wereldbibliotheek, 1990.

Claes, J., Claes, A. & Vincke, K., *Geneesheiligen in de Lage Landen*, Leuven, Davidsfonds, 2005.

Claes, J., Claes, A. & Vincke, K., *Sanctus. Meer dan 500 heiligen herkennen*, Leuven, Davidsfonds, 2002.

Penning de Vries, P., *De heiligen*, Brugge, Uitgeverij Tabor, 1981.

Van Deth, R. & Vandereycken, W., *Van vastenwonder tot magerzucht. Anorexia nervosa in historisch perspectief*, Meppel-Amsterdam, Boom, 1988.

Van Deth, R. & Vandereycken, W., *Vastenwonder, hongerkunst en magerzucht*, in : P. Allegaert & A. Cailliau (red.), *Vastenheiligen, wondermeisjes en hongerkunstenaars. Een geschiedenis van magerzucht*, Gent, Museum Dr. Guislain, 1991.

EVERT PEETERS

UN ESPRIT DÉMOCRATIQUE DANS UN CORPS SOCIALISTE

L'optimisme du mouvement de la jeunesse ouvrière, 1923-1933

Lorsque le jeune socialiste Gust De Munck porta sur les fonts baptismaux l'Arbeidersjeugdverbond (A.J.V.) – mouvement de la jeunesse ouvrière –, en 1923, il dut éveiller pas mal de méfiance au sein même du parti socialiste. « Leaders du parti et bonzes du syndicat », pouvait-on lire dans le mensuel de l'association, *De Jonge Kameraad*, « n'ont pas compris pourquoi De Munck faisait défiler la jeunesse socialiste en uniforme, sarrau bleu et foulard rouge lors des cortèges du 1er mai. » Le fait que les membres de l'A.J.V., les Ajotters, partent pour la campagne les jours de congé, afin de rétablir en marchant et en campant le contact avec Mère nature, suscitait plus d'incompréhension encore. On s'inquiétait également beaucoup de la « coéducation » des jeunes socialistes des deux sexes et du culte d'un corps sain et moderne prôné par les membres de l'association. Plus que tout, on maudissait la hausse des cotisations introduite par De Munck pour financer cette nouvelle approche. Tout cela n'empêcha pas l'A.J.V. d'enregistrer un succès honorable. Pour les tranches d'âge les plus jeunes, elle devint, du moins en Flandre, la principale organisation de jeunesse socialiste. Ces jeunes s'approprièrent des éléments de l'idéal des mouvements de jeunesse modernes tel qu'il était développé depuis la fin du XIXe siècle par les boy-scouts anglais et la *Wandervögel* allemande. En Flandre, cet idéal avait fait son entrée dès avant la Première Guerre mondiale dans des cercles non socialistes, comme le mouvement étudiant catholique flamand traditionnel et, plus tard, la branche ouvrière de l'Action catholique. Mais les membres de l'A.J.V. pouvaient également trouver dans le reste de l'Europe des exemples de mouvements de jeunesse socialiste « nouvelle manière ». Munck avait emprunté l'uniforme et l'apparence des Ajotters au respecté mouvement de la jeunesse ouvrière néerlandaise (Nederlandse Arbeidersjeugdbeweging), fondé dès 1918 par le futur président de la SDAP, Koos Vorrink. Quant à l'hymne de l'association, « De Jonge Garde », il l'avait repris aux mouvements de jeunesse de la social-démocratie allemande et autrichienne – partis frères que l'on considérait avec déférence dans l'imaginaire socialiste européen. Par ce biais, les socialistes flamands construisirent eux aussi un royaume réservé à la jeunesse, répondant à son propre code moral.[1] Dans cette perspective, la jeunesse devenait une catégorie à part ; la foi dans la *Bildung*, la formation, cessait du même coup d'être un privilège exclusif de la bourgeoisie.

L'expérience flamande du mouvement de la jeunesse ouvrière illustre bien le climat d'optimisme qui s'empara dans les années 1920 de l'ensemble du mouvement ouvrier européen. Les grands progrès enregistrés par les mouvements sociaux depuis la fin de la Première Guerre mondiale avaient engendré une foi puissante dans les possibilités de démocratisation de l'ordre établi.[2] L'introduction du suffrage universel, la mise en place progressive d'une protection sociale, la position toujours plus forte des mouvements sectoriels et l'essor des partis progressistes venaient encore renforcer l'assurance née au sein de la sous-culture socialiste depuis la fin du siècle précédent. À présent que le monde semblait aux yeux de beaucoup fléchir sous la pression du mouvement socialiste, l'esprit « réformiste » qui caractérisait depuis longtemps la logique de l'organisation se faisait plus explicite. Ce climat de démocratisation croissante recouvrait aussi des ambitions très concrètes, tournées vers l'intérieur. Au-delà des syndicalistes et des militants politiques, il existait en effet un besoin soudain de spécialistes susceptibles de former les (jeunes) citoyens de l'avenir démocratique. L'essor du nouveau mouvement de la jeunesse ouvrière flamande s'inscrivait dans cette transition. L'A.J.V. se développa au coude à coude avec la Jeune garde socialiste, qui dominait surtout en Wallonie. Cette dernière s'était développée dans le cadre de la lutte contre le système du tirage au sort et continua pendant l'entre-deux-guerres à utiliser le combat antimilitariste comme levier d'une action politique radicale et souvent révolutionnaire. À l'A.J.V., on tenait un langage bien plus modéré. On plaidait pour une marche progressive vers la nouvelle société, au rythme d'un développement socialiste réalisé par des individus « volontaires ». Dans ce cadre, le corps et l'esprit – ou en tout cas une vision socialiste déterminée de ceux-ci – allaient devenir des outils fondamentaux du changement social.

D'HENDRIK DE MAN ET DU SOCIALISME DE L'ESPRIT...

Parmi les socialistes belges, c'est Hendrik De Man qui définit le plus clairement le rapport entre optimisme démocratique et intérêt renouvelé pour l'éducation et la culture. Cet intellectuel radical, qui avait appartenu avant la guerre à la minorité marxiste du Parti ouvrier belge, devint dans les années 1920 responsable de la formation et de l'éducation des militants et dirigeants socialistes. Dans un ouvrage majeur intitulé *Zur Pyschologie des Sozialismus*, il cherche de nouvelles catégories permettant de synthétiser le profond glissement idéologique subi par le socialisme depuis la guerre. Contrairement à Eduard Bernstein une génération plus tôt, De Man dirige sa critique non pas sur « certaines parties de la sociologie de Marx », mais sur le « mode de pensée tout entier qui a produit cette sociologie ». Il cherche le lien entre circonstances et sujets sociaux non plus dans la matière marxiste ou dans l'esprit hégélien, mais dans un acte de volonté de type nietzschéen. Pour lui, le socialisme est aussi l'expression mentale du « complexe d'infériorité instinctif » de la classe ouvrière et de l'« idée » créatrice de la future société. Dans un contexte de diversification sociale croissante, cette dimension culturelle et psychologique se manifeste clairement pour la première fois. Dès avant la guerre, De Man prétendait que, sous l'influence de la démocratisation économique et politique, les ouvriers semblaient s'« embourgeoiser » progressivement plutôt que se « prolétariser ». Les ouvriers pouvaient désormais adopter des conceptions et des attitudes bourgeoises qui semblaient tout simplement inaccessibles jusque-là. Se pouvait-il que la transformation « matérialiste » de la société mène non pas à un nouvel homme du futur mais à son contraire ? À une époque de démocratisation, le développement de la « culture prolétarienne » espérée s'impose comme de lui-même à l'agenda socialiste. Non pas parce qu'elle devient plus visible mais justement parce que, abandonnée aux ressorts sociaux, elle est restée jusque-là totalement absente.

De Man transforme ainsi le socialisme en mouvement culturel. Plutôt que des changements révolutionnaires ou une conquête du pouvoir purement politique, il propose à ses partisans une transformation sociale fondée sur l'élévation du peuple. Pas plus que la foi fervente en la démocratisation, ce virage vers la culture n'est une invention des années 1920. Le socialisme belge pratique, c'est-à-dire celui des mutualités et des coopératives, s'est déjà efforcé, vers 1900, de fonder des temples culturels et des organes de presse à bon marché, ou encore des bibliothèques ouvrières et des *university extensions*. Avec De Man, le mouvement des jeunes socialistes est désormais intégré dans ce programme. L'importance de l'éducation pousse d'abord à une individualisation du discours. Est-il bien sensé, se demande De Man, de relier la masse décrite par Marx « à d'autres qualités que celles des individus qui la composent » ? La nouvelle société devient une affaire de pure moralité que doit défendre l'individu dès son jeune âge face aux influences négatives qu'exerce sur lui l'ordre établi. Un deuxième effet collatéral de cette pédagogisation est la « charge spirituelle » – l'expression est encore de De Man – de l'intervention consciemment collective des jeunes socialistes. Les socialistes, écrit-il, défendent « des valeurs spirituelles vitales, très élevées ». Cet idéal abstrait se colore chez lui d'une rhétorique néoromantique à propos de la « nouvelle communauté », maniée dans l'entre-deux-guerres par de tout autres idéologies. Dans une société industrielle qui, comme Ferdinand Tönnies l'a clamé dès la fin du XIXe siècle, a transformé la *Gemeinschaft* ancestrale en *Gesellschaft* individualisée et commerciale, De Man cherche « une nouvelle conception de la vie, voire une nouvelle religion ». Celle-ci repose sur les nouvelles *Vorstellungen* et *Gestalten:* des visions consciemment créées de l'avenir socialiste. C'est ici qu'intervient l'esprit d'une nouvelle jeunesse.

... AU CORPS SOCIALISTE DE LA JEUNESSE OUVRIÈRE

Mais les choses n'en restent pas aux affects spirituels. On le voit à l'expérience de l'A.J.V., pour laquelle De Man conçoit dès le départ une vive sympathie. En 1921, il est présent, avec De Munck notamment, à la rencontre internationale des jeunes leaders socialistes à Bielefeld, un événement qui va provoquer une accélération du mouvement en Flandre. À l'A.J.V., le socialisme est, tout comme dans les mouvements allemands bien connus de De Man, redéfini comme réforme intérieure. Selon un slogan du Néerlandais Pieter Jelles Troelstra, on trouve dans la revue de la Fédération des jeunes socialistes un appel à « se socialiser soi-même : le Socialisme maintenant ! ». Ici aussi, on est convaincu, ainsi que l'écrit Thuur De Swemer, rédacteur en chef de *De Jonge Kameraad*, que le capitalisme « ne doit pas seulement être combattu sur le terrain économique ». Il représente en effet également une disposition de l'esprit qui s'insinue jusque dans le moindre maillon des relations humaines. « Si l'homme ne change pas de l'intérieur », le « nouvel ordre mondial espéré » ne pourra jamais être atteint. La révolution sociale prend par ce biais un caractère particulièrement immédiat. Elle n'est rien d'autre que l'exécution d'une décision personnelle consciente. « Chercher et conquérir la nouvelle conception de vie socialiste », voilà la « tâche la plus urgente ». Mais autant elle semble à portée de main, autant elle est en même temps peu tangible. Les leaders de l'A.J.V. plaident pour un esprit de sacrifice et d'abjuration personnels. Ils s'aventurent même à parler d'« extrémisme de vie ». Un parcours de conversion est esquissé à leur intention : il consiste à atteindre « la beauté à travers la simplicité et l'amour à travers la vérité ». L'esprit de rébellion socialiste résonne dans cette rhétorique : il s'agit d'un combat contre le capitalisme qui cherche à nous imposer comme attitude : plier et croire. Mais en même temps, ce langage fait des jeunes socialistes des figures angéliques, des « hommes nouveaux » qui, « à présent que nous voyons s'écrouler autour de nous une culture pétrie de honte», doivent être des «annonciateurs, mais aussi des porteurs de la nouvelle lumière».

Dès le début, un langage presque chrétien est associé à un autre langage plus corporel. L'élévation de la jeunesse socialiste dans une société en cours de démocratisation réclame également des résultats tangibles: le socialisme veut aussi construire de nouveaux corps à l'aide d'une nouvelle culture physique. De Man entame l'introduction de *Zur Psychologie* par un appel de Nietzsche à «écrire avec du sang pour apprendre que le sang est esprit». Le socialisme culturel, spirituel, exige des actes s'il ne veut pas se réduire à un verbiage fanatique ou, pour parler comme les rédacteurs de *De Jonge Kameraad*, à de l'«encens brûlé à l'élévation de l'esprit et du cœur». Quiconque se veut un levier et non un frein dans le combat pour l'établissement de la société socialiste doit faire preuve de maîtrise de soi. L'endurcissement physique, en particulier, aide à surmonter l'obstacle du «je» invaincu. Dès leur jeune âge, les socialistes doivent s'entraîner à «la plus difficile de toutes les luttes: la victoire sur soi-même». L'abstinence d'alcool et de tabac constitue une étape importante dans ce combat. Au sein de l'A.J.V., une minorité expérimentent aussi le végétarisme. La gymnastique et divers sports font également partie du programme. Leur pratique active (par opposition au rôle passif de spectateur des grands championnats) est louée dans *De Jonge Kameraad* comme une «défense efficace contre la domination de la machine dans la société moderne». Les socialistes tentent autant que possible de débarrasser de toute compétition le spectacle visuel qui va de pair avec la démocratisation de la culture urbaine du temps libre. Une fois encore, ce ne sont pas les «instincts du je» et l'«aspiration insensée à des titres et des prix» qui doivent primer, mais l'exercice collectif. Sur les terrains de camping et lors des rencontres du dimanche, on travaille à la formation d'une jeunesse puissante, qui incarne jusque dans son apparence physique (collective) le nouvel avenir. La jeunesse, ainsi que le prétend *De Jonge Kameraad*, n'abandonne «rien à l'inconscient». Les corps, suggère la propagande, sont transparents.

Toutefois, cette traduction visuelle de la réforme spirituelle envisagée n'est pas chose simple. Le rapport entre les deux est ambigu. La danseuse anversoise Lea Daan, qui accompagne à plusieurs reprises les membres de l'A.J.V. dans leurs exercices de gymnastique, écrit que le corps est un moyen au service d'un but supérieur. L'exerce physique aide à transposer dans le mouvement socialiste le «dynamisme de la vie contemporaine». Cela permet de se débarrasser des «considérations intellectualistes et des sensations sophistiquées» où se sont engluées les générations précédentes. Exécutée en groupe selon un schéma relativement libre, la danse «laïque» constitue pour Daan un moyen efficace de rétablir chez l'homme jeune, vigoureux, en lutte contre le mode de vie conventionnel des générations d'avant-guerre, l'harmonie intérieure entre le corps et l'esprit. Mais, à nouveau, l'individu ne peut pas trouver cet équilibre exclusivement en lui-même. Cette relation ne peut se rétablir que dans le contexte de la société. Et l'homme communautaire dansant, affirme Daan avec force, n'a rien à voir avec l'homme de masse affalé, par exemple, sur les tribunes des stades de football. Cette danse fait au contraire apparaître la «personnalité qui ose opposer une résistance à tout abêtissement et à tout nivellement». C'est une forme de danse qui, comme l'avenir socialiste, est encore en devenir. Et, par conséquent, encore en partie indéterminée. Daan apprend à ses élèves que, contrairement à la danse populaire, également pratiquée par le mouvement des jeunes ouvriers, la nouvelle danse renferme un modernisme de forme. Comme les affects purs chez De Man, la danse socialiste est aussi un «nouveau fait», qui se trace une voie dans le dédale de l'«art» décadent ou expérimental, à travers le chaos des relations sociales corrompues.

Ces commentaires montrent que ce qui avait commencé comme un exercice physique au service d'un but spirituel semble très vite devenir son contraire. C'était une expérience peu tangible plutôt qu'un programme clairement articulé, moins encore un programme politique, que l'on recherchait dans la danse communautaire. Il peut sembler très attirant, comme Daan le propose, de soumettre sa propre volonté à un psychisme plus élevé – la volonté collective. Encore faut-il savoir ce que représente réellement cette notion, ce qui est loin d'être clair. Bien qu'invoquant des affects violents, les images psychologiques et corporelles ne tardent pas à s'avérer trop vides pour exprimer aux participants quelque chose d'un futur *concret*. La fumée d'encens brûlé à leur propre gloire, que voulaient justement éviter les leaders de l'A.J.V., semble trop souvent le seul résultat. Cela apparaît très clairement dans le symbole idéal de la «Tour de la camaraderie» qui est de la partie à chaque fête de Pentecôte et à chaque camp d'été – les rencontres générales annuelles du mouvement de la jeunesse ouvrière. L'échafaudage en bois est monté par les jeunes socialistes et, pendant toute la durée du séjour, soigneusement gardé de manière à rester debout en cas de conditions climatiques difficiles. On ne compte pas les récits parus dans *De Jonge Kameraad* sur les bourrasques violentes et les sauveteurs virils qui empêchent la tour de s'écrouler. Invariablement, le danger est signalé bien à temps par une âme vigilante. Les camarades n'hésitent jamais à intervenir. Après un camp d'été de 1928, le chef de groupe Octaaf de Swaef décrit comment «une cinquantaine de garçons, la plupart pieds nus, en maillot de bain ou même torse nu, unirent leurs forces pour redresser la tour». «Les regards clairs, anxieux sous le ciel sombre, de ces cinquante solides jeunes gaillards qui s'appuyaient de toutes leurs forces contre la tour au milieu d'une pluie battante et des éclairs», poursuit le rapport, «était digne de fournir le sujet d'une œuvre d'art.» Inutile de démontrer que l'on évoque ici une image à laquelle les reporters et leurs lecteurs «ont appris à adhérer de tout leur cœur enflammé». Mais quel est précisément le rapport des corps sculptés (et des émotions qu'ils suscitent) avec le socialisme, on se le demande encore.

UN OPTIMISME SANS FONDEMENT ?

Le discours optimiste du mouvement des jeunes ouvriers sur le corps et l'esprit cachait, peut-on conclure, un intrigant problème. Le lien entre la démocratisation sociale et les nouvelles méthodes du mouvement de jeunesse s'était imposé d'emblée aux propagandistes de l'A.J.V. Pour rendre viable le nouveau monde, l'approche culturelle socialiste semblait la mieux adaptée. C'est aussi ce que les principaux protagonistes de l'expérience A.J.V. conserveraient comme souvenir par la suite. Lorsque l'ancien chef de groupe Bert van Kerckhoven évoque en 1973, à l'occasion du jubilé de l'association l'optimisme des premières années, il répète également qu'après la Première Guerre mondiale, la jeunesse socialiste s'est trouvée face à la tâche de devoir former des «socialistes, pénétrés de l'esprit socialiste» plutôt que de futurs hommes politiques. Il se souvient avec fierté que la jeunesse ouvrière a appris à l'A.J.V. à montrer «au quotidien» que les intérêts de la communauté passaient avant ceux de l'individu. Et, là aussi, le lien entre valeurs politiques, réforme intellectuelle et exercice physique est évident. La vie communautaire est une affaire de «*jeunes* gens, pas de vieux requins», une affaire de «vie libre et exubérante». Dans les souvenirs de Van Kerckhoven – comme dans ceux de la plupart des participants à la cérémonie de 1973 –, le jeu, le chant et la danse, les chœurs parlés et dansés étaient devenus des instruments de lutte spécifiquement socialistes. Ils dominaient le rythme, le style et même la philosophie de vie des jeunes de l'A.J.V. A posteriori, la simplicité et la vérité semblent également avoir été élevées au titre de piliers d'une culture tout entière.

À l'époque, les choses n'étaient pourtant pas si simples. Après la Première Guerre mondiale, la même culture exactement allait être propagée dans des contextes tout autres, bien loin du mouvement de jeunesse socialiste. Danses populaires, camping et randonnée seraient les mots d'ordre non seulement du mouvement des jeunes catholiques, mais aussi de coupoles pluralistes comme la Centrale des auberges de jeunesse, la Vlaamsche Kampeer Gemeenschap («Communauté flamande de camping») ou le Vrije jeugdbeweging («Mouvement de la jeunesse libre»). Tout ne s'y passe pas exactement comme au sein de l'A.J.V. Les jeunes leaders catholiques comme Ernest van der Hallen utilisent la rhétorique de l'extrémisme de vie dans un discours moins optimiste, antimoderne. Par ailleurs, ils prennent clairement leurs distances vis-à-vis de la coéducation – la vie libre de la jeunesse reste, dans les cercles catholiques, un monde de sexes séparés. L'échelle d'activité est également bien plus importante chez la jeunesse ouvrière catholique. On constate d'autres variations encore dans le cas de la Centrale des auberges de jeunesse ou dans le «Mouvement des danses populaires organisées», où la tension croissante entre discours socialiste et nationaliste (flamand) est perceptible. Au sein du réseau très restreint, non pilarisé, du mouvement de jeunesse libre, enfin, la nouvelle culturelle physique et spirituelle actualise également une idéologie révolutionnaire. Pour une minorité de gauche qui se profile à partir de la fin des années 1920 à l'intérieur du mouvement, la culture physique est liée à une conviction communiste. La plupart des membres du réseau évoluent cependant dans la direction opposée, vers une droite radicale. Dans de petits groupes, comme l'exemple anversois du Wunihild, la nouvelle culture est associée à un projet social fasciste. Mussolini puis Hitler deviennent dans ce contexte les porte-drapeaux d'une conception toute neuve de la santé, définie en termes raciaux.

Fait bien plus problématique encore, la nouvelle culture physique et spirituelle sert aussi, dans des contextes politiques rivaux, une logique de «démocratisation» comprise d'une tout autre façon. Certains pirates radicaux de droite veulent amener au pouvoir un «peuple» défini de façon ethnique. Dans les nouveaux mouvements de jeunesse, les notions concurrentes de souveraineté populaire et de démocratie sont à l'ordre du jour. Tant à l'extrême gauche qu'à l'extrême droite, cette divergence préfigure le retour des idéologies révolutionnaires. Cette évolution gagne l'A.J.V. avec un peu de retard. Dans les années 1920, l'association prend part à plusieurs manifestations pluralistes du mouvement des «auberges de jeunesse», de la «danse populaire» et du «camping». Suivant les rapports parus dans *De Jonge Kameraard*, la collaboration superficielle avec des groupes de jeunes au profil idéologique radicalement différent ne doit pas entraîner de problèmes en soi. C'est avec une indignation d'autant plus grande que le journal de l'association signale en 1933, peu après l'arrivée au pouvoir d'Hitler en Allemagne, les sympathies nazies de certains mouvements de jeunesse libres anversois. Le fait que l'un de ces groupes ait hissé le drapeau à la croix gammée lors d'une rencontre de camping pluraliste a placé les membres de l'A.J.V. devant une réalité que les démocrates optimistes auraient préféré ignorer. Dès ce moment, les Ajotters sont mis en garde par leurs leaders contre le caractère idéologique de beaucoup de «groupes de jeunes nationalistes flamands» et toute collaboration avec la Vlaamsche Kampeer Gemeenschap est désormais interdite. Les jeunes socialistes sont forcés de constater que la nouvelle société qu'ils prônaient est de plus en plus clairement investie par leurs opposants politiques de significations radicalement autres. Indirectement, ce glissement montre aussi combien le vocabulaire du «socialisme culturel» est dominé par l'élitisme. La culture physique et spirituelle socialiste a été le puissant instrument d'une foi optimiste en une nouvelle société démocratique. En revanche, elle est impuissante à endiguer le fascisme montant. En mai 1940, même les lecteurs les plus enthousiastes de De Man doivent se rendre à cette évidence.

Bibliographie

Les citations sont extraites de:

De Jonge Kameraad. Orgaan van het Arbeidersjeugdverbond België, 1926-1933.

Claeys-Van Haegendoren, M., *Hendrik De Man. Biografie*, Antwerpen, Nederlandse Boekhandel, 1972, p. 118-145.

De Man, H., *Zur Psychologie des Sozialismus*, Jena, E. Diederichs, 1926.

Dodge, P., *Beyond Marxism: the Faith and Works of Hendrik de Man*, Den Haag, Martinus Nijhoff, 1966.

Dodge, P., *A documentary study of Hendrik de Man, socialist critic of* Marxism, Princeton University Press, 1979.

Dooms, C., *De arbeidersjeugdbeweging in het interbellum (1923-1940)*, mémoire de licence inédit, Gent, 1984.

Harmsen, G., *Blauwe en rode jeugd. Een bijdrage tot de geschiedenis van de Nederlandse jeugdbeweging tussen 1853 en 1940*, Assen, Van Gorcum, 1963.

Hartveld, L., De Jong Edz., F. & Kuperus, D., *De arbeidersjeugdcentrale A.J.C., 1918-1940/1945-1959*, Amsterdam, Van Gennep, 1982 (De Nederlandse arbeidersbeweging 11).

Maebe, J., *De jeugdherberg: van ideologische logiesvorm tot kruispunt van belangen*, mémoire de licence inédit, Brugge, 1992.

Steppe, J.A., *Vivo: het Vlaams Instituut voor Volksdans en Volksmuziek, 1935-1945. Het ontstaan van de volksdansbeweging in Vlaanderen*, mémoire de licence inédit, Leuven, 1998.

Van der Laarse, R. & Melching, W. (red.), *De hang naar zuiverheid. De cultuur van het moderne Europa*, Amsterdam, het Spinhuis, 1998, p. 15-50.

Van Doorselaer, M., *Vrije jeugbeweging, volksdansbeweging en jeugdherbergen in Vlaanderen, 1918-1940*, mémoire de licence inédit, Gent, 1980.

Van Doorselaer, M. & Vandermeersch, P., *Alternatief jeugdleven in Vlaanderen (1918-1940)*, *Spieghel Historiael* 21, 1986, p. 192-198.

Vermandere, M., *Vrijheid door verantwoordelijkheid: Coëducatie in de Arbeidersjeugdbeweging*, in: Deweerdt, D. (red.), *Begeerte heeft ons aangeraakt. Socialisten, sekse en seksualiteit*, Gent, Provinciebestuur Oost-Vlaanderen, 1999, p. 311-343 (Bijdragen Museum van de Vlaamse Sociale Strijd, 16).

Vermandere, M., *Door gelijke drang bewogen? De socialistische partij en haar jeugdbeweging, 1886-1944*, *Bijdragen tot de Eigentijdse Geschiedenis* 8, 2001, p. 225-256.

Wiedijk, C.H., *Het «nieuwe socialisme» van de jaren dertig*, Amsterdam, 2000

Notes

1 L. Vos, «Jeugdbeweging», in: R. de Schryver e.a. ed., *Nieuwe Encyclopedie van de Vlaamse Beweging*, Tielt, 1998, vol. 2, 1556-1569.

2 Voir e.a. G. Eley, *Forging Democracy. The History of the Left in Europe, 1750-2000*, New York, 2002,201-234.

WALTER VANDEREYCKEN & RON VAN DETH

LA MINCEUR ENVERS ET CONTRE TOUT

« Rond » – c'est l'euphémisme moderne pour décrire quelqu'un qui a des formes, l'adjectif « gros » apparaissant à beaucoup comme une injure. On peut aussi être enveloppé, corpulent, bien portant, avoir de l'embonpoint... Le surpoids a reçu au fil des temps de multiples appellations : il y a les termes « profanes », comme corpulence, rondeurs ou obésité, et les notions médicales, comme surcharge pondérale ou adiposité... (Dans les textes latins, on utilise aussi les mots *pinguedo* ou *polysarcia*.)

PESANTEUR MORALE ET POIDS MÉDICAL

Dès les premiers écrits médicaux traitant de l'obésité, l'affection est assortie d'un jugement moral. S'inspirant de la vision d'Hippocrate, Galien introduit au IIe siècle une distinction entre obésité naturelle et pathologique, la seconde étant considérée comme un manquement personnel consistant dans le non-respect des saines règles de la nature. Cette conception reste dominante jusqu'aux XVIe et XVIIe siècles, époque où paraissent les premiers traités médicaux spécifiquement consacrés à l'obésité. En dépit de quelques « modernisations », la conception fondamentale des causes de maladie y demeure d'ailleurs en bonne partie inchangée. Les symptômes pathologiques sont le plus souvent considérés comme l'expression d'un déséquilibre physiologique, plus précisément dans le rapport ou l'interaction entre fluides corporels (sang, urine, bile), la chaleur et l'air (respiration) ou la digestion (selles). C'est sur cette base que le médecin examine et interroge ses patients. Cette médecine, principalement fondée sur le « regard clinique », restera d'application jusque tard dans le XIXe siècle.

Au XVIIIe siècle principalement, des efforts louables sont fournis pour ordonner les nombreuses formes de maladies. À la suite de Linné, grand naturaliste suédois à qui l'on doit une nomenclature des végétaux, des médecins élaborent un système de classement de plus en plus sophistiqué des maladies. Les représentants célèbres de cette méthode « nosologique » sont William Cullen (1710-1790), à Édimbourg, et François Boissier de Sauvages (1706-1767), à Montpellier. Bizarrement, tous deux classent l'obésité dans les « cachexies », formes de décharnement ou de consomption, mais la placent dans la catégorie particulière des « gonflements » (comme l'hydropisie ou l'œdème, accumulation anormale d'eau dans le corps). On parle certes de maladie, mais on critique aussi le mode de vie de l'obèse. Ainsi Boissier de Sauvages écrit-il dans sa *Nosologie méthodique* (1775) : « Le bon état de l'estomac, les alimens succulens & copieux que l'on prend, une habitude lâche du corps, [...], une vie gaie, aisée & oisive, sont les causes de la corpulence. » Cette connotation morale de stigmatisation et de culpabilisation, pointant les « faiblesses » du sujet (en particulier la gourmandise et la paresse), résonnera longtemps encore dans bien des textes médicaux.

Cette description ambiguë de maladie dont le malade est (en partie) responsable revient dans la première monographie anglaise consacrée à ce thème. Dans *A discourse concerning the causes and effects of corpulency* (1727), Thomas Short désigne comme causes importantes l'épaississement du sang et l'inhalation d'air humide, mais aussi le fait de trop manger et boire, l'excès de sommeil et le manque général d'exercice, qu'il décrit comme des manifestations de paresse et de vanité. Un contemporain, Malcolm Flemyng, nuance quelque peu cette façon de voir. Dans *A discourse on the nature, causes and cure of corpulency* (1760), il souligne que la voracité n'est certainement pas une condition *sine qua non* de l'obésité : « Tous les obèses ne sont pas de gros mangeurs ; pas plus que tous les minces ne sont de petits mangeurs. Nous voyons quotidiennement des exemples du contraire. » Jusqu'au début du XIXe siècle, la forme ou le degré d'obésité devant être considéré comme pathologique reste un point confus. L'Allemand Christoph Wilhelm Hufeland (1762-1836), l'un des médecins les plus renommés de son temps, décrit l'adiposité dans le même esprit que ses prédécesseurs. Dans un manuel très usité intitulé *Enchiridion medicum, oder Anleitung zur medizinischen Praxis* (1836), il observe toutefois : « Bien entendu, la prédisposition de naissance exerce une grosse influence, car certains restent maigres avec le régime le plus riche tandis que d'autres engraissent tout en se privant. »

Dans la seconde moitié du XIXe siècle, la médecine de laboratoire prend son essor. Grâce à des expérimentations animales et à divers appareillages, les processus pathologiques sont disséqués et l'on développe de nouvelles méthodes de diagnostic. Le regard clinique est progressivement remplacé par la méthode d'observation, grâce à laquelle le médecin peut en quelque sorte pénétrer le corps. On améliore les connaissances en matière de métabolisme, de développement des cellules adipeuses et l'on découvre une série d'anomalies hormonales pouvant aller de pair avec le surpoids. Une vision inspirée des sciences naturelles prend le pas, mettant l'accent sur l'observation systématique et objective, conforme à la devise « mesurer, c'est savoir ». Parallèlement, on voit aussi apparaître une tendance à définir la normalité et la santé en termes de chiffres. Francis Galton (1822-1911) en est un représentant bien connu. Fortement influencé par la théorie de l'évolution de Darwin, il publie en 1884 une étude portant sur trois générations successives d'aristocrates anglais. Il y constate que ses contemporains de la meilleure société britannique ont grossi plus lentement que leurs pères et grands-pères, même s'ils ont atteint à la fin de leur vie le même poids moyen. Galton a reçu ses données d'un éminent épicier et marchand de vin londonien, chez qui une balance se trouve à la disposition des clients « à titre utilitaire et divertissant ». C'est assez courant à l'époque ; dans le dernier quart du XIXe siècle, on voit en effet apparaître quantité de balances publiques dont les passants font un usage très assidu. À la même époque, les médecins se mettent à peser régulièrement leurs patients et diverses théories sont élaborées sur le poids corporel et l'apparence physique comme indicateurs d'un dérangement mental ou même d'une prédisposition criminelle. Décrire l'homme par une série de mesures est le principe même de l'anthropométrie, qui se développe notamment grâce aux travaux pionniers d'un Belge.

Le Gantois Adolphe Quetelet (1796-1874), un scientifique très polyvalent, est avant tout connu comme le fondateur de la statistique appliquée. Au-delà de son œuvre originale dans le domaine de l'astronomie, il compte avec Galton parmi les premiers à appliquer les méthodes mathématiques et statistiques aux phénomènes sociaux (e.a. la criminalité et le suicide). Son ouvrage intitulé *Sur l'homme et le développement de ses facultés, ou essai de physique sociale* (1835) est franchement novateur. Quetelet y introduit le concept d'« homme moyen ». Selon ses observations, les mensurations du corps humain suivent dans les diverses populations un développement prévisible considéré comme la « courbe normale » (en forme de cloche et connue sous le nom de courbe de Gauss). Sur base de nombreuses mesures, notamment prises chez ses propres enfants, il recherche une formule mathématique permettant d'exprimer la vitesse différente de la croissance en hauteur et en poids. Il conclut que « les poids des individus développés et de hauteurs différentes sont à peu près comme les carrés des tailles ». Cette formule formera la base de l'indice auquel on donnera son nom par la suite, aujourd'hui mondialement connu sous celui de *Body Mass Index* (BMI) : le poids (kg) divisé par le carré de la taille (m). Selon l'Organisation mondiale de la santé, un indice normal se situe entre 20 et 25. Si l'indice dépasse 25, il y a surpoids. Le terme d'obésité est officiellement utilisé à partir d'un BMI de 30 (à 40 et plus, il est question d'obésité morbide). Ce que Quetelet a chiffré pour l'homme « moyen » devient progressivement le standard de l'homme idéal – du moins au point de vue médical, car ce type d'indice ne permet guère de déduire les mensurations esthétiques idéales.

MIROIR, MON BEAU MIROIR...

Fitness, laxatifs, inhibiteurs d'appétit, préparations douteuses... D'innombrables femmes expérimentent aujourd'hui les moyens les plus divers pour atteindre le plus vite possible le « poids idéal ». L'ampleur de cette obsession de la minceur est un phénomène moderne. Dans un passé pas si lointain, la majeure partie de la population n'avait pas le luxe de surveiller sa ligne. La vie quotidienne était avant tout déterminée par la survie : il fallait précisément trouver de quoi ne pas souffrir de la faim. Dans ce quotidien précaire, susceptible jusqu'au XIXe siècle d'être affecté par la famine, l'aspiration à la minceur n'avait rien d'évident. De même que l'on associait la maigreur à la maladie, à la pauvreté et à la misère, on associait l'embonpoint à la richesse, à la santé et à la prospérité. En des temps de menace permanente de pénurie alimentaire, il n'était en rien indiqué de chercher à être mince, surtout pas pour les femmes, dont le corps payait un lourd tribut au labeur quotidien, aux grossesses et à l'allaitement de longue durée. La médecine populaire disposait au contraire de nombreux moyens pour lutter contre la maigreur : pendant des siècles, la devise fut donc « forcir » plutôt que « maigrir ».

William Banting (1797-1878), un entrepreneur de pompes funèbres londonien nanti, souffrait depuis des années d'un sérieux surpoids mais, à sa grande frustration, les moyens médicaux ne donnaient guère de résultats. À 65 ans, il pesait 91 kg (pour une taille de 1,64 m, ce qui donne un BMI de 34) et parvint à perdre 22 kilos en un an grâce à un régime pauvre en hydrates de carbone (c'est-à-dire en féculents). Il en fut si content qu'il publia à ses propres frais une plaquette destinée à un large public et intitulé : *Letter on corpulence* (1863). Ce premier régime amaigrissant se popularisa rapidement – au point que le mot « *bantingism* » passa dans le vocabulaire courant – tout en se heurtant au scepticisme de certains. À l'époque, les médecins estimaient que l'amaigrissement, en particulier chez les femmes, pouvait mener à une affection nerveuse très commune appelée neurasthénie. Le neurologue américain Silas Weir Mitchell (1829-1914), le plus célèbre spécialiste de son temps de ce type de maladie, préconisait d'ailleurs les cures de calme et d'engraissement. Son livre *Fat and blood, and how to make them* (1877) fit un tabac et fut traduit et réédité à plusieurs reprises ; la neuvième et dernière édition parut en 1905. À ce moment, l'intérêt du corps médical et du public pour les cures d'engraissement avait disparu.

Vers la fin du XIXe siècle, on constate un intérêt croissant pour la silhouette et, en parallèle, un rejet croissant de la corpulence. Pour les hommes, c'est surtout la santé qui est utilisée comme argument. Un argument que l'on tire de la théorie évolutionniste du « *survival of the fittest* » : l'avenir ne sera pas servi par des gros et des mous. Pour les femmes, un nouvel idéal de beauté s'impose petit à petit, d'abord exclusivement dans les classes supérieures. L'argument médical y joue un rôle, mais aussi l'esthétique d'élégance féminine. Bien qu'une certaine corpulence reste encore la norme pour un temps, l'idéal moderne de la minceur perce aux alentours de 1900. L'histoire des canons de beauté féminins ne se réduit toutefois pas à une chronique de l'esthétique humaine. La situation d'infériorité de pouvoir que la femme vit depuis des siècles dans une société masculine et ses efforts pour s'en défendre se perçoivent aussi dans les canons de beauté successifs. La société occidentale idéalise à partir du XVe siècle trois types de figures féminines. La première est celle de la reproduction, clairement corpulente, en particulier au niveau du ventre, signe de fertilité. Dans le courant du XVIIe siècle, une figure maternelle, entraînant une accentuation de la poitrine et des cuisses, passe à l'avant-plan. À la fin du XIXe siècle, enfin, il se produit un changement frappant, dont on retrouve encore toutes les caractéristiques aujourd'hui. Alors que les hommes continuent le plus souvent à préférer la figure maternelle – surtout en ce qui concerne les seins –, les femmes imposent leur propre image de la beauté, libérée de la mise en exergue symbolique de la fertilité et de la maternité.

À l'aide d'un corset, les femmes se façonnent une « taille de guêpe », autrement dit une silhouette de sablier. À mesure que se développent le port et le commerce du corset, le corps médical avertit de plus en plus clairement contre les dangers de cette habitude néfaste. Le mouvement féministe naissant a lui aussi du mal avec cet usage et le diktat changeant des modes vestimentaires, qui sévit précisément dans les cercles bourgeois dont sont issues ses premières représentantes. Lorsque s'accroît la demande d'exercices physiques, les femmes revendiquent le droit de faire du sport. Une fois admises dans ce territoire masculin, elles tombent également sous le charme de la compétition. Contrôle du corps, compétitivité et performance deviennent les nouveaux éléments de l'aspiration bourgeoise à la beauté. Journaux et revues présentent les modèles et font la publicité des moyens qui permettent d'atteindre l'objectif visé. Le modelage du corps repose essentiellement sur l'observation, la comparaison et la correction. Dans les habitations bourgeoises du XIXe siècle, le miroir passe du statut de pur ornement à celui d'élément indispensable. Il joue le rôle d'arbitre et de témoin silencieux, avec lequel la femme dialogue sous l'emprise du charme ou de la terreur. L'avènement de la photographie accroît encore l'exigence de précision et de correction, car l'appareil fixe sans pitié le moindre défaut physique.

Dans *A system of medicine* (1905), Thomas Clifford Allbutt, professeur de médecine à l'Université de Cambridge, constate que les jeunes filles du début XXe sont obsédées par la minceur : « Dès que leur taille s'épaissit, beaucoup de jeunes filles paniquent à l'idée de devenir grosses et non seulement réduisent leur ration alimentaire mais avalent aussi du vinaigre et d'autres prétendus antidotes du surpoids. » Il faudra encore quelques décennies pour que les médias commencent à s'intéresser à la mode de la minceur et à ses excès potentiels. Un journaliste américain du *Saturday Evening Post* note vers 1912 que le monde est désormais divisé en deux catégories : les gros qui essaient de maigrir et les maigres qui veulent grossir. Lorsqu'il aborde le même problème en 1927, il constate un changement radical : être gros est tout à fait passé de mode, on est à l'ère de l'amincissement à tout prix, surtout chez les femmes. Une analyse des photos de femmes de l'époque et des illustrations de mode des magazines féminins montre une augmentation frappante des silhouettes élancées ainsi qu'une multiplication des articles sur l'obésité. Dans les années 1920, l'idéal de la femme filiforme remplace le modèle sablier (taille fine mettant en valeur des hanches et une poitrine généreuses). Les statistiques des universités américaines trahissent l'effet de la nouvelle mode chez les étudiantes : leur poids moyen diminue !

Jusqu'à la seconde moitié du XIXe siècle, le succès était encore incarné par la corpulence et l'échec, par la maigreur : vers 1900, cet équilibre se modifie, pour s'inverser totalement cinquante ans plus tard. Dans les magazines féminins populaires du siècle dernier, le nombre d'articles consacrés aux régimes et à la minceur augmente progressivement : de façon limitée dans la période 1930-1940, beaucoup plus clairement après 1950, plus nettement encore à partir de 1970 et de manière spectaculaire à partir de 1980. Au cours des dernières décennies du XXe siècle, la femme « idéale » devient plus grande et plus mince, alors que la femme « ordinaire » de moins de trente ans est plus lourde que ses homologues des années 50. Ce fossé croissant entre désir et réalité, encore accentué par la publicité et les médias, est habilement exploité par l'industrie du régime du type Weight Watchers & Weight Controllers. Des enquêtes à grande échelle ont depuis démontré l'ampleur et les excès de cette obsession de minceur, de plus en plus souvent associée à la diffusion épidémique et culturelle d'un trouble « à la mode » : l'anorexie mentale et ses variantes.

L'ANOREXIE : ENTRE MÉDECINE ET MODE

L'impératrice Élisabeth d'Autriche (1837-1898), plus connue sous le nom de « Sisi », fut une icône de beauté, célèbre pour la finesse de sa taille. Avec son 1,72 m, elle était particulièrement grande pour l'époque mais ne dépassa jamais les 50 kg : les proportions idéales d'un mannequin moderne... Elle suivait un régime hypocalorique et pratiquait avec fanatisme le sport et la gymnastique. Son obsession de la beauté se voit aussi dans sa collection de photos personnelles, qui comprenait de nombreux clichés de ballerines ! Sisi démontra que les cures de jeûne sévères et une culture physique spartiate rendaient superflu le port du corset. L'idéal de minceur moderne en tant que phénomène de mode était né... à une époque qui voyait aussi apparaître une maladie particulière et intrigante : l'anorexie nerveuse. Mais le jeûne et la maigreur ont une histoire bien plus ancienne.

Le jeûne extrême a pendant des siècles compté parmi les pratiques ascétiques des chrétiens les plus pieux. À la fin du Moyen Âge, il était même l'une des formes de pénitence, que de nombreuses religieuses s'imposaient dans le but de partager la souffrance du Christ. L'Église catholique romaine encouragea longtemps ces pratiques en reconnaissant de nombreux « saints de carême ». À partir des temps modernes, le jeûne extrême prit une forme plus sécularisée à travers le phénomène des « filles miraculeuses ». Au début, on vit dans ces cas de privation de nourriture un signe de la présence de Dieu sur terre. Puis, peu à peu, des médecins se mirent à y chercher des causes naturelles. Ces « grévistes de la faim » semblaient littéralement vivre de l'air du temps. Souvent, ils offraient aussi une forme de divertissement ; on venait de loin pour les observer. Cela procurait quelques bénéfices à la famille et au village ! Les sceptiques pensaient même que cette recherche de profit était la motivation réelle du phénomène. On engagea des médecins pour examiner les « filles miraculeuses », qui furent ainsi de plus en plus souvent démasquées. Plutôt qu'un phénomène miraculeux, le corps médical voyait souvent en elles une forme pathologique de duperie et d'exhibitionnisme qui faisait fort penser à l'hystérie.

Le refus de nourriture et l'amaigrissement étaient connus depuis plusieurs siècles comme symptômes d'affections comme l'hystérie, la manie, la mélancolie, l'hypocondrie et la chlorose ou anémie. La plus redoutée de ces maladies était toutefois la tuberculose ou phtisie, dont l'issue était souvent mortelle. Le médecin britannique Richard Morton (1637-1698) fut un jour consulté pour une jeune fille de dix-huit ans qui mangeait mal, maigrissait à vue d'œil, n'avait plus de menstruations et souffrait d'évanouissements récurrents. Lorsqu'il examina son corps décharné, il resta stupéfait de ne trouver aucune cause physique à la maladie. Il prescrivit divers médicaments, mais la jeune fille refusa de les prendre et mourut. Le cas fit forte impression sur Morton, qui entama son célèbre ouvrage sur la tuberculose, *Phthisiologia* (1689), par la description d'une variante particulière mais rare, la phtisie nerveuse, ou *nervous consumption*, une forme d'amaigrissement découlant d'une excitation émotionnelle.

La description de Morton tomba rapidement aux oubliettes et il fallut atteindre la seconde moitié du XIXe siècle pour que le refus de s'alimenter conquière à nouveau une place dans la pathologie. Le clinicien parisien Ernest-Charles Lasègue (1816-1883) et le médecin londonien William Withey Gull (1816-1890) décrivirent la maladie chacun de leur côté. En 1873, le Français publia son article sur l'anorexie hystérique et, l'année suivante, la contribution de Gull parut sous le titre d'« *anorexia nervosa* », une toute nouvelle appellation. Les deux descriptions comprennent une série de critères encore utilisés aujourd'hui. D'abord, la maladie survient principalement chez les filles ou les jeunes femmes (surtout entre 15 et 20 ans). Sur le plan physique, on constate un fort amaigrissement découlant d'une réduction drastique de l'alimentation. Le besoin de mouvement est frappant, ainsi que l'absence de conscience de la maladie et, quelquefois, une résistance acharnée au traitement. Enfin, on ne trouve aucune cause physique aux symptômes. Notons que, bizarrement, les publications de Gull et de Lasègue ne font aucune référence au désir de maigrir ou à la peur de grossir.

Il ne faudrait pourtant pas longtemps avant qu'un lien soit établi entre l'anorexie mentale et l'évolution de la culture corporelle, et que cette affection soit peu à peu reconnue comme la caricature norbide de la peur de la corpulence. Dans un manuel influent sur es névroses, paru en 1883, Henri Huchard (1844-1910) désigne omme cause «un état mental particulier sur lequel il est impor-ant d'insister: quelques hystériques craignent d'avoir un embon-oint exagéré». Mais c'est surtout le neurologue Jean-Martin Char-ot (1825-1893) qui attire l'attention sur la peur de prendre du oids. Après avoir constaté qu'une patiente portait à la ceinture un uban serré dont la longueur représentait le tour de taille qu'elle 'interdisait de dépasser, il cherche chez tous les patients maigres a présence éventuelle d'un tel ruban! Il n'empêche que, pendant ongtemps, la maladie resta rarement diagnostiquée et souvent égligée.

)ans *L'Hygiène de la beauté* (1924), le médecin français Ernest Aonin ne peut s'empêcher de «protester contre cette mode fémi-ine absurde d'atrophie, recherchée actuellement sous le prétexte le réaliser l'élégance d'une silhouette élancée. Les gravures de node suggestionnent, aujourd'hui, sans cesse, jeunes filles et eunes femmes, dans le sens de la diaphanéité et de la minceur: ni eins, ni hanches, ni mollets ne se portent plus! Pour obéir à la node, elles adoptent, alors, des régimes de famine et des médi-ations déplorables, qui leur enlèvent, peu à peu, graisse, muscles, obustesse et résistance». Morris Fishbein, qui fut longtemps édacteur en chef du *Journal of the American Medical Association* JAMA), consacre dans son ouvrage *The new medical follies* (1927) un chapitre au «culte de la beauté», où il attaque les chirurgiens plastiques. Dans le chapitre suivant, qui traite de la «folie de la réduction», on peut lire: «Il semble effectivement que les Américaines soient en proie à une véritable rage de l'amaigrissement, qui a dépassé les limites de la normalité, et pousse les femmes et les jeunes filles à une sorte d'automutilation ne pouvant s'expliquer que par les caprices de la mode populaire.» Mais ni Monin ni Fishbein ne font alors allusion à l'anorexie mentale, même si leurs avertissements sonnent bien familiers à l'oreille, un siècle plus tard.

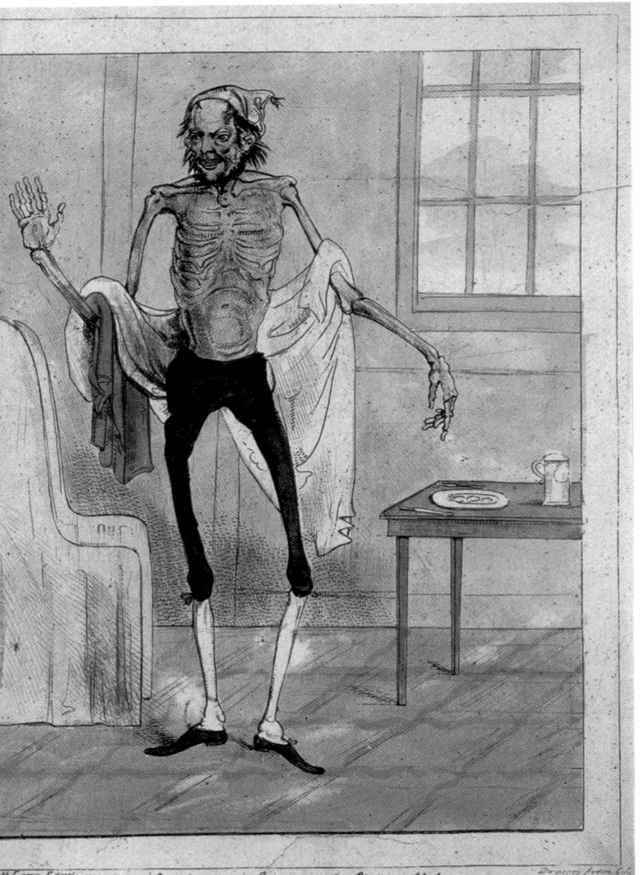

George Cruikshank, Claude Ambroise Seurat, a man weighing 77lbs and known as the 'Human Skeleton', stippelgravure, 1825. Wellcome Library, Londen

BILAN

Une histoire du corps et de la minceur «envers et contre tout» nous place inévitablement face à un miroir socioculturel. De nos jours, on est jugé sur son apparence, tant en termes de beauté que de personnalité, de santé ou de rentabilité. C'est là la norme la plus visible que la société occidentale impose. Bien d'autres normes et attentes peuvent être camouflées ou confinées au domaine strictement privé. Mais pas moyen d'échapper à la lutte pour le poids idéal : elle se mène en public, les campagnes publicitaires et autres opérations médiatiques la rappellent sans cesse à notre souvenir. Industrie du régime, mode du fitness et chirurgie esthétique sont les représentantes de notre culture corporelle. Nous façonnons notre corps afin qu'il exprime ce que nous sommes. Ou plus exactement: qui nous voulons être aux yeux des autres. Notre corps raconte non seulement une biographie personnelle mais aussi une histoire sociale. Nous devons donc apprendre à «lire» chaque corps: des soins de beauté et des ornements aux cicatrices de toutes sortes, il porte une série de messages qu'il nous faut décoder. Les femmes atteintes de désordres alimentaires incarnent semble-t-il un récit presque archétypique: c'est notre société qui se reflète dans leur miroir, tandis que l'équilibre homme-femme se pèse sur leur balance. Mais il y a plus à voir, dans le miroir des troubles alimentaires, que l'image de femmes problématisées. Tout cela n'est-il pas aussi lié à l'«insoutenable légèreté» de l'existence: la vie de beaucoup semble si vide que leur enveloppe est finalement ce qui pèse le plus. Autrement dit: l'apparence – minceur ou corpulence – a souvent plus à cacher qu'à exprimer!

Bibliographie

Bray, G.A., *Historical framework for the development of ideas about obesity*, in: G.A. Bray, C. Bouchard & W.P.T. James (red.), *Handbook of obesity*, New York, Marcel Dekker, 1998.

Feixas, J., *Tour de taille. La petite histoire de l'embonpoint*, Genève, Éditions Liber, 1996.

Gilman, S.L., *Diets and dieting. A cultural encyclopedia*, London-New York, Routledge, 2007.

Gilman, S.L., *Fat. A cultural history of obesity*, Cambridge, Polity Press, 2008.

Ky, T., Didou-Manent, M. & Robert, H., *Mince ou grosse. Histoire du corps idéal*, Paris, Éditions Perrin, 1996.

Stearns, P.N., *Fat history. Bodies and beauty in the modern West*, New York, New York University Press, 1997.

Vandereycken, W. & van Deth, R., *From fasting saints to anorexic girls. The history of self-starvation*, London-New York, Athlone Press-New York University Press, 1994.

Van Deth, R., *Geschiedenis*, in: W. Vandereycken & G. Noordenbos (red.), *Handboek eetstoornissen*, Utrecht, De Tijdstroom, 2008.

Vigarello, G., *Les métamorphoses du gras. Histoire de l'obésité*, Paris, Seuil, 2010.

MYRIAM VERVAET

LE CORPS 'IDÉAL' COMME CUIRASSE CONTRE LE DÉSORDRE MENTAL

Flash-back sur trente ans de troubles de l'alimentation

J'avais quatorze ans. C'était en 1970 et, comme j'ai grandi dans un village, Mai 68 venait à peine d'arriver jusqu'à nous. Mon comportement anarchiste se limitait à contourner l'obligation de l'uniforme scolaire et à trafiquer quelques friandises à l'internat, à la demande de mes compagnes de classe. Habitant juste en face de l'école, j'étais chargée de soigner les souris du laboratoire pendant le week-end. C'est là que le virus de la recherche dut me contaminer. Je soumettais les petits rongeurs à divers régimes et observais leur éventuel changement de poids. Hélas, mes expériences n'étaient ni très éthiques ni très systématiques. Le nombre de souris chuta dramatiquement, tant et si bien que le professeur de chimie mit un terme à mes travaux de pionnière.

La vie se poursuivit, entre danses populaires, parties de marelle, tournois d'éloquence et patins à roulettes. Drogues, tabac, alcool, régimes, rien de tout cela ne faisait partie de notre quotidien. Chaque jour, de longs rangs de filles en uniforme gris se rendaient au cours de math et de latin... sans souci.

Jusqu'à ce que l'école soit secouée par la nouvelle d'une maladie étonnante qui avait touché deux élèves de rhéto. À peu près au même moment, elles avaient maigri très rapidement, au point de ressembler à présent à des squelettes déambulant dans la cour de récréation. Ces deux filles étaient à tour de rôle premières de classe mais, pour le reste, elles ne sortaient pas de l'ordinaire. Elles n'avaient jamais posé problème ni chez elles ni à l'école. Elles disparurent de l'établissement, le bruit courut qu'elles souffraient d'un problème d'hypophyse. L'agitation retomba, mais je me posais toutes sortes de questions. Deux filles de la même classe, une maladie du cerveau : était-elle donc contagieuse ? Pourquoi avaient-elles aussi perdu l'éclat de leur regard ? Pourquoi justement les deux filles les plus intelligentes ? Être intelligent était-il donc dangereux ?

Mes questions restèrent sans réponse, mais mon attention fut bientôt détournée par le choix des études que j'allais faire, le combat pour aller en vivre en « kot » et le souhait d'étudier à l'Université de Gand (et surtout pas Louvain, comme étaient censées le faire les filles des bons pensionnats). Finalement, je me décidai pour la psychologie. C'était en 1974. Mon père regretta mon choix au plus haut point car ce n'était pas une « branche sérieuse ». Le curé de l'endroit ne cessait de fustiger les « professeurs sans Dieu ». La titulaire de classe estima (par conséquent) que ce n'était pas l'orientation qu'il me fallait. Mais plus l'opposition était forte, plus j'étais résolue. Preuve de rébellion ou d'intuition ?

Entre 1974 et 1979, ma formation se fit au sein d'un climat scientifique qui nous incitait à dévorer avidement les principes de l'antipsychiatrie ; toute idée de fondement génétique de la personnalité y était descendue en flammes et l'éducation libertaire était portée aux nues. Tout cela sur fond de vie estudiantine jalonnée de parties de cartes et d'échanges de considérations philosophiques jusqu'aux petites heures, au Studio Skoop. Entre-temps, nous manifestions pour la démocratisation et la libéralisation jusqu'à ce que la foire annuelle débute sur la place Saint-Pierre. À ce moment, je savais, comme tous les étudiants, qu'en fait, il était déjà trop tard...

Ce qui avait commencé comme un choix audacieux se termina, après cinq ans, par une fascination particulière pour la psychologie. Non seulement j'étais de plus en plus séduite, mais cette discipline elle-même était en plein essor. Tant socialement que scientifiquement, la psychologie commençait à s'émanciper de la philosophie. Même si Freud et Lacan restaient mes maîtres, je me passionnais pour les études expérimentales menées dans le cadre théorique : les souris étaient de retour ! Lors de mon dernier examen, on me proposa de rester à l'université. Je pris cette proposition comme un cadeau du ciel et acceptai de devenir l'assistante du professeur Evrard. Il appartenait à cette génération d'enseignants qui n'auraient jamais songé à vous tutoyer où à faire montre d'une quelconque familiarité. Ce qu'il nous inspirait, c'était un grand respect pour son bagage intellectuel et, lorsqu'il se plongeait dans de profondes réflexions sur la schizophrénie, le silence. La pression du travail n'était jamais trop forte : les stimulants à chercher, dans ce domaine particulièrement riche en troubles et en problèmes, un fonctionnement humain de qualité étaient bien trop nombreux.

C'est dans ce climat que je reçus mon tout premier patient atteint d'anorexie nerveuse. Sans expérience ni connaissance, mais supervisée par mon chef de service, j'entamai (sans m'en rendre compte sur le moment) une étude et un travail clinique de plusieurs années dans le domaine des troubles de l'alimentation. Cette patiente était une jeune femme de vingt-deux ans qui s'identifiait totalement à Vicky Leandros, une chanteuse connue de l'époque. Elle pesait 35 kg, s'affamait et était prise de fringales quotidiennes qu'elle compensait en vomissant. Intelligente, douée d'une grande capacité introspective, elle me laissa entrer dans son passionnant mais intrigant monde intérieur. J'ignorais totalement ce que représentait la psychothérapie : si je savais effectuer des analyses psychologiques, je ne disposais pas de l'expertise nécessaire pour modifier son comportement. Elle n'avait jamais été traitée et je n'avais jamais traité. Mais elle continua à venir, semaine après semaine.

Nous étions en 1982. Il me fallait à tout prix apprendre à comprendre cette pensée perturbée. Pas de livres, pas d'articles... Un seul spécialiste en Flandre, le professeur Walter Vandereycken, à Kortenberg. Il m'introduisit dans la clinique des troubles alimentaires. Je suivis des formations, une thérapie systémique et comportementale, me plongeai dans la lecture... J'appris ainsi qu'à travers l'histoire, les gens qui refusaient de s'alimenter avaient toujours exercé une étrange fascination sur les autres. Non seulement manger répond à un besoin primaire mais, pendant des siècles, la grande masse des gens a souffert de famine. La négation volontaire de ce besoin biologique alors que l'on dispose de la nourriture suffisante suscite donc toujours un grand étonnement. Il est également évident que, dans le passé, on considérait l'anorexie nerveuse comme quelque chose de divin, d'élevé, de surnaturel. En même temps, elle avait pour beaucoup un côté inquiétant, peut-être lié à la sorcellerie. Cette signification surnaturelle se transorma plus tard en attraction. En 1924, un écrivain de la carrure de Franz Kafka l'illustre magnifiquement dans *L'Artiste de la faim*, qui raconte l'histoire d'un homme se faisant enfermer dans une age sans manger. On a juste le droit d'humidifier ses lèvres et il loit tenir ainsi quarante jours. Au début, les gens viennent le voir omme une attraction de foire mais ils s'en désintéressent peu à eu. Finalement, il meurt dans sa cage. Il s'agit d'un récit remarquable, d'autant qu'il dresse pour une fois la description (un autoportrait !) d'un homme qui se laisse mourir de faim. Jusque-là, ce omportement était en effet décrit uniquement chez de jeunes emmes. Le caractère étrange de ce phénomène prit une autre signification chez Sisi, impératrice d'Autriche, à la fin du XIXe siècle. Chez elle, la diète et le sport furent plutôt considérés comme les signes d'émancipation, même si l'on sait qu'elle montrait, avant d'être assassinée, des tendances dépressives et suicidaires.

'est à la psychanalyse que l'on doit les premières études systématiques visant à expliquer le phénomène. L'anorexie nerveuse sera lésormais interprétée comme un état psychopathologique à caractère hystérique (la propre fille de Freud souffrait d'anorexie nerveuse) et l'on conçoit surtout ses symptômes comme un refus de exualité et de maturité. L'étude se limite au phénomène de l'anorexie nerveuse, les autres troubles de l'alimentation n'étant guère ou pas pris en compte.

'idée de jeûner dans une cage est à nouveau utilisée en 1978 orsque Hilde Bruch publie *Unlocking the golden cage*. L'ouvrage devient un best-seller, si bien que le trouble anorexique, jusque-là peu connu, atteint le grand public. Cette psychiatre observe le phénomène dans la perspective des mères. Bien que la psychanalyse ait livré un travail exploratoire et extrait le phénomène de l'anorexie nerveuse du carcan de la morale, il était scientifiquement novateur d'aborder la « maladie mentale » non pas comme un trouble à l'intérieur de l'individu, mais d'élargir cette vision au contexte de la famille et des interactions entre individus. Minuchin et Selvini Palazolla, thérapeutes systémiques, franchissent un pas supplémentaire en parlant de « famille anorexique ». Bien que mettant l'accent sur la façon dont les interactions propres à une famille entretiennent le trouble, cette hypothèse est souvent comprise comme un modèle de causalité. De ce fait, la cause du trouble est souvent cherchée, parmi les non-initiés, chez les mères. Avec bien entendu des conséquences très négatives. Les filles voient le fait de ne pas s'alimenter comme une solution et les mères, qui ont précisément l'alimentation pour tâche principale, se sentent en défaut, coupables. Cela creuse indéniablement un profond fossé entre la prise en charge médicale et les patients. Ce dernier estime qu'il n'est pas malade et n'a donc pas besoin d'aide. La mère fournit plus d'efforts encore afin de trouver elle-même la solution.

'est dans cette impasse que la thérapie comportementale fait son entrée dans l'étude des troubles alimentaires. Fondée sur la théorie de l'apprentissage et de la recherche expérimentale, cette discipline cherche la façon dont s'acquiert un comportement. Elle tente notamment de résoudre des questions comme : par quoi un comportement est-il déclenché et pourquoi se répète-t-il ? Elle part du principe qu'un comportement « perturbé » (dysfonctionnel) est lié aux mêmes lois d'apprentissage qu'un comportement « sain » (fonctionnel).

Grâce à une classification précise, la recherche psychiatrique gagne en objectivité et en systématisme. Au-delà de l'anorexie nerveuse, on identifie également la boulimie nerveuse comme trouble alimentaire (Russell, 1979). Un groupe plus large de troubles de l'alimentation est en outre défini. Le comportement symptomatique, en l'occurrence le comportement alimentaire dysfonctionnel, est étudié dans le cadre d'un syndrome défini par une relation perturbée avec la famille et la société en tant qu'influences contextuelles.

À travers ces théories des années 1980, je souhaitais comprendre pourquoi une jeune femme intelligente, sans antécédents psychiatriques, choisissait de s'affamer. Cette volonté n'est ni motivée par le désir de mourir, ni fondée sur un manque de goût pour la vie, ni encore destinée à bluffer les autres ou à attirer l'attention. Elle est en revanche nourrie par le désir d'atteindre la plus haute forme d'autodiscipline, de « se distinguer », de ne pas céder à ses besoins et désirs quotidiens... Chez pratiquement toutes les filles anorexiques, ce souhait n'est induit ni par Dieu, ni par les parents, ni par l'école ou les amis. La seule à l'exiger, c'est la jeune fille elle-même. Cet ascétisme et ce perfectionnisme semblent réussir chez certaines (anorexie nerveuse restrictive), tandis d'autres sont submergées par les sentiments de culpabilité quand elles n'y arrivent pas (formes boulimiques des troubles alimentaires).

Yvonne Thein, **Zonder titel, nr. 13 (32 kg)**,
c-print op alu-dibond, 2006-2008. Courtesy Galerie Voss, Düsseldorf

Nous voici en 2010. Deux doctorats, plusieurs ouvrages et bien des articles témoignent de ma recherche ininterrompue. Mais, surtout, j'ai énormément appris au contact des plus de deux mille patients que j'ai traités au fil des années. L'expertise est une condition *sine qua non* et les interventions psychologiques, combinées ou non avec la prescription de remèdes psycho-pharmaceutiques, doivent être sous-tendues par une formation professionnelle. Tout évident que cela puisse paraître, ce n'est toujours pas le cas en Belgique aujourd'hui. Trop de patients perdent un temps précieux en consultant des pseudo-thérapeutes ou en suivant des traitements unilatéraux, dirigés sur le seul comportement alimentaire, ce qui ne fait que rendre la maladie plus résistante. Cette situation peu brillante est encore aggravée par le fait que l'État ne reconnaît pas encore l'expertise psychothérapeutique, si bien que les patients ne sont pas remboursés pour les soins donnés par des spécialistes pourtant de formation universitaire. Résultat, pour une affection à taux de mortalité et de morbidité physique élevés, touchant surtout des jeunes filles, les frais d'un traitement de plusieurs années doivent être en grande partie supportés par la famille elle-même.

L'expertise est indispensable, mais certainement pas suffisante. Pour poursuivre avec l'idée d'« enfermement », j'ai autrefois décrit les troubles alimentaires comme un « enfer sécurisant ». De peur de ne pas être « assez bien », ces filles se retirent du monde menaçant des attentes et du jugement dans un autre, où elles déterminent elles-mêmes les règles à suivre. Ce monde leur paraît sûr, elles se cramponnent obstinément à ces règles mais, hélas, ce refuge entraîne aussi leur déchéance physique, psychologique et sociale. En quête de perfection, elles échouent sur une plage isolée où la communication avec le monde extérieur est totalement coupée. On interprète leur comportement comme un caprice lié à la mode, un désir pubertaire superficiel de minceur, car c'est la seule chose qui semble les préoccuper et sur laquelle elles communiquent. Ces jeunes filles elles-mêmes sont souvent convaincues que c'est cela qu'elles veulent. À ce stade, elles sont elles-mêmes aliénées de leur motivation première à tomber malades et à s'éteindre : éviter de recevoir, dans le jugement des autres, la mention « insuffisant ». On le conçoit aisément, dans un monde où il est de « bon ton » de s'exprimer de manière très négative sur autrui, de poser des jugements péremptoires, de classer promptement quelqu'un dans la catégorie des héros ou des losers, dans un monde où l'on nourrit à l'égard des enfants des attentes de performances élevées et où l'activité commerciale leur est présentée comme le moyen le plus sûr d'atteindre ces symboles de statut, on conçoit aisément que, dans un tel monde, l'angoisse de « ne pas être jugé assez bien » aille croissant.

Il est donc indispensable, en tant que thérapeute, de commencer par nouer avec le patient une relation de confiance, grâce à laquelle on sera admis dans le cocon qu'il a tissé autour de lui. Cette confiance ne se gagne pas sans effort, elle nécessite d'établir calmement le contact et la communication et, le cas échéant, de les rétablir. Cela demande de l'engagement, de la patience et de l'ouverture. Des attitudes qui ne s'achètent pas, mais que l'on développe, jour après jour, année après année…

On n'apprend pas à vivre grâce à une liste de dix « astuces ».

PIETER BONTE

LE CORPS FANTASTIQUE

A propos de l'homme qui fabrique son propre corps : sa dignite, sa folie

Donne-nous le calme
d'accepter ce qui ne peut être changé,
le courage de changer ce qui peut l'être,
et la sagesse de savoir distinguer les deux
Prière sur le calme (origine inconnue)

Je voudrais offrir dans cet article une synthèse claire et concise d'une question morale importante : l'importance que nous accordons à une vie *naturelle* et *authentique*. Ces adjectifs sont souvent utilisés comme critères permettant de décider si un comportement déviant est pathologique ou moralement répréhensible. L'idée selon laquelle l'anorexie serait un style de vie positif et librement choisi – ainsi que l'imaginent les adeptes du mouvement « pro-ana » – est souvent contestée sur base du caractère *contre-nature* du comportement et de l'*inauthenticité* de l'idée. Les moines qui se mortifient, par contre, sont élevés à l'état de sainteté – leur comportement présente tout à coup un caractère *surnaturel* et une *authenticité* supérieure. Ils suivent en effet une règle purement spirituelle et divine, ils se sont libérés des contraintes naturelles, terrestres. Le « naturel » joue donc double jeu : d'un côté il représente l'idéal suprême, de l'autre le pire des maux. Pour atteindre le cœur de la question et éclaircir les choses, j'élargirai mon point de vue à une question fondamentale : avons-nous le droit de transformer radicalement notre corps et notre esprit ? Et si oui, de quelle manière, et jusqu'où est-il permis d'aller ? Autrement dit : quels sont les moyens interdits, les corps interdits ? Ces questions se font sans cesse plus pressantes à une époque où l'on voit se multiplier les moyens permettant d'intervenir directement sur notre corps afin de nous « améliorer » nous-mêmes.

L'ESSOR DE LA MEDECINE DE L'AMELIORATION ET L'EPUISEMENT DU ROMANTISME NATUREL

Notre corps peut dès aujourd'hui faire l'objet de divers bricolages, du cerveau aux orteils. Ceux que la nature n'a pas gâtés sont de moins en moins tenus de rester dans leur moule biologique. En rassemblant votre courage (et de l'argent), vous pouvez améliorer votre sort – votre corps. Une « médecine de l'amélioration » multiforme s'impose peu à peu dans notre culture : chirurgie esthétique pour un physique plus beau et plus harmonieux, produits dopants pour plus d'agilité et de puissance, médicaments ou implants électroniques pour une vie sentimentale meilleure et des pensées plus positives, et, finalement, amélioration des éléments les plus intimes de notre existence : celle de nos gènes ou « eugénisme ».

Cet essor de la médecine de l'amélioration se heurte à de nombreuses résistances. On lui adresse deux reproches fondamentaux : être totalement contre-nature et résulter d'une fausse idée de la perfection. L'un des pères spirituels de ce courant de pensée « naturelle » fut Jean-Jacques Rousseau, philosophe du XVIIIe siècle et précurseur du romantisme. « L'homme est né libre, et partout il est dans les fers. » Voilà qui résume bien son programme : nous devons nous libérer de toute pression extérieure, de manière à nous épanouir en fonction de notre nature – c'est notre droit inné. Il y a là une intuition puissante, qui révèle clairement de quoi dépend une bonne vie : être naturel, authentiquement soi-même.

Mais il se passe parfois de drôles de choses quand on approfondit les intuitions morales. Pour qui a une idée claire de l'origine et du fonctionnement de la nature humaine, le « raisonnement en cascade » suivant semble inévitable. Partant du credo de Rousseau, on en arrive, au terme d'une progression en six étapes, à une notion approfondie, dont l'ironie du sort veut qu'elle soit diamétralement opposée à la position de départ de la « bonne nature ».

(1) Premièrement : il n'y a pas pression plus forte que celle que la nature exerce sur nous. En effet, le moule biologique fixe à l'avance toutes les valeurs initiales et maximales de l'existence. Vous pouvez certes les exploiter de manière créative grâce à votre propre volonté et à l'influence des autres. Mais quel que soit votre désir de vous refaçonner par ce biais, nombre de frontières biologiques sont aussi lourdes que le plomb et ne peuvent être déplacées, en dépit de toute votre envie ou de tous vos efforts. Voulons-nous conserver ces frontières biologiques ? L'homme est-il bien dans sa peau ? À quel point est-il « réussi » ? Assez pour pouvoir survivre et se civiliser dans une certaine mesure ; mais, pour le reste, un tas de choses tournent de travers chez nous.

(2) Les processus évolutionnaires dont a émergé l'*homo sapiens* voici quelque 250 000 ans sont en soi le produit sans but ni signification d'une mutation génétique aveugle et d'une sélection naturelle impitoyable – pas précisément le genre de récit fondateur moral auquel on aime se raccrocher.

(3) De plus, chaque naissance individuelle est le résultat d'un nouveau tour de « roulette reproductive » : c'est le pur hasard qui décide de l'ovule qui sera fécondé et bien des choses peuvent déraper au cours du processus de conception.

(4) Voyez l'injustice flagrante avec laquelle la nature distribue ses bienfaits aux hommes. Suite aux processus évolutionnaires déjà évoqués, l'un est doué de talents exceptionnels tandis que l'autre ploie sous toutes sortes de défauts physiques, et beaucoup sont incapables de dépasser la moyenne. Bien que l'on n'y puisse pas grand-chose (et que souvent, il vaille mieux s'y rendre), cela n'en reste pas moins une injustice criante.[i]

(5) Nous voilà donc, résultat à demi réussis d'un passé absurde. Chacun de nous est une demi-réussite car, même si nous sommes un spécimen optimal d'*homo sapiens* sur terre – par exemple un exemplaire vitruvien, d'après le modèle de Léonard de Vinci –, il nous faut compter avec toutes sortes de fantaisies évolutionnaires inhérentes à notre système. D'une part, l'*homo sapiens* est par exemple contraint de vivre avec un dos douloureusement faible et un bassin ridiculement étroit, car c'est le maximum que les processus naturels, dans leur cécité, aient pu produire. D'autre part, le psychisme humain est criblé d'instincts qui nous entravent chaque jour dans nos efforts pour bâtir une vie plus digne, que ce soient notre attirance pour ce qui est gras ou sucré ou notre incorrigible tendance à la mesquinerie, au préjugé, à la lascivité ou à l'agressivité. Si ces instincts pré-moraux ont eu leur utilité dans un mondé régi par la disette et le *survival of the fittest*, ils sont aujourd'hui diamétralement opposés à la fois à notre société de bien-être et à notre idéal moral de civilisation. Et, nous l'avons dit, nous ne pouvons pas nous transformer totalement. Les interventions radicales sur notre corps sont interdites.

6) Le dernier point est d'une simplicité enfantine : supposez que nous puissions ignorer totalement cette réalité évolutionnaire et croire que l'homme est apparu sur terre selon des processus sensés, en être bon et heureux, en harmonie avec son environnement. Pourquoi cet homme déjà beau ne pourrait-il pas ennoblir encore son existence ?

En conclusion : les preuves sont écrasantes, la foi en une nature qui nous guiderait sur le plan moral semble à présent totalement démontée :

What we know from evolution, from Darwin's day on, is that the way we are is an interesting accident. And it tells us certain things about what will make us function well, but it doesn't tell us anything about the way we should be or what we should become or how we should decide to change ourselves. (Caplan, bio-éthicien)

Le credo de Rousseau semble dès lors apparaître sous un jour nouveau, plus pénétrant : L'homme est né libre, et partout, il est dans les fers sociaux *et biologiques*. Mais la bonne nouvelle est que tout cela n'est pas uniquement regrettable. Ce regard dégrisant sur notre nature nous insuffle aussi un nouvel espoir. Car ne serait-ce pas un cadeau du ciel si nous étions capables d'ôter grâce à la chirurgie toutes ces épines évolutionnaires ? Si nous pouvions faire en sorte que notre descendance ne soit plus le résultat d'une recombinaison arbitraire ? Si nous ne laissions plus distribuer nos talents par la tombola absurde de la nature, qui lèse tant et tant d'hommes aujourd'hui, pour développer en lieu et place une « politique d'égalité des chances naturelles » ?

On l'a vu, la dignité humaine semble précisément se situer là, dans le fait de devenir de véritables *self-made-men* aux plans individuel, familial et social. Un *homo faber sui* qui prend ses responsabilités et puise toujours plus profond en soi pour se recréer selon un modèle moral. Un homme qui obéit non plus aux lois de l'évolution mais à celles de la morale. Un homme qui se libère de la morale naturelle brutale de la survie du plus fort, où l'homme est un loup pour l'homme.

Ce nouveau parti pris moral paraît faire écho à un texte fondateur de l'humanisme, *De la dignité de l'homme*, courageusement écrit en 1486 par Pic de la Mirandole. Les Créateurs allégoriques de l'homme s'y adressent à lui en ces termes :

Si nous ne t'avons fait ni céleste ni terrestre, ni mortel ni immortel, c'est afin que, doté pour ainsi dire du pouvoir arbitral et honorifique de te modeler et de te façonner toi-même, tu te donnes la forme qui aurait eu ta préférence. Tu pourras dégénérer en formes inférieures, qui sont bestiales ; tu pourras, par décision de ton esprit, te régénérer en formes supérieures, qui sont divines.

À propos de l'image de l'homme évolutionnaire et d'une possible amélioration, le gérontologue Raymond Tallis reprend l'idée en ne laissant subsister aucun malentendu quant à ce qu'elle signifie pour notre image de nous-mêmes, notre « nature humaine » et notre aspiration morale à l'authenticité :

If, as I believe, the distinctive genius of humanity is to establish an identity which lies at an ever-increasing distance from our organic nature, we should rejoice in the expression of human possibility in ever-advancing technology. After all, the organic world is one in which life is nasty, brutish and short, and dominated by experiences which are inhumanly unpleasant. Human technology is less alien to us than nature [.]

Devant cette conclusion, Jean-Jacques Rousseau risque de se retourner dans sa tombe. En effet, ce développement ironique semble réduire à néant toute sa philosophie. Mais ne reste-il vraiment rien de la foi en une « bonne nature humaine » ? Si le débat fait rage, je constate hélas que beaucoup de penseurs de la nature continuent à s'accrocher aux expressions naïves dont la *basic science* fait son fonds de commerce. Pourtant, le naturel me semble encore jouer un rôle crucial en tant que fondement moral, même si c'est uniquement dans un sens strictement non biologique. En clair, uniquement si on désigne par là l'« authenticité ». Il y a donc encore quelque chose à sauver de l'ancien idéal de la nature. Les trois courtes explorations qui suivent devraient le prouver.

L'AMELIORATION HUMAINE COMME ENCHANTEMENT DE L'AME

Après les travaux de démolition que nous venons de mener, une question s'impose : si, comme le montrent Caplan, Tallis et d'autres, nous ne pouvons nous identifier à notre nature biologique, d'où découle donc notre identité ? Quelle est la « source profonde du moi » ? C'est là l'une des grandes questions de notre époque, qui a suscité nombre de publications ; par exemple, *Sources of the Self* de Charles Taylor, *Reasons and Persons* de Derek Parfit ou *The Mind's I* de Douglas Hofstadter et Daniel Dennett. Même si je limiterai ici essentiellement ma réponse à une chaude recommandation de ces ouvrages, je pense pouvoir ajouter un élément en attirant l'attention sur les étranges pratiques d'identification des penseurs (des affabulateurs ?) qui vivent dans l'attente que l'homme soit, dans un avenir proche, susceptible d'être décodé jusque dans ses moindres fibres. Je parle des « transhumanistes », un cabinet de curiosités philosophiques qui s'appliquent avec ardeur à obtenir leur reconnaissance en tant que mouvement sérieux mais seraient, suivant leurs plus violents détracteurs, plus à leur place dans une institution du type de celle du Dr Guislain.

Ces transhumanistes adhèrent sincèrement au raisonnement scientifique en cascade exposé ci-dessus mais, contrairement à l'homme de science moyen, ils associent l'image humaine à une évaluation extrêmement optimiste de la rapidité du progrès technologique. Selon eux, ce progrès va continuer à s'accélérer de façon *exponentielle* et nous vivons d'ores et déjà dans l'attente heureuse du moment, désormais proche, où l'on pourra remplacer ces corps d'*homo sapiens* façonnés de manière arbitraire par de nouvelles versions, sans cesse améliorées.

Cette conception entraîne chez eux une remarquable transformation de l'image personnelle. Ils se considèrent comme *« the future living in the past »* (c'est le credo du groupe Second Life[ii] de la World Transhumanist Association). Forts de ces convictions, ils conçoivent la vie en 2010 comme un moment de confusion qu'ils doivent nécessairement traverser « car le temps n'est pas encore venu », mais dont ils se *désidentifient* radicalement. Ils regardent de très haut leur propre corps, celui de l'inquiétante version « *homo sapiens* », souvent avec mépris et dégoût – comme un *« meat bag »* – un sac de viande insignifiant qui nous tire vers le bas et nous empêche de mener notre existence transhumaine, élevée.

Les extrêmes se rejoignent. Bien que les transhumanistes raisonnent sur une image de l'homme hautement matérialiste et manient également des moyens exclusivement et totalement matérialistes, leur idéologie s'apparente à celle d'une doctrine religieuse de la rédemption.

L'analogie ne se limite pas au mépris du corps. La description de ce qui constitue notre identité réelle correspond aussi en partie dans les deux cas. Lorsque les transhumanistes poussent plus loin l'extrapolation, ils parviennent à la conviction que la seule chose à laquelle nous puissions nous identifier réellement est notre activité cérébrale supérieure. S'il s'agit à la base d'un procédé biologique, il ne doit, selon eux, pas obligatoirement en être ainsi. Les plus radicaux (que l'on appelle souvent « singularistes ») sont persuadés que les processus de pensée sont abstraits dans la mesure où ils peuvent tourner non seulement sur un support biologique (le cerveau) mais aussi, et même incomparablement mieux, sur un support technologique. Cette conviction /ce pari est à prendre au sens tout à fait littéral : certains font congeler leur corps (ou, par manque d'argent, leur tête uniquement) dans l'espoir de ressusciter, le jour où la technologie sera en mesure de retraduire le contenu du cerveau.[3] Leur Graal à eux est la technique du *« mind uploadig »*. Si l'on peut transférer les pensées et les sensations (le « software ») du cerveau biologique (le « wetware ») sur des superordinateurs (votre nouveau corps, devenu « hardware »), l'on devient quasiment immortel et, sinon tout-puissant, du moins plupotent. Bref, on gagne en quelque sorte le statut d'ange.

Comment relier cela à la question de l'authenticité ? Qu'est-ce qui, dans cette conception transhumaniste de l'homme, représente notre « vrai moi » ? C'est l'âme immatérielle qui se loge dans notre activité cérébrale supérieure : réellement existante et démontrable, car un jour digitalisable. Entre-temps, en attendant la rédemption technologique, l'homme apparaît tel qu'il est encore aujourd'hui, c'est-à-dire une créature insignifiante chargée d'un héritage évolutionnaire, une construction biologique bâclée. Et l'on prie pour qu'un jour la technologie – cette œuvre humaine d'inspiration divine – l'en délivre.

On peut sourire de pas mal de représentants de l'idéologie transhumaniste, mais ceux qui recourent à leur « extrémisme de l'extrapolation » pour dénigrer l'entière problématique de la médecine de l'amélioration humaine sous prétexte qu'elle est irréaliste vont également trop loin. Ladite médecine est une question réelle, pressante, qui s'insinue peu à peu dans divers aspects de la vie quotidienne. Je m'arrêterai ici à deux aspects qui représentent de toute évidence des menaces pour l'idéal d'authenticité : d'une part, la possibilité de « cultiver » nos enfants ; de l'autre, l'individu qui redessine de son propre chef son corps et son esprit.

UN ENFANT REÇU OU FABRIQUE – UNE CONTRADICTION QUI N'EN EST PAS UNE ?

Même dans le domaine de la reproduction, la médecine de l'amélioration est en train de percer. Ainsi, l'emprise du diagnostic génétique préimplantatoire (PGD) sur les caractéristiques de l'enfant va en augmentant : on fabrique une série d'embryons, on examine leurs qualités, on sélectionne celui qui semble le meilleur (en fonction du bien-être de l'enfant, peut-on espérer), on l'implante chez la mère et un enfant « amélioré » voit le jour.[4]

Le PGD et les techniques d'amélioration reproductives apparentées débouchent sur le dilemme moral suivant :

The parent – in partnership with the IVF doctor or genetic counselor – becomes in some measure the master of the child's fate, in ways that are without precedent. This leads to the question of what it might mean for a child to live with a chosen genotype: he may feel grateful to his parents for having gone to such trouble to spare him the burden of various genetic defects; but he might also have to deal with the sense that he is not just a gift born of his parents' love but also, in some degree, a product of their will. (Conseil présidentiel de bioéthique des États-Unis)

En 2003, cette perspective de «l'enfant issu de la table de dessin» a incité un penseur influent comme Jürgen Habermas à la rédaction d'un ouvrage de protestation, intitulé *The Future of Human Nature*. Selon lui, les parents qui décident à quoi doivent ressembler leurs enfants les priveraient du sentiment d'authenticité, de la faculté d'être eux-mêmes. En effet, ces enfants porteraient jusqu'au cœur de leur identité le cachet indélébile des préférences de leurs auteurs : une intelligence élevée, des qualités athlétiques, un caractère aimable – des traits de personnalité qu'ils ne pourraient jamais s'approprier pleinement car ils continueraient à appartenir en partie aux autres, à ceux qui les ont consciemment introduits dans leur génome. Et cet état d'aliénation des parts les plus intimes d'eux-mêmes serait une façon dégradante, indigne, d'être en vie. Interdite donc, l'amélioration ciblée de la descendance, comme la loi belge le précise d'ailleurs depuis 2007.

Ce mode de pensée semble contraignant : l'amélioration reproductive est moralement inacceptable car elle s'oppose à l'authenticité de l'enfant. Elle doit donc à tout prix être interdite. Mais ce raisonnement, s'il se veut équilibré, doit surmonter deux grands écueils. (1) N'est-il pas logiquement intenable de défendre que les parents sont responsables lorsqu'ils choisissent d'intervenir de façon ciblée mais non quand ils choisissent de laisser faire le cours des choses ? (2) Est-il bien exact qu'une telle intervention cause des dégâts irréparables à l'image de soi de l'enfant ?

(1) Dans les faits, il existe aujourd'hui un nombre croissant de libertés reproductives et, par conséquent, de responsabilités. Dès qu'une technique existe, nous devons choisir de l'utiliser ou non. Il n'y a plus moyen d'échapper au fait qu'elle est *disponible*. Ne pas l'utiliser est aussi un choix. C'est le cas lorsque l'on *décide activement* de ne pas en faire usage, mais aussi – fait absolument fondamental – lorsque l'on *néglige de prendre une décision consciente* et que donc on autorise le cours normal, naturel des choses à se poursuivre de façon inchangée. Impossible, donc, de «faire semblant de rien»; cela équivaudrait à une «*lâcheté irresponsable face à l'inconnu*».

Ce qui nous mène à une conclusion aussi inévitable que choquante : tout enfant né à une époque où l'amélioration reproductive est possible est un enfant fabriqué, y compris celui qui est fait de façon soi-disant «naturelle». Ce terrible constat est formulé par Buchanan et al. dans leur impressionnant ouvrage de référence, *From Chance to Choice* :

We understand the distinction between the social and the natural as that between what is subject to human control and what is not. [...] Paradoxically, nature brought within human control is no longer nature.

Le débat public serait déjà nettement plus avancé si nous avions intégré ce principe et le gardions en permanence à l'esprit. Car nous n'y pouvons rien : en fait de procréation, nous sommes «condamnés à la confiance» (Peter Sloterdijk). Tenter de nier ce principe pour étayer une forme d'authenticité naturelle relève du paradoxe : on introduit alors l'illusion d'un pseudo-naturel – notion qui est peut-être plus artificielle et dégradante encore que celle d'un homme qui, au moins, conçoit clairement qu'il est le produit des choix d'autrui, de leurs actes et de leurs omissions.

(2) Il semble donc plus *authentique* de renoncer à éluder notre «condamnation à la confiance» et de chercher comment la supporter dignement. Il nous faut néanmoins rester attentifs à deux dangers contre lesquels les plus alarmistes nous mettent en garde : d'une part, le fait que les parents – ou, pis encore, les tenants du pouvoir politiques ou culturels – *pourraient utiliser leur descendance comme un instrument servant leurs intérêts personnels*; de l'autre, le fait que, même si l'on raisonne de façon tout à fait désintéressée, au seul bénéfice de l'enfant, lors de la procréation et si l'enfant est accepté de façon inconditionnelle à sa naissance, indépendamment de tout schéma d'attentes, il se sentira aliéné de lui-même dans la mesure où les décisions parentales lui apparaîtront comme une violation inacceptable.

Je ne prétends pas pouvoir fournir de réponse satisfaisante à ces questions. Peut-être sont-elles les zones d'ombre tragiques, car inévitables, de nos nouvelles libertés. J'ai en revanche voulu montrer que la vie familiale n'était pas seulement menacée par une conception des choses légère ou franchement malintentionnée, mais aussi, et au même titre, par les réactions extrêmes à cette conception, qui aboutissent notamment à éluder les nouvelles responsabilités *de facto* et à s'obstiner envers et contre tout à confier nos enfants à l'arbitraire de la nature. Bref, il nous incombe d'ajuster notre éthique parentale à cette problématique, de manière que notre descendance ne puisse nous accuser ni d'interventionnisme ni de négligence. Une fameuse tâche.

DEVENIR QUI L'ON EST – A LA FRANGE ENTRE AUTOREALISATION ET ALIENATION

Qu'en est-il alors de l'individu qui se prend lui-même en main ? Si vous augmentez vos performances physiques en vous dopant ou embellissez votre apparence en vous faisant couper non seulement les cheveux mais aussi quelques morceaux de peau par un chirurgien plastique, vous pouvez encore vous attendre, en 2010, à ce que certains vous regarderont avec mépris, voire avec dégoût. Vos seins siliconés ou la brillante prestation que vous avez livrée grâce aux EPO, certains les trouvent repoussants, même s'ils ont souvent du mal à dire exactement pourquoi.[5] Lorsqu'il faut justifier ce dégoût, l'idée qui se dégage spontanément est souvent l'obligation morale à «rester fidèle à sa nature». Si le mot nature est ici compris dans son sens biologique, on peut à nouveau y opposer le raisonnement en cascade et démontrer que cette position est difficilement défendable. Mais on peut aussi vouloir désigner par ce mot une sorte de *fidélité à soi-même* au sens où les performances et caractéristiques *doivent venir* de la personne même. Ce qui ramène à l'idée d'authenticité...

Le bio-éthicien Carl Elliot a consacré un ouvrage entier à l'étrange réponse que font les gens qui se dopent ou recourent à la chirurgie esthétique au reproche qui leur est fait d'être «factices». Cela peut irriter, mais le fait est qu'ils sont souvent très proches de leurs détracteurs : l'idée autour de laquelle tout tourne est encore et toujours l'authenticité. C'est précisément dans l'espoir d'une authenticité plus grande qu'ils se soumettent à la médecine de l'amélioration. Elliot aligne dans *Better Than Well* une longue série de témoignages. On peut *grosso modo* les classer en deux catégories. Les premiers «améliorés» ont vécu leur transformation comme la *révélation* d'un «je» *originel*, plus vrai – un noyau essentiel qu'ils ont toujours eu en eux mais qui n'avait jamais pu se déployer dans leur corps naturel. On en trouve une formulation frappante dans le témoignage du transsexuel Agrado, un personnage de *Tout sur ma mère* de Pedro Almodovar: «Plus une femme commence à ressembler à ce dont elle a rêvé pour elle-même, plus elle devient authentique.» La seconde catégorie vit sa transformation de façon exactement inverse: pour ces personnes, il s'agit justement de la *création* ou de la *découverte* d'un «je» *nouveau* et meilleur – quelque chose qu'ils n'ont jamais eu en eux auparavant, mais qui leur a été ajouté et qui les enrichit. C'est ainsi, par exemple, que Sam Fussel voit les choses. Dans un livre intitulé *Muscle,* il révèle comment les stéroïdes et l'effort extrême l'ont transformé. Lui qui ressemblait à un pauvre rat de bibliothèque s'est forgé par le biais de ce régime non seulement des muscles d'acier, mais un caractère complètement neuf; il est devenu une personne nouvelle, autre, quelqu'un qui se montre et s'affirme – une nouvelle personnalité qui lui plaît beaucoup.

Bien qu'intrigantes, ces déclarations ne suffisent pas à expliquer l'ambiguïté, la défiance et le dégoût qui règnent à l'égard de la médecine de l'amélioration humaine. Pour clarifier ces sentiments violents mais diffus, nous devons nous centrer sur les techniques qui font ce que réalisent indirectement les interventions citées ci-dessus: intervenir de façon immédiate dans nos sensations et nos pensées. Leur étude approfondie apparaît comme une piste fructueuse pour parvenir à une formulation adéquate de ce dégoût profondément enraciné à l'égard de la médecine de l'amélioration. De plus, elle pourrait amener partisans et adversaires à un consensus neuf et constructif.

Je suppose que ce dégoût vient avant tout de la crainte du court-circuit émotionnel. Les émotions sont indispensables à une vie sociale réussie. Elles sont décrites par la psychologie cognitive comme des *hard to fake commitments*: des «engagements difficiles à imiter». Les émotions sont une façon pour les gens de s'engager profondément vis-à-vis des autres mais aussi vis-à-vis d'eux-mêmes. En tant que telles, elles constituent aussi la pierre angulaire de nos instincts moraux, de notre conscience. C'est pourquoi nous jugeons comme moralement répréhensible un phénomène comme le fait de *boire pour évacuer* un sentiment de culpabilité. Cette drogue – l'alcool – interrompt le processus émotionnel normal, qui consiste à encourager la conscience à évaluer les sentiments de culpabilité en tentant de *réparer* le mal causé (ou la fêlure dans l'image personnelle). Ce processus bénéfique, mais aussi pénible, ne peut être court-circuité par un détachement de la réalité à travers l'ivresse. Un problème fondamental de la médecine de l'amélioration émotive (représentée aujourd'hui par le Prozac, le Paxil, etc.) est qu'elle se prépare à générer des moyens bien plus efficaces et précis pour provoquer ce type de courts-circuits émotionnels. L'obligation de continuer à *interdire* l'usage libre des diverses *designer drugs* et autres médicaments perturbateurs semble donc incontournable.

Parallèlement, cette vigilance obligatoirement élevée ne doit pas dégénérer en une interdiction de principe de toute médecine de l'amélioration émotive. En effet, l'émotionnalité humaine n'est pas précisément ce que l'on pourrait décrire comme un système bienveillant ou raffiné. Il semble indiqué de rester en principe ouvert à la fois aux techniques d'amélioration qui corrigent les aspects destructeurs ou négatifs de l'émotionnalité humaine, comme la rancœur et la dépression (avec toute la prudence qui s'impose), et à celles qui nous révèlent de nouveaux horizons émotionnels et intellectuels. Ainsi, le psychiatre Peter Kramer montre de façon convaincante dans un ouvrage balayant les tabous, *Listening to Prozac,* que certaines personnes s'épanouissent de façon extraordinaire et retrouvent une joie de vivre durable grâce à un usage intelligent du Prozac.

Au-delà de la crainte des *moyens* illicites, la résistance envers la médecine de l'amélioration semble également s'enraciner dans celle des *objectifs* illicites. Le Conseil présidentiel américain de bioéthique met par exemple en garde contre l'utilisation inappropriée des «inhibiteurs de mémoire» (en cours de développement pour aider les patients souffrant de troubles post-traumatiques) chez les auteurs d'actes de violence ou les soldats. Ceux-ci pourraient, avant de se lancer dans une mission ou une entreprise violente, prendre un inhibiteur de mémoire agissant sur l'avenir proche, pour commettre ensuite leur acte avec une conscience confortablement assourdie, sans jamais devoir en ressentir la dureté réelle, dans toute son intensité. Par la suite, ils ne devraient en outre pas assimiler ces actes par le biais de leur conscience, ce processus d'assimilation étant assuré par le même médicament. À lire cela, il paraît inévitable de déclarer *off limits* certains états corporels et psychologiques, comme cette absence de conscience.

Il faudra donc dresser une liste avec, dans une colonne, les moyens interdits et, dans l'autre, les corps interdits. Mais quels critères utiliser pour opérer cette distinction audacieuse entre techniques d'amélioration licites et illicites? Une fois encore, il est important ici ne de pas tomber dans une condamnation de tout ce qui semble «non naturel». La distinction doit se faire sur base d'une éthique suffisamment «dénaturalisée» et indépendante. La possibilité d'une *incorporation* réussie doit être évaluée par la mise à l'épreuve suivante: si vous pouvez facilement vous identifier avec la façon dont une technique d'amélioration agit sur votre corps – que ce soit sur votre humeur, vos pensées ou vos caractéristiques physiques – sans vous sentir aliéné de vous-même ou de votre sphère de vie, à tel point que vous pouvez l'assimiler comme une partie spontanée de votre identité, l'on a probablement affaire à une technique dont le libre accès peut être envisagé. Cette question de l'incorporation me semble en fait la question clé. Un énorme travail reste à accomplir dans ce domaine. Si l'on veut éviter de semer la panique, il faut entreprendre des études approfondies visant à révéler les mécanismes moraux et psychologiques précis qui se déclenchent chez ceux qui se transforment radicalement au moyen d'interventions matérielles et y mettre le même sérieux que celui que l'on met par exemple aujourd'hui à disséquer les schémas alimentaires anorexiques.

EPILOGUE : LES PERSPECTIVES DES SOINS D'AMELIORATION

Bien qu'à première vue non naturelle, la médecine de l'amélioration semble précisément détenir les clés de l'amélioration de notre sort futur, et ce, même s'il faut bien reconnaître que certains transhumanistes perdent à ce sujet tout sens de la mesure. En même temps, un danger se cache dans la pensée même de la nature; elle menace en effet de donner lieu à la condamnation irrationnelle d'individus qui ne veulent en fait, à leur manière, rien d'autre que tenter de se créer une vie plus authentique. Il reste qu'une médecine de l'amélioration mal utilisée peut aussi miner en profondeur

cette authenticité humaine. Cela s'est vérifié dans trois cas : une « culture » ciblée d'enfants, le fait de brusquer les liens émotionnels sains et celui de se couper de ses facultés morales.

La diffusion entièrement libre de la médecine de l'amélioration et le choix d'une politique permissive semblent donc particulièrement déraisonnables. Il conviendra au contraire d'intervenir de manière proactive pour que l'introduction de la médecine de l'amélioration – et les nouvelles uniformités et pluralités qui en découleront – puisse se dérouler de façon pacifique et profitable. Il me semble à cet égard raisonnable d'élaborer à l'avance des protocoles de bonne utilisation avant de « lâcher » dans la société une technique d'amélioration radicale. La capacité de maîtrise de soi de chaque individu dans la dignité et la fidélité à ses principes devra également être renforcée par le biais de l'enseignement et d'une formation émancipatoire.

Cette intervention proactive est en partie synonyme de paternalisme. Or, une intervention de ce type doit toujours être organisée avec la plus grande prudence. Aujourd'hui, nous pouvons peut-être encore en faire une sous-catégorie de notre politique de lutte contre la toxicomanie, mais une fois que les développements de la médecine de l'amélioration se seront emballés, celle-ci devra devenir un domaine politique autonome. À côté des soins de santé actuels, il faudra développer des soins d'amélioration. Selon moi, cette politique s'inspirera de l'enthousiasme lié à la possibilité de nous émanciper de notre charge héréditaire évolutionnaire, fortement tempéré à la fois par un scepticisme scientifique salutaire devant la rapidité du progrès et par une grande vigilance morale à l'égard des nombreux abus qui pourraient être faits de la nouvelle science. Ce qui est sûr, c'est qu'il est grand temps de définir une première fois les grandes lignes morales et juridiques de ces soins particuliers.

Bibliographie

Buchanan, A., Brock, D.W., Daniels, N. & Wikler, D., *From Chance to Choice. Genetics & Justice*, Cambridge University Press, 2000.

Elliot, C., *Better Than Well. American Medicine Meats the American Dream*, New York-London, W.W. Norton & Company, 2003.

Koops, B-J., Lüthy, C., Nelis, A. & Sieburgh, C. (red.), *De Maakbare Mens. Tussen Fictie en Fascinatie*, Amsterdam, Bert Bakker, 2010.

Missa, J-N. & Perbal, L. (red.), *« Enhancement » – Éthique et Philosophie de la Médecine d'Amélioration*, Paris, Librairie Philosophique J. Vrin, 2009.

Pinker, S., *The Blank Slate: The Modern Denial of Human Nature*, New York, Viking Press-Penguin Group, 2002.

President's Council on Bioethics, *Beyond Therapy. Biotechnology and the Pursuit of Happiness*, Washington D.C., The President's Council on Bioethics, 2003.

Savulescu, J. & Bostrom, N. (red.), *Human Enhancement*, Oxford University Press, 2009.

Notes

1 Jusqu'il y a peu, nous étions totalement impuissants à nous libérer de ce joug biologique et nous n'imaginions même pas les développements scientifiques qui nous permettraient un jour d'y parvenir. Notre corps naturel nous semblait donc *immuable*. Et, inspirés par la *Prière sur le calme* reproduite ci-dessus, nous faisions tout pour « accepter ce qui ne pouvait manifestement pas être changé ». Le chemin le plus évident de l'acceptation était (et reste) la répétition de mantras du type « Dieu en a voulu ainsi », ou « C'est la nature… ». On était toutefois trop peu conscient de que ces « os à ronger » étaient fondés sur une « déification minimisante » de processus naturels cruels. Dans le passé, cette consécration de la violence brute de la nature a ouvert la porte à des programmes d'eugénisme d'État tel que pratiqué par le régime nazi (avec sa destruction, conforme au diktat de la nature, de la « vie indigne de vie », de toute *Ballastexistenz*), ainsi que sous une forme moins forcenée, par de nombreux autres pays, États-Unis en tête – voir à ce sujet *From Chance to Choice*, de Buchanan et al.

2 Un immense monde virtuel dans lequel on peut se transformer en personnage de ses rêves est accessible via l'adresse http://secondlife.com.

3 Ce processus, appelé « cryogénisation », est proposé par la firme Alcor, une *Life Extension Foundation*. Voir www.alcor.org.

4 Il faut préciser que le PGD ne peut jusqu'ici s'appliquer qu'à un nombre minime de maladies et de caractéristiques et que, en outre, la loi précise depuis 2007 qu'il ne peut être utilisé qu'à des fins thérapeutiques et jamais dans un objectif d'amélioration. Un usage est autorisé, l'autre pas, car le second relève, selon le législateur, de l'eugénisme, par définition inadmissible.

5 Leon Kass, ex-président du *President's Council on Bioethics* entre-temps supprimé par Barack Obama, légitime ce réflexe viscéral, irraisonné, en invoquant l'existence d'une « *wisdom of repugnance* », ou « sagesse du Odégoût ». Ce dégoût n'a selon lui pas besoin de motivation rationnelle, car il est « *the emotional expression of deep wisdom, beyond reason's power fully to articulate it* ».

Body-Food sportvoeding, affiche, ca. 1990. Sportimonium, Hofstade

ENGLISH TRANSLATION

Pradeep Kumar, **beschilderde lucifer**, hout & verf, s.d. Collectie kunstenaar

PATRICK ALLEGAERT & ANNEMIE CAILLIAU

THE WEIGHTY BODY

Fat or Thin, Vanity or Insanity

The Dr. Guislain Museum, which documents the history of mental health care, opened its doors to the public in September 1986. In its first few years, the museum mainly worked on acquiring and presenting an overview of this history. The publication of the museum's first catalogue, entitled *Neither rhyme nor reason* in 1989 marked the richness of its collection and the many themes that are concealed in the history of mental health care.

From the outset, the museum chose to use temporary exhibitions to highlight specific aspects of the history. When choosing subject matters, we take our cue from their social relevance, from the 'presence' of particular issues. The first temporary themed exhibition put on by the museum was held in 1991, and it bore the title: *Fasting saints, miracle maids and hunger artists. A history of anorexia nervosa.* Translating the doctoral thesis *From Fasting Saints to anorectic girls: The history of Self-starvation* (1988) written by Walter Vandereycken and Ron van Deth, into an exhibition, a publication and a symposium was an exciting experience. The response from the press and the public was very positive, and this gave the museum a taste for more.

Therefore, every year since 1992, the museum has organised at least one exhibition that places a particular aspect of the psychiatric heritage into a broader cultural and historical light. Recent examples of this include exhibitions such as *From memory. On knowing and forgetting* (2009), *The game of madness. On lunacy in film and theatre* (2008) and *Sick. Between body and mind* (2007).

Recently, there has been a growing desire to 'remake' the very first temporary exhibition: with twenty years more experience and, fortunately, with more financial options and a much broader interest. The concept of the exhibition from 1991 would be partially taken over but also adapted: partially strengthened and partially expanded. In the case of *The Weighty Body. Fat or Thin, Vanity or Insanity* this is the first time that the Dr. Guislain Museum has 'remade' an exhibition, although it is still different.

STRUGGLE

Let us begin with one of our own quotes from the catalogue for *Fasting saints, miracle maids and hunger artists. A history of anorexia nervosa*: "The body is a collection space for signs, a storage space for values, the product of societal and historical factors. The characteristics of 'beauty' are continually being constructed and 'naturalised' step by step through the body. Culture makes the person and clothes make the man. 'Making clothes – that means: faces or masks, gestures, self-images or, as Kurimoto said, making culture is 'a fight against the body that is other than the self'. 'It is a fight against the body that we did not choose ourselves,' writes Bart Verschaffel. This battle manifests itself in endless variations. Just take a look at the amazing variety of silhouettes: sometimes round, sometimes slender, pointed or blunt. The body gets painted, perfumed, deformed, maimed, covered with fabrics and wigs.

People are in search of the ideal shape, approaching the most beautiful forms of appearance within the codes of a particular time.

Therefore, the ideal body is constantly influencing the actual body. Sometimes this can lead to embarrassing interventions upon one's body: forced into a corset, walking on excessively high heels, the constant pressure of avoiding dietary sins."

The Weighty Body represents the way in which people deal with their bodies; this is rarely gratuitous and receives a great deal of our attention. It is precise, delicate and serious. The question is: when does the relationship between oneself and one's body derail into something 'deranged'? For the purposes of this exhibition, the points of departure for our research are aspects such as 'eating' and 'starving', 'abstinence' and 'abundance'.

CONCEPT

Starvation as a 'trend' and as a 'problem' is something current. Anorexia nervosa is an illness that is well known in our time; the medical term has penetrated normal language use. The exhibition, together with this publication, places anorexia in the broader history of starvation. This forms a common thread throughout the exhibition. Why do some people eat very little or even stop eating altogether? Is this a conscious choice? Are the motives primarily aesthetic, religious, political or economic? At what point can we refer to a deranged treatment of the body?

And nowadays, are we in charge of how we treat our own bodies? It would seem that while there were more exclusive behavioural religious or ideological rules in the past, nowadays we can finally choose for ourselves who we want to be. But is that really the case?

The philosopher Ignaas Devisch wrote the following introduction in his contribution to this exhibition book: "You just have to be yourself!" There is no statement that better reflects the paradox with which we in modern Western European society seem to experience our physicality. After all, as soon as you have to do something, the 'I' is no longer itself. Rather, you should be or should want to be something: beautiful, thin, attractive or whatever it may be. And even though 'I' am the one who takes it upon myself to be that something, the question remains whether or not my free will is also marked by something outside of myself and, if so, in what way. Do we really have control of ourselves like we tell ourselves? After all, if we want to run a marathon or go on a diet, do we do those things just like that? After all, if that were the case, why are people these days deciding to go to the gym *en masse*, in order to work on their bodies and not get too fat?"

Ignaas Devisch transposes the conviction that people nowadays seem 'autonomous' in their treatment of their bodies into the tension surrounding the 'heteronomous': "Maybe, at the apparent height of our individual autonomy, something breaks up our relationship with ourselves?" Does that mean that we seem more autonomous than we really are?

THE SUPREME BODY. LIVING AND FASTING IN BELIEF SYSTEMS

In many religions the body symbolises the connection between God and his subjects. Believers decide to starve themselves, thereby placing their bodies in the service of the Lord. In this regard, the ascetism of the saints comes to mind as an example. Images of greed should dissuade the faithful from sinful (eating) behaviour.

The art historian Yoon Hee Lamot emphasises how complex this relationship between religion and starvation really is: "There are different motives for fasting, and not one can be singled out as an explanation. It provided Christians with a sense of belonging and a manner of expressing their grief over the suffering of Christ. According to some Church Fathers, a believer could return to paradise by fasting as a compensation for Adam and Eve breaking the fasting rules."

The Supreme Body forms the first part of the exhibition and displays images that embody religious beliefs about the body and fasting. The Catholic faith receives a lot of attention but it is noteworthy that fasting emerges as a theme in different religions. Within the Catholic Church, fasting was to be overthrown as a sacred ideal and slowly replaced by charity, education and care. Therefore, fasting was to fall more and more outside of a religious context. Starvation is a kind of 'spectacle': from the sixteenth century onwards, miracle girls were to constitute an attraction; living skeletons were good for public entertainment. At the end of the nineteenth century, starvation was elevated to a form of 'art': people referred to hunger artists, who proudly displayed their emaciated bodies: for a price, of course.

THE PROMISE OF THE BODY. LIVING AND DIETING FOR A POLITICAL TRUTH

The body also has an extremely symbolical meaning within a more political and ideological context. The key words are self-discipline, moderation and control. In this book the historian Evert Peeters describes the socialist ideal of austerity: "Who, in the battle to create a socialist society, wanted to function as a lever instead of a hindrance, needed to show self-mastery. Especially physical training helped 'overcome the obstacle of unconquered I-ness'. From an early age on, the young socialists needed to be trained in 'the most difficult of all struggles: the victory over ourselves' (Hendrik De Man). Abstaining from alcohol and tobacco were important steps in the battle (...). Gymnastics and other sports were part of the program." By practising sport, one could train one's body and develop a collective identity. Ideologies clearly determine who we are and what we should look like. The elevation of the body, both in political propaganda and in terms of national pride, shows us the promise of the body.

However, the body can also be used for other, more radical political purposes, namely the threat of death by hunger strike. This effective means of action puts life at risk in order to draw political attention. Thanks to the media attention received by hunger strikers, the public becomes aware of their situation.

THE LIMITS TO BEAUTY. ON ANOREXIA AND BULIMIA

In the past few decades, anorexia nervosa has evolved from a rare illness into a fashionable disease. Ever since the disappearance of the great Laws and Values, people have been asking themselves who they are and who they would like to be. If we do not know who we are, if we do not have a clear identity, then we are walking on unsteady ground. The longing for an identity is one of the difficult issues we are grappling with nowadays. The body has become a prime symbol of our desire for an identity: I want to be thin, I want to look like this or like that.

This question for a new identity has its excesses. After all, what are the limits to beauty: where does 'beautiful' verge on 'sickly'? In their contributions, the psychiatrist Walter Vandereycken and the psychologist Ron van Deth examine the history of thick and thin. They go in search of the roots of our contemporary worship of thinness: "In addition to fitness training, laxatives, appetite suppressants and dubious slimming preparations, countless women today try the most diverse diets to achieve the 'ideal weight' as soon as possible. The large scale of this obsession with slenderness is a modern phenomenon. In a not so distant past, the majority of the population could not even afford the luxury of dieting. Daily life was foremost about surviving: gathering enough food so as not to starve. In such an uncertain existence, which up into the nineteenth century could be plagued by famine, the pursuit of thinness would have been unusual. Just as thinness was associated with poverty, disease and misery, so was plumpness associated with affluence, health and prosperity. In times of enduring threat of food shortages, it was not at all advisable to seek a slim line, especially for women whose bodies were taxed with daily work, several pregnancies and prolonged breastfeeding. Folk medicine, therefore, offered many remedies to combat leanness: for centuries 'increasing' instead of 'decreasing' weight was the creed." In our society, fat and thin are often 'problematic'. We now refer to eating disorders. Psychiatrists, psychologists and other experts attempt to contain the disease. According to Vandereycken and van Deth, while that may tell us a lot about the sick individual, it probably tells us even more about our society: "Our body not only narrates our personal biography, but also a social history. We therefore have to learn to 'read' a body: in the care and decoration, and up to a variety of scars, are a number of messages embedded that we need to decode. Women with eating disorders embody an almost prototypical story: in their mirrors is our society exhibited, and on their scales the male/female balance is weighed. But the mirror of eating disorders shows more than the image of women with problems. Is it not equally about the 'unbearable lightness' of being: the lives of many seem so empty that the outer appearance gains in weight. In other words: the outer appearance – thick or thin – usually is hiding more than it is expressing."

Whatever the case, the dangers posed by anorexia and bulimia nervosa can be life-threatening. Therapeutic expertise in the treatment of people and their environments is extremely important. The psychologist Myriam Vervaet has written an autobiographical account of her extensive clinical experiences. One of her central concepts is 'being trapped': "Expertise is an essential prerequisite and professional training must be the basis for all psychological interventions, whether or not these are combined with the prescription of psychotropic drugs. To date, things are not as obvious as they seem in Belgium (...) Although expertise is an essential prerequisite, it is by no means guaranteed. At the time, I compared living with an eating disorder to a kind of 'safe hell', which harks back to the association of 'being trapped'. As a result of the fear of being considered 'not good enough', these girls withdraw from what is for them a threatening world of expectations and assessments into a world in which they set the rules that they have to comply with. That world seems safe to them and they observe its rules convulsively and stubbornly, yet unfortunately it is precisely this place of refuge that becomes the detriment of their physical, psychological and social well-being. In search of perfection, they end up stranded on a desolate island, where all communication with the outside world gets cut off."

THE FUTURE OF THE BODY
MEDICAL TECHNOLOGY AS A MEANS OF SHAPING YOUR 'SELF'

The way we deal with our bodies will change in the future. Artificial aids will enhance our physical capabilities, shift borders and hide our disorders. We will be able to shape our bodies the way we want to. From the innovations in surgery following the first World War, through transplants and on to implants: we can see a major evolution in the way medicine and technology are removing physical limitations. There has been an explosive growth in plastic surgery: we choose the shape of our nose from a catalogue, we can stay botox-young forever and we can mould our own – slim – body and identity. The future of the body forms the closing chapter of *The Weighty Body*. In relation to 'improving' the body, the ethicist Pieter Bonte says that "We can now go to great lengths to doctor our bodies from head to toe. Anyone dealt an unfair hand by Mother Nature no longer has to resign himself to his biological mould. Gather your courage (and your money), and then you can improve your lot – your body. A multifaceted 'science of improvement' is on the increase in our culture: cosmetic surgery for a more beautiful or more unique body; doping for more pep and fitness; drugs or electronic implants for a better emotional life and more powerful thoughts; and ultimately, even the improvement of the most fundamental building blocks of our existence: the improvement of our genes, also known as eugenics." The (moral) issues raised by this spectacular evolution in medicine are immense. Bonte pleads for a cautious approach and issues a warning. Food for debate.

The Weighty Body. Fat or Thin, Vanity or Insanity is more than just an exhibition. The Dr. Guislain Museum wants to use this initiative to draw attention to interesting psychiatric problems in their broader societal and cultural context. Therefore, the exhibition, together with this book, a symposium and various initiatives will also 'shed light' on the treatment of the body in modern times and times past. As a museum, we hope to document the history of psychiatry, on the one hand, and to highlight the current urgency for therapeutic treatment on the other.

We would like to take this opportunity to express our thanks to a number of people who helped us realize *The Weighty Body* in a professional and involved way. Our special thanks go out to Professor Walter Vandereycken (University of Leuven), as well as Professor Myriam Vervaet and Professor Ignaas Devisch (both from the University of Ghent).

IGNAAS DEVISCH

THIS IS MY BODY

"Breathe deeply, come to yourself"
(interpreted from Ingeborg, Lightbody instructress)

DISEASES AND DISORDERS

'You just have to be yourself!'. There is no statement that better expresses the paradox with which we, today, in our Western European culture, experience our bodily existence. For under the imperative to be yourself, one cannot simply be one's self. One is who one wants to be or has to be: beautiful, slender, attractive, or whatever it may be. Even when it is 'I' who imposes something on myself, one can ask if and how this may have been influenced by something outside of me. Are we as self-determined as we presume we are? After all, when we want to run a marathon, or follow a diet, do we really decide these things just on our own? For if that were the case, why then do we, today, *all* decide to go to the gym to work with our bodies and not get too heavy? Could our self-determination, our autonomy, also be influenced by heteronomy, by something that comes at us from the outside (*heteros* = different) and is part of our actions? Maybe, at the apparent height of our individual autonomy, something breaks up our relationship with ourselves? That is the core question of this argument. Since this is not an obvious question – today we rather assume the opposite – we will assess below if there are any arguments supporting this statement.

Let's begin with a discussion of a number of symptoms that reveal themselves in our experience of our body, around which this exhibition has been constructed. As is often the case, a symptom usually refers to something other than itself. In our culture, we encounter a number of diseases that could be classified in the category of 'surplus' or 'too much'. Well over a century ago, people mostly died from diseases caused by a lack: a lack of food, lack of hygienic housing, lack of medical care, etcetera.[1] Today, however, we suffer from diseases that rather indicate a surplus: too much stress, too much food, too much alcohol, too many cigarettes, too much laziness... etc. In addition, we don't suffer so much from 'disease' than we suffer from 'disorders': identity disorders, eating disorders, hyperactive disorders, anxiety disorders, learning disorders... the list is long.

Most of these disorders can be explained based on physical, neurological or genetic grounds. And along with the explanation comes a pharmacological solution that will reduce or dissolve the symptoms. The cynic would say: 'first came the medication, then came the disorder' and that is not far fetched. We will get back to that. Even though these disorders (obviously) have a medical cause, it is an interesting cultural fact that some disorders are more prevalent in certain eras. Ian Hacking described this phenomenon as 'transient mental illnessess': "certain (mental) diseases are typical for certain eras", he states.[2] The short list we summed up earlier serves as an illustration of this point.

TIREDNESS AND AUTONOMY

The value of this interesting culture-critical perspective is that it goes beyond individual medical cases and asks the following question: what is it about our day and age – and ourselves – that we, culturally, medically and in our society, generate these symptoms? This may sound like a moralizing question, and that would indeed be the case if it was formulated as 'what is wrong with our time?', only to continue pointing out how things ought to be from a different perspective. We make the assumption that the question, and the asker, are an inherent part of the problem and cannot simply step outside.

Therefore, this is not about pointing out what is wrong, but to point at what we all wrestle with, have no answer for, and develop symptoms about. They are complex issues that are not easy to map out or provide an instant solution for. The question about ourselves and the way we deal with health and disease is not necessarily meant to find a way out of our problems, but rather to describe an uneasiness that is deeply imprinted upon us. In fact, we also want to subject the idea that there are instant (pharmacological) solutions for these problems to a critical questioning.

The 'uneasiness of our time' is rather well summarized in what the French sociologist Alain Ehrenberg strikingly described as '*la fatigue d'être soi*': the Weariness of the Self.[3] Ehrenberg studied the relationship between the increase in individual freedom on the one hand, and the occurrence of depression on the other. In our society, according to Ehrenberg, there is an obvious connection between the two. We may or can, and therefore have to exert our self-determination every day, which is a burden, says Ehrenberg. We may have success in study and work, in family and leisure, we can choose what we look like, or how and when we want a baby, etc. The good life is not a matter of following the rules, but a matter of self-determination. As a result, we are tired of having to choose all the time, of having to be ourselves, the author concludes.

With this statement, we are getting to the heart of our question – the relationship between autonomy and heteronomy with respect to the experience of bodily existence. What is the case? When we look at our general attitude towards disease and suffering, it is more than fair to state that we do not consider our life as a fate, but as an area over which we can and therefore, have to decide. When we are sick, we do anything we can to escape our fate. Increasingly, our bodily existence becomes a stage where we exhibit what we *want* to be, rather than what we are.[4] Autonomy could be defined as: being able to determine about the self.

Self-determination or autonomy are usually seen as antagonists of heteronomy. In patriarch Augustine's description of Christianity, for example, life, and therefore the body, does not belong to us. Our existence is ruled by a law (*nomos*) that shapes our lives from the outside (*heteros*). Life is a gift from God, a fate that we need to accept as it is, with all inconveniences and shortcomings that are part of it. The Christian-Augustinian life has an outspoken point of view on pain and suffering. Because God created order, and thus is good, all pain and suffering are a consequence of evil actions by man. Disease and suffering are God's punishment, which man owes to himself. Our task as humans, therefore, is to carry this fate and accept the punishment.[5]

Thus, Christianity does not assume that man is an autonomous being – a being who is law and norm (*nomos*) to himself (*autos*) – but instead sees him as a heteronomous being who accepts governance from elsewhere, in this case, from God. A Christian human being fundamentally assumes that we are not in command of the ground of our existence, and we have to act accordingly. Life is a fate, a present, and sometimes fate is favorable to us, and sometimes it is not.

TOTALITARISM

For a long time in history, we have not been owners of our own individual bodies, and not just within the context of religious heteronomy. Politically, the body was also an instrument through which man was attached to political Laws and Truths. The body eminently symbolizes serfdom to the Law. It is no coincidence that the 'body' is one of the metaphors of totalitarian regimes: society as one organ, in which beings are only valued for their place in the whole, and do not count as individuals of their own.

The desire for people and power to coincide is prominent and typical of totalitarianism. People form a homogenous body, an organic whole to which everyone needs to be submitted. Totalitarianism has an image in mind of the One people united with the One power: the nation is one homogenous body that acts like one collective subject. Both images are concentrated in the persona of one individual, who symbolizes the unity and will of all people: a totalitarian leader who completes the heteronomy.[6]

Any hint of being different is not only being cast from society with the image of the homogenous body – because differences are a threat to the integrity of the homogenous body, and must be banned as enemy. Also, everyone who stands up for his autonomy and interests, is a betrayer of the homogenous society. After all, he or she should not be concerned with him/herself (autonomy), but serve a higher purpose, and be concerned with what transcends his personal needs (heteronomy).

The body, in this context, is not about self-possession, but about the collective expression of a particular political thought. The mass performances and parades in sports stadiums or public areas are a typical example of how totalitarian regimes reinforce the collective: all bodies merge in one homogenous body. Bodies resemble each other, and are modeled after an ideal image which they have to match as well as possible. Or, to express it in the language of our argument: in a totalitarian regime, heteronomy is radically at work in and with the body.

HITCH

Everything that smells of modernism, democracy and individuality is, not in the least, an effort to reckon with these forms of heteronomy. The enlightenment ideals of the French Revolution, call them autonomy, rationality, self-possession, or social engineering, are revealed in the thought that people are now able to shape their own lives, however they desire. Medically, and culturally, the Western human being wants to be himself in freedom, and shape his own life.

From this perspective, striving for self-determination is nothing less than a reckoning with heteronomy. Luc Ferry also describes this when he states in *L'Homme-Dieu ou de sens de la vie*: we have evolved from acting out of 'hetero-sacrifice' – acting that is guided by sacrifice for a larger subject (church, nation) – to acting motivated by 'auto-sacrifice' – man has come into his own and his choices are based on whether he, and he alone, judges them as good.[7]

At first glance this seems an unequivocally positive evolution: we are free, and, as acting agents, we no longer hide behind rules we were supposed to follow. We can now shape our own lives and are not concerned about what should or ought to be. In this logic, it is also evident that increased opportunities, scientifically, medically and culturally, to shape our own lives from birth to death, should lead to better lives. Indeed, the more autonomous we are, the closer we have come to ourselves.

However, when one looks around, in society, and medically, one knows that there is a hitch in this logic. There is at least another side to the coin of the evolution as described by Ferry: we always *have* to choose. It remains to be seen if our autonomy has grown along with this obligation. First of all, people increasingly rely on advice from so-called experts for daily activities of their private lives, in areas of nutrition, exercise, raising children, or how to make love, for example. The experts keep telling us how to live and what to do in order to live healthy. This indicates that our lives are more heteronomous than they used to be, because we outsource matters that belong to our own world to someone else.

Next, we clearly see an increase of disorders that suggest a troubled relationship with ourselves, rather than having reached the stage of autonomy and self-determination. Not only is there an increase of disorders among youth and adults, but the number of people who reconstruct their bodies to fit an ideal of society, in order 'to be themselves', suggests a rather heteronomous relationship with this 'self'. When a 17-year old girl has her outer labia corrected because there is something wrong with their shape, one should ask how self-determined she really is. Again, this is not an indictment about our state of affairs, but it does ask to what extent we really have autonomy over our bodies.

LIBERATION?

The historical evolution of heteronomy to autonomy in our society is worth further investigation. Maybe we have said farewell to the Christian view of the body as a necessary instrument, a vehicle waiting for eternal life in the Kingdom of God. However, it is doubtful that modern man is true to himself now that he has freed himself from the Christian yoke. The idea only that we *have* to free ourselves of anything per se – a top Christian thought – is a central thought in our society. As the heading of this text indicated: we have to come to ourselves and redeem us from all impurities. The epitome of autonomy seems persistently intertwined with the logic of heteronomy from which it held itself absolved for good.

Therefore, isn't the following a plausible statement: only with and thanks to his 'liberation', that is, only when man asked himself who he is, did he – in Freudian terminology – '*nachträglicherweise*' (afterwards) become an individual? The individual doesn't, in the first place, free himself from his chains, but for the first time asks himself who he is. Only after the self becomes an entity, a point of reference, does it ask the identity question: 'who am I?' and especially 'who do I want to be?'. These questions may be at the core of autonomy and self-determination, and form the essence of individualism. However, that does not imply they naturally lead to actual self-determination. Rather the opposite is true: if we don't have access to an identiy that was determined outside of us, and only exist as an on-going question of who and what we are, then we only have a *desire* for self-determination. We are not so much someone who is determined by self, but we rather desire to be someone, to be a self.

The body became, perhaps not coincidentally, pre-eminently a symbol of this desire. Increasingly, the body is a mirror of our desire of an autonomous identity, as seen in the struggle for abortion rights and the ideals of fitness and beauty. More precisely, it becomes obvious that our identity, through the way we relate to our bodies, is based on a mirror relationship between who we are and who we wish to be. Just watch one episode of the many 'make-over' programs, and it is obvious that we think a new body brings us instantly a new identity. This desire, by the way, is not new. However, we now have access to so many advanced medical and bio-technical options, that we can actually physically realize this wish in a new or altered bodily existence. My body is what I want to be. Alternatively: between 'I' and 'myself' is a desire for a self which makes it impossible to just simply *be* myself. Or also: there is no autonomy without heteronomy.

The body, at the same time, has become a symbol for the fact that the quest for our identity has caused us a crisis. When we continually inquire about ourselves, just as a clear social and cultural response has disappeared – in the past, religious or ideological laws determined who we were: a Christian, a German, a socialist, etc. – it becomes a difficult question to handle. When we don't know who we are, and don't have a clear-cut identity, then it is no surprise that we have a persistent struggle with these questions.

CULTURAL CRITICISM

The above is a rough statement about how autonomy and heteronomy are intertwined, and it requires a detailed analysis that we cannot discuss in this short presentation. The analysis would not necessarily dissolve any symptoms, but the mapping of them can safeguard against the all too easy thinking that there are instant solutions. This gets me to the last concept of this text: the phenomenon of 'medicalization'. This term expresses two issues. first, that the medical world is ever expanding, and second, that the medical outlook is getting the overhand in our life. Issues that in the past were not the object of medical inquiry, these days are. Shyness becomes an anxiety syndrome, the inability to sit still a hyperactivity disorder, etcetera. In his book '*Shyness: How Normal Behavior Became a Sickness'*, Christopher Lane summarized this evolution with a mockery: "We used to have a word for sufferers of ADHD. We called them boys."[8]

As said, it is a mockery, but it points to a poignant phenomenon to which we alluded earlier in the text: what came first, the medication or the disorder? Medicalization is evident today in the mass prescription of anti-depressants, antianxiety drugs, and drugs for ADHD. These disorders indicate that the cause of medical problems is sought within the individual, rather than in society or 'the system', as was common since the 60's of the last century. This in itself is not wrong, but it raises the question if it should be looked at from a medical perspective only. Don't we also need a social refuge from where we can face ourselves and this question?

Finally, this text was not about an unmasking of our contemporary time and showing the real character of society by removing a veil from its appearance. Our society is what it is, but perhaps it is necessary or at least relevant to think about the dilemmas and aporias with which we struggle today. The idea that, once delivered from the Truth, or from heteronomy, we are just being ourselves, is subject to doubt in this text. Neither have we argued for the preservation or reintroduction of any form of heteronomy. Instead we have tried to point out that a certain heteronomy to some extent abounds in our self-determination. The body and how we treat it, is the stage where this proliferation shows best.

Notes

1 Nestle, M., *Food politics. How the food industry influences nutrition and health*, Berkeley, University of California Press, 2002.

2 Hacking, I., *Mad Travellers: Reflections on the Reality of Transient Mental Illnesses*, Londen, Free Association Books, 1998.

3 Ehrenberg, A., *La fatigue d'être-soi. Dépression et société*, Parijs, Odile Jacob, 1998.

4 In this context, the concept of 'wish-fulfilling medicine' was proposed. See: Buyx, A.M., *Be careful what you wish for? Theoretical and ethical aspects of wish-fulfilling medicine, Medicine, Healthcare & Philosophy* 11 (2), 2008, pp. 133-143.

5 See also Devisch, I., *De roze billen van Renoir*, Leuven, Acco, 2008.

6 For an interesting analysys, refer to the still relevant essay 'L'image du corps et le totalitarisme' of Claude Lefort: Lefort, C., *L'invention démocratique. Les limites de la domination totalitaire*, Parijs, Fayard, 1981.

7 Ferry, L., *L'homme Dieu ou le Sens de la Vie*, Parijs, Grasset, 1996.

8 Lane, C., *Shyness: How Normal Behavior Became a Sickness*, New Haven, Yale University Press, 2007.

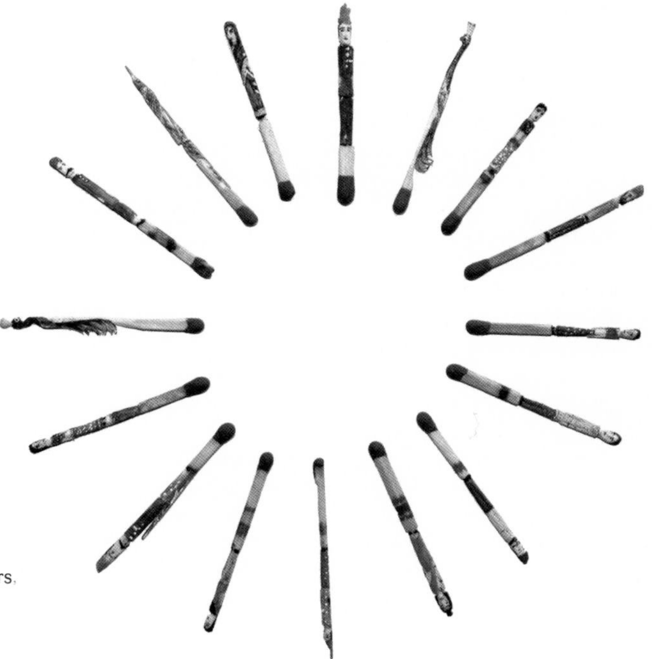

Pradeep Kumar, beschilderde lucifers, hout & verf, s.d. Collectie kunstenaar

YOON HEE LAMOT

THE HOLY FAMINE

When one hears of Saint Nicholas, or Santa Claus, toys and candy are often brought to mind. Chocolate Saint Nicks, alphabet cookies, the works. Many good children gain a few ounces around December 6th. However, the saint himself could hardly be called a glutton. He fasted from birth, systematically refusing the breast on Wednesday and Friday. Yet Saint Nicholas was not the only one. Many saints before and after him did the same.

MOTIVES

Fasting was, and still is common in many different cultures and religions. For centuries, it has also been part of the religious practices of Christianity. In *From Fasting Saints to Anorexic Girls: The History of Self-Starvation*, Walter Vandereycken and Ron van Deth give a historical overview of fasting in Christianity. This book, published in 1988, provided the guideline for this content. `

There are different motives for fasting, and not one can be singled out as an explanation. It provided Christians with a sense of belonging and a manner of expressing their grief over the suffering of Christ. According to some Church Fathers, a believer could return to paradise by fasting as a compensation for Adam and Eve breaking the fasting rules. Among several motives, Vandereycken and Van Deth highlight a number that can be recognized in several different cultures.

It was once assumed that food is susceptible to demonic forces which, therefore, through eating, could penetrate the body. Evil was kept away by fasting. It kept the body pure. Fasting was therefore common when preparing for religious or ritual acts, such as entering into office for religious office-holders, or when participating in a baptism or Holy Communion. The body thus was made receptive to the divine. Fasting was advisable when requesting a favor from God. And it was also believed that those who were possessed by the devil should fast a long time and pray to be relieved of the evil spirit.

Barely eating, or not eating at all, also quickly became a means of penance. It was a sign of remorse for committed sins and a form of self-humiliation and mortification to awaken the compassion of God. The abstinence from meat and wine, or fasting with water and bread, were common rules. It was also common as the most important form of asceticism, in which spiritual and virtuous purposes were pursued, often at the expense of the body. Physical and earthly desires were, according to Christian doctrine, baneful and were to be suppressed in favor of the higher spirit. Fasting was an essential part of practicing asceticism – a form of self-control to become entirely independent of all physical needs. Fasting was just one method to achieve this. The religious could also deny themselves sex and sleep, and devote themselves to many forms of self-flagellation.

John the Baptist is a prominent example of asceticism in the New Testament. He was born about six months before Christ, and was the 'voice in the wilderness' that announced the coming of Jesus, and baptized him in the Jordan River. This saint is often depicted as a prophet and preacher of penance, bearded and bushy-haired, and clothed in a camel hair robe. He preached in the desert and incited penance. Moreover, seemingly he fed himself with only locusts and honey.

FASTING BY THE BOOK

In the early days of Christianity, during the first centuries after the coming of Christ, his followers formed a small, persecuted community within the Roman Empire. They opposed the secular views of their contemporaries, and saw life on earth solely as a tribulation. Fasting was thus very common in all parts of the early Christian community. Rules were not required; the first Christians practiced their faith with great dedication. However, this changed when the Church was no longer persecuted, and more people converted to Christianity. The growing number of believers came with a decline of dedicated passion, and beginning in the third century, the church found it necessary to define rules for the practice of fasting. At first, partial fasting was required twice a week. In the fourth century, a forty-day fast was introduced for Easter, and later for Christmas and after Whitsuntide. Moreover, the faithful were to abstain from food for short periods of several days. During the middle ages, one was to fast almost one third of the year! However, the Church could not avoid that rules were followed less and less, and concessions had to be made. In the fifth century, for example, strict food abstinence on fixed days was replaced with partial abstinence from animal products, and not long after that, consumption of fish was allowed as a replacement for meat. In the middle ages, long periods of fasting around Christmas and Whitsuntide were repealed. However, some found the amended rules still too strict, as is evident from the fact that many believers outsmarted the Church, and circumvented them. Today the practice of fasting seems to have disappeared. Now, the daily diet is just slightly adjusted during periods of fasts.

LESS IS MORE

While the strict rules for fasting were unbearable for most Christians, the deeply religious began to apply extreme fasts as a way to rebel against the relaxing of the rules. It was practiced mainly as a form of asceticism. The extreme form of religious practice had its peak around the fourth century and again in the late middle ages.

The persecution of Christians ended at the beginning of the fourth century, and Christianity became the official religion in many areas. Nonetheless, a group of believers lost their trust in what they perceived as a worldly Church. They gave away all their possessions and moved to the deserts of Egypt and Palestine to live in poverty. Here the 'Desert Fathers' dedicated themselves to a very strict asceticism. They fasted on a diet that permanently lacked wine and meat, or they only ate dried or raw meat. Some did not eat at all for any amount of time, or sometimes the one exception being the Holy Communion. One of the best known of these holy desert men is Saint Anthony the Great, who lived from about 251 to 356 AD, and was the son of wealthy Christian Copts in Upper Egypt. He gave away his land to neighbours, sold all of his possessions, and donated the proceeds to the poor. He sought long-term solitude, not only in the desert, but also in an abandoned building and in a cave on a mountain by the Red Sea. Anthony lived on bread, salt and water for twenty years, and ate only once a day, after sunset. He occasionally refrained from all foods for two or three days. Remarkably, he was not strikingly thin, and had not lost a tooth, even when he reached the age of 105.

FASTING WOMEN

A second period of extreme fasts bloomed in the twelfth century. More women took up a spiritual life and the number of female saints increased. These women also often surrendered themselves to extreme fasts. In addition, they disciplined themselves with other ascetic practices that involved generating physical pain: self-flogging for hours, wearing shoes with pointed nails, piercing body parts with metal pins, or sleeping on a bed of thorns or sharp iron spikes. If these holy women ate at all, it was often only a consecrated host. In this manner, they could partake of Christ's sufferings, the so-called 'Imitation of Christ', often resulting in receiving stigmata. Some saints succeeded in practicing strict fasts, not just for a few weeks, but for several years. This was often accompanied by insomnia and an extremely active life. Although many of these pious fasting women remained anonymous, extreme fasters gained the attention of the general public, and were admired and often imitated.

Rudolph M. Bell in *Holy Anorexia* (1987) describes Saint Clare of Assisi (1194-1253) as one of the pioneers of fasting women. She was the companion of Saint Francis of Assisi and founder of the Poor Clares. This order still exists today. A photograph in the Museum of Religious Art in Uden shows the Poor Clare Sisters on Good Friday, a day of Death par excellence, while they receive their portion of food from the Mother Abbess and the prioress. According to testimonials by the nuns who shared life with her in the convent of San Damiano, for years Clare of Assissi did not eat at all on Mondays, Wednesdays and Fridays. On other days, she ate very little, which led to serious illness. Saint Francis eventually ordered her to eat at least 5 ounces of bread each day, and she finally recovered. As prioress of the Poor Clare Sisters, she began to doubt the necessity of extreme food abstinence. She established rules, which prescribed that the Sisters were to follow the fasting rules every day, except for Christmas. More lenient rules applied to the young, the weak, and those outside of the convent. The prescribed fasting diet was scanty and monotonous, but far from unhealthy. The self-humiliating, female piety of Saint Clare appealed to many Italian women. Soon the first women followed in her footsteps, attracted to the way she annihilated her physical desires.

FASTING AS A THREAT

The Church did not accept these extreme practices of fasting, so it was hard for the pious women to acquire fame and veneration. Vandereycken and Van Deth describe the reasons for the Church's resistance. Firstly, and most importantly, fasting was rejected on religious grounds. The logic was that everything that God had created was good, and that he had given people these pleasant things to enjoy. Believers who did extreme fasts denied this essential goodness of God's creation, according to the Church. Jesus himself had welcomed food, and had said that fasting should only be engaged in with utmost discretion, and that it should not lead to public displays. Strict fasting was, in other words, a misguided self-exaltation, according to the Church authorities. Convents also turned against extreme fasting by monastics, because they were no longer able to fulfill their daily tasks. At the beginning of the early modern era, it was often perceived as the devil at work. The common belief was that the possessed were secretly fed by the devil. There were also doubts that an act leading to fame and veneration was truly divine. These fasters most likely had false motives and perhaps even committed fraud by eating in secret. The Dutch doctor Johannes Wier (1515-1588) unmasked the 'miraculous maiden' Barbara Kremer, who stopped eating and drinking following a disease, and thus did not produce urine or stool. She was worshiped as a true miracle and was showered with gifts by visitors who came from afar to see the miraculous maiden. Court physician Wier became suspicious when her parents requested a certificate from Duke William IV, stating that Barbara had not taken food or water for 13 months. He invited her to his home for a cure. However, her deceit was soon revealed; her sister Elza was secretly bringing her food, and her stool was deposited in the yard. The girl quickly admitted her swindle in response to Wier's confrontation. The book *De Commentitiis Jejuniis* (about feigned fasts; 1567) can be viewed at the exhibition.

Finally, The Church also had political and religious reasons to oppose fasting women. The Roman-Catholic Church posited itself as a link between God and believers. This position was threatened by women who claimed to have a personal, exclusive relationship with God, were living according to His Will, and thus had direct access to Him. The individualistic belief system made the Church less important. In response, the religious authorities appointed special spiritual guides to assist the saints. They were supposedly guiding them on their path towards holiness, but in reality, they were keeping an eye on them and kept idolatry to a minimum. They tried to convince the fasting saints to start eating again, and, if that wasn't successful, tested their holiness, for example, by administering unconsecrated hosts. Elaborate research was common at the end of the middle ages, and the fasting saints were held accountable to the church committee.

LYDWINA OF SCHIEDAM

Towards the end of the Middle Ages, many religious women in the Low Lands only took consecrated hosts. Several names of fasting saints became known in the Belgian regions. Juliana of Liège (1192-1258) grew up as an orphan in the Augustinian convent of Mont-Cornillon. Later she became abbess, but she encountered so much opposition that she withdrew and became a hermit in the Cistercian convent on the Sambre River. Elizabeth Van Spalbeek (1247-1274) never entered the Cistercian Abbey of Herkenrode, but she followed their rules, including fasting. As a result, she grew so weak that she could no longer stand on her feet, except for the seven Offices of the day. At those moments, she experienced the passion of Christ. She also received stigmata on her hands. Other examples are Margaretha van Yperen († 1237) and Ida van Leuven († around 1300).

A well-known Dutch fasting saint was Lydwina Van Schiedam. She was most likely born in 1380 in Schiedam. A religious girl, she was particularly devoted to Mary. She was also strikingly attractive and received marriage proposals at an early age. However, she did not want a man. Her desires were in serving God. At the age of fifteen, she fell while ice skating, breaking a rib on her right side and causing her an infected wound that would not heal. Lydwina remained bedridden for 34 years. The sicker she became, the less she could eat and drink. Initially, she ate a slice of apple and some bread with beer or sweet milk, but later she could only drink half a pint of wine per week, possibly watered down. She occasionally ate small amounts of sugar, cinnamon, nutmeg or a date. She regularly drank water from the Meuse River. From 1410 on, she lived off the consecrated host. It was the only food she tolerated. However, this was not always smooth sailing; consuming 'the body of Christ' caused her to gurgle and gag. In the meantime, her health further declined. Her body was covered in large festering wounds abound with worms. She was partially paralyzed and vomited blood. For seven years, she had severe fever spikes every three days. She inflicted pain upon herself by tightening a horsehair belt around her waist. In addition, she lost portions of her liver and intestines, developed head ulcers, lumps and infected teeth. She later became partially blind. The famous doctor, Govaert Sonderdanck, examined her and predicted that she would acquire dropsy within half a year, advising her to accept her fate. Through her empathy towards the suffering of Christ, her own agony became meaningful. Therefore, she also received the stigmata.

Initially, there was little regard for Lydwina, but this changed when she began to emanate light and emit a heavy, sweet scent. Starting in 1408, she repeatedly had visions in which she received and ate heavenly dishes. One night, in 1412, a miracle occurred; a crucified Christ Child appeared at the foot of her bed. When she asked the child for a keepsake, it transformed into a host with five bleeding wounds. Her confessor, Pastor Andrew, didn't believe it, and many turned against him. An investigation followed, which supported Lydwina's claims, making her even more famous. However, this did not remove all disbelief, and the fasting saint would receive visits and tests from doubting Thomasses on more than one occasion. In 1427, a second miracle happened. It was revealed to the widow Katerijn that on Christmas night Lydwina's virgin breasts would be filled with milk, and that the widow would be allowed to suck the milk, and she did.

The last miracle occurred after her death. In 1433 she passed away and her body became as beautiful as it was before her life of suffering. No traces of disease or injury were found. Lydwina was not immediately canonized. It was not until 1890 that the Church approved of the worship of the virgin of Schiedam.

HOLY ANOREXIA

In *Holy Anorexia* (1987), Rudolph Bell researched female pathways to Holiness, studying the lives of saints living from 1200 to 1800 in the urban areas of central Italy, particularly Umbria and Toscane. He wanted to demonstrate how anorexia nervosa is not simply a psychological issue, but also a social phenomenon, linking back to the fasting saints. Bell described pious women like Catharine of Siena, Umiliana de Cerchi, and Veronica Giuliani, who responded to the patriarchal and social structures of their time. In their lives, he recognized a recurrent pattern: seemingly docile and obedient girls rebel against their family in order to escape the life that their parents have outlined for them, a life subjected to the power of a husband. Girls did not have the same chances as men and did not have a right to self-determination. The women of the middle ages responded to these circumstances by shifting the external struggle that they were doomed to lose to an inner struggle to acquire mastery over themselves. Many fasting saints managed to escape an unwanted marriage, and frequently entered the convent because this was the only way to receive education. However, after entering the convent they still were often not permitted to eat. Not until in their late twenties or early thirties did they recover from their holy anorexia, and became active in the convent. They still fasted rigorously, only now under control.

According to Bell, there was a similarity in the motives of women with holy anorexia and women with anorexia nervosa. They both are not concerned about weight gain; rather, their weight loss symbolizes their struggle to gain independence. They strive to control their bodies and their needs. The symptoms are also often comparable. Both the saints of the late middle ages and those suffering from anorexia nervosa today say that they would like to eat, but simply have no appetite, or even are not able to eat. This is apparently beyond their will. However, at the same time their own will drives them to starvation. When they are forced to eat, they enter a cycle of eating and vomiting. Both also sleep very little and are very physically active.

Finally, Bell stated that holy anorexia disappeared when the Church no longer resisted food abstinence, and anorectic behavior was no longer considered saintly. He concluded that anorexia nervosa would be less attractive to contemporary girls if their needs for self-realization and autonomy were respected by society, rather than thwarted.

CATHERINE OF SIENA

Catherine Benincasa, according to Rudolph M. Bell, provides a good example of holy anorexia. She was born as a twin in Siena around 1347. Her sickly sister Giovanna died young, being entrusted to a nurse, whereas Catherine was breast fed for a full year. From a young age on, Catherine felt she was to blame for her sister's death. Her mother regularly pointed out she might want to be grateful for her life.

Catherine grew up as a happy, extroverted child. When she was five, she was found kneeling and praying Hail Mary at each step of the stairway to her bedroom. Her friends often called her 'Euphrosyne' – however, she regularly talked about the heroine herself. Euphrosyne was a beautiful young girl who dressed up as a male, and retreated in a convent to escape a forced marriage and an angry father. Later she would face the same problem, although dealing with it in a very different way. At the age of six or seven she had her first vision, which she kept to herself and contemplated in private. Her silence showed that at a young age she already relied, for her inner strength on her relationship with God. Her mind slowly developed into her own private domain, and she gradually started to torture herself. At the age of twelve, her mother felt it was time for Catherine to prepare for marriage. Her sister Bonaventura was to accompany her, which led her onto a worldlier path. Then, three years later, her sister died in childbirth. Catherine blamed herself again, finding support once more in her religious experience. Her mother, in the meantime, did not let her wish to find her daughter a husband rest, and saw the widow of Bonaventura as a good candidate, particularly because he, like her father, was a cloth dyer. Catherine, however, refused to marry him, not wanting to marry any man. She saved herself for the mystical marriage to Christ. She made a pact with God to insure salvation of her family. In return, she would bear all punishments and accept a tough life of hardship and loneliness. She finally convinced her father Giacomo that she would not change her mind, and that she needed to obey God, not people. He was convinced and ordered his wife to let Catherine do as she wished: self-mortification and fasting. She stopped eating meat and all foods prepared with heat, except bread. In addition, she did not drink wine, even in the smallest quantities. From the age of 16 on, she survived on bread, water, and raw vegetables, causing her to lose half of her weight. She dressed in rough wool and carried an iron chain tightly wrapped around her hips. For three years, she only spoke to confess, and she slept only 30 minutes a day on a wooden board. She self-flogged three times a day and causing complete exhaustion. She was full of energy, though, when she could dedicate her heart and soul to charity. Out of fear that she still would have to marry, she asked to enter the order of the Dominicans. When she became very ill, the Sisters of Penance admitted her to the congregation. These sisters did not live in a convent, but at home. When she learned that she was accepted, she healed completely within a few days. She increasingly led a public life and maintained strong ties with religious and political leaders. Due to the great trust of Pope Gregory XI, she succeeded in bringing the Pope and his administration from France back to Rome. She also initiated a crusade. She then felt strong enough to form a group of disciples around her who called her 'mama'. With the election of Pope Urban VI, she realized that she was not going to be able to achieve the Church reforms she had envisioned. In 1380, she decided to adopt an even stricter practice and no longer drink water. She was literally offering her body in an effort to save the Church, costing her life. Catherine was canonized in 1461.

The anorexia of Saint Catherine of Siena was more than a simple case of excessive asceticism. Her extreme way of life allowed her to take control of her own life and to resist the pressure of her parents, confessors, and other forms of authority.

MODERN FASTING SAINTS

Fasting saints did not disappear along with the middle ages. The nineteenth century and even the twentieth century have examples of fasting women, but they were few and far between. Vandereycken and Van Deth mention a few. Louise Lateau (1850-1883) came from the Walloon village Bois-d'Haine. She ate, drank and slept rarely, and spent the nights in ecstatic prayer. In 1868, she received stigmata, after which she was not able to swallow food, however little, on Fridays. From Easter in 1871 until her death in 1883 she would barely eat anything at all. The first years of her extreme food abstinence did not cause her any sickness. Forcing her to eat led to severe pains and vomiting. Although there were quite a few adversaries, no one could ever prove that she was deceitful.

A well-known twentieth century fasting saint was Therese Neumann. She was born in a Southern-German village, Konnersreuth, in 1898. This daughter of a farmer survived from 1922 until 1962 on only the Holy Communion. She also barely consumed any fluids. However, she did not emaciate, and did not suffer from dehydration or disease. During World War 2, she refused a food ration card, because she didn't eat anyway. Instead, she received two ration cards for soap, for every Friday she would receive stigmata and her sheets would be stained with blood. Because of her extraordinary life, she gained a lot of attention and was glorified, but she was also subjected to numerous investigations for possible fraud.

HOW FASTING LOST ITS HOLINESS

Fasting saints like Louise Lateau and Therese Neumann were rather exceptional. The phenomenon became rare after the Middle Ages. There are several reasons for this. In the first place, there was a growing opposition from the Church. It wanted to limit the number of saints, and tried to strictly regulate the Canonization Process. Prospero Lambertini, the future Pope Benedict XIV, drew up official procedures for canonization in the eighteenth century. In his *De servorum Dei beatificatione et beatorum canonizatione*, he tried to separate true fasting saints from cheaters, by listing several criteria which the sacred faster had to meet. He called in the help of the medical world, which concluded that the majority of the cases were a fraud. Benedict stated that fasting did not lead to holiness. Instead, it is the holiness of the faster, which leads to the sacredness of fasting. A strict religious and medical investigation was required.

When less fasters were declared saints, fasting lost its attraction. In the course of the seventeenth century, fasting and self-chastisement gradually were replaced by charity, and providing education and care.

Fasting, at the same time, became more common in a non-religious context. In the fifteenth and sixteenth centuries, prolonged fasting often was explained as witchcraft or possession. In the sixteenth century, it also became a spectacle. Strict food abstinence was a way to earn a living. The hunger artist, displaying his emaciated body on annual markets and fairs, was born. At this time, the medical profession also examined self-starvation, and it gradually became a symptom of a disease.

Bibliography

Bell, R.M., *Sancta Anorexia. Vrouwelijke wegen naar heiligheid. Italië 1200-1800*, Amsterdam, Wereldbibliotheek, 1990.

Claes, J., Claes, A. & Vincke, K., *Geneesheiligen in de Lage Landen*, Leuven, Davidsfonds, 2005.

Claes, J., Claes, A. & Vincke, K., *Sanctus. Meer dan 500 heiligen herkennen*, Leuven, Davidsfonds, 2002.

Penning de Vries, P., *De heiligen*, Brugge, Uitgeverij Tabor, 1981.

Van Deth, R. & Vandereycken, W., *Van vastenwonder tot magerzucht. Anorexia nervosa in historisch perspectief*, Meppel-Amsterdam, Boom, 1988.

Van Deth, R. & Vandereycken, W., '*Vastenwonder, hongerkunst en magerzucht*', in: P. Allegaert & A. Cailliau (red.), *Vastenheiligen, wondermeisjes en hongerkunstenaars. Een geschiedenis van magerzucht*, Gent, Museum Dr. Guislain, 1991.

Welvarende Boeddha, China, brons, s.d. Privécollectie Mark De Fraeye

EVERT PEETERS

A DEMOCRATIC SPIRIT IN A SOCIALIST BODY

The Optimism of the Youth Workers' Movement, 1923-1933

Young Antwerp socialist Gust De Munck had to overcome a considerable amount of distrust from within his own socialist movement when he took his Youth Workers' Alliance (AJV) to the baptismal font in 1923. Party leaders and union bosses, according to the monthly organ of the new youth organization *De Jonge Kameraad (The Young Comrade)*, didn't understand why De Munck had the socialist youth march in uniform, a blue smock and a red scarf, at the May 1st parade. The fact that members of the AJV took trips into the countryside, to hike and camp, and restore 'contact with Mother Earth', raised even more questions. There were also great concerns about the coeducation of socialist boys and girls, and the cult of the powerful, healthy body as championed by the AJV'ers. Most notably was the cursing about the rise in membership fees De Munck applied to finance this new direction. However, the AJV was a modest success. For the youngest age groups, it became – at least in Flanders – the most important socialist youth organization. All these young socialists acquired elements of the modern ideals of the youth movement that had been developed since the late nineteenth century by the British boy scouts and the German Wandervögel youth. In Flanders, these ideals had already gained a foothold in non-socialist circles, such as the traditional Flemish Catholic Student movement and later also the labour branch of the Catholic Action. Yet, the AJV'ers also found examples of the new style socialist youth movements elsewhere in Europe. De Munck copied the idea of the uniform and appearance from the respected Dutch Youth Workers' Movement, which had been set up already in 1918 by the future chairman of the SDAP, Koos Vorrink. And he borrowed the AJV song *De Jonge Garde ('The Young Guard')* from the German and Austrian social democrats' youth movements – sister organizations that the socialist imagination looked up to. This way the Flemish socialists also built their own, separate 'youth empire', with its own moral code.[1] In their perspective, the growing youth was definitely a category of their own. The belief in *Bildung* (education) was no longer a privilege of the bourgeoisie.

The Flemish experiment with the Youth Workers' Movement was exemplary of the mood of optimism during the 1920's of the entire European Youth Movement. Major improvements by the social movement since the end of the first World War gave birth to a strong belief in the possibility of 'democratizing' the existing order.[2] The acceptance of universal suffrage, the progressive development of social protection, the stronger position of the trade unions, as well as the advancement of partisan progressivism, reinforced the confidence that had been growing within the socialist subculture since the late nineteenth century. The 'reformist' spirit, which since long constituted the organizational logic of the movement, acquired a more explicit character now that the world, in the eyes of many, began to adjust to the pressures of the socialist movement. The expansive, democratic spirit also had very specific, inward aspirations. Besides trade unionists and political activists, there was all of a sudden a need for educators who were to develop the (young) citizens of the democratic future. The emergence of the new Youth Workers' Movement in Flanders fitted in this transition. It developed out of fierce competition, especially with the dominant Socialist Young Guards of Wallonia. The latter had evolved from the battle against the draft system, and maintained their position against militarism as a departing point for their radical – and often revolutionary – political action, also during the interbellum. The AJV had a more moderate tone. It pleaded for a steady advance towards the new society, based on socialist self-development, realized by 'willing' individuals. Body and spirit – or a particular socialist understanding of these notions – became crucial tools for social change.

HENDRIK DE MAN AND THE SOCIALISM OF THE SPIRIT

As far as the Belgian socialists were concerned, it was Hendrik De Man, who most clearly put into words the relationship between democratic optimism and a renewed interest in education and culture. The radical intellectual was, before the first World War, part of the small left Marxist wing of the Belgian Labour Party. In the 1920's he was responsible for the training and education of socialist militants and leaders. In his early main work, *The Psychology of Socialism*, he explored new socialist categories in order to synthesize a deep ideological shift he had experienced in his thinking since the war. Unlike Eduard Bernstein a generation earlier, he didn't focus his criticism on 'some parts of Marxist sociology', but on the entire 'thinking style [this sociology] had produced.' De Man did no longer look at the relationship between social conditions and social subjects from the perspective of Marxist matter or the Hegelian spirit, but from the perspective of a Nietzschean-style act of will. Socialism was, for De Man, simultaneously the mental expression of the instinctive inferiority complex of the workers' class, and the creative 'idea' of the future society. This cultural-psychological dimension first manifested itself clearly within the context of increasing social diversification. Under the influence of economic and political democratization, workers turned bourgeois, rather than proletarianized, which De Man had already stated before the war. Workers could now imitate bourgeois opinions and attitudes that were unattainable before. What if the 'material' reform of society did not lead to the new human of the future, but rather, to his opposite? In a time of democratization, the development of the hoped-for 'proletarian culture' naturally found its way to the socialist agenda. However, this did not occur because the proletarian culture became more visible. On the contrary, it was because – left to driving social forces – it remained entirely absent.

This is how De Man made socialism into a cultural movement. He held out, to his followers, the prospect of social transformation, by raising the material and cultural living standards of the people, rather than a revolutionary turnover or – sheer – acquisition of political power. This shift to culture was not an invention of the 1920's, nor was the strong belief in the democratization of society. Practical Belgian socialism, especially the health care services and the cooperatives, had already put an effort into creating socialist culture temples and affordable socialist press organs, workers' libraries and *university extensions* as from 1900. De Man now included the socialist youth movement into the program. As a result, the importance of education, in the first place forced the socialist discourse to individualize. Does it make sense, De Man wondered, to link the masses, which Marx had written about, to other qualities than those of the individuals who make up those masses? The new society was a matter of pure morality that, from a young age on, continually needed to be freed from the negative influences exerted by the existing order. A second side-effect of the pedagogization was the 'spiritual' charge – a term created by De Man – which the deliberate joint action of the young socialists was to hold. Socialists defended, wrote De Man, 'very ambitious, vital, spiritual values'. Neo-romantic rhetoric that, during the interwar period, was used by very different ideologies, colored the abstract ideal about the 'new community' for De Man. In an industrial society, as Ferdinand Tönnies had already argued at the end of the nineteenth century, the ancestral community (Gemeinschaft) turns into an individualized and reified society (Gesellschaft), and De Man searched for 'a new outlook on life, even a new religion'. This religion was based on new *ideas and formations (Vorstellungen and Gestalts)*: deliberately created visions of the socialist future. Here ruled the spirit of a new youth.

TOWARDS A SOCIALIST BODY OF THE YOUTH WORKERS' MOVEMENT

However, this new vision did not only involve feelings and emotions, an inner life. This was shown in the experiment by the AJV, for which De man immediately had great sympathy. In 1921, he attended an international meeting of socialist youth leaders in Bielefeld, together with De Munck and others, which accelerated the developments in Flanders. The AJV redefined socialism as a self-reform, after the example of German movements that De Man knew very well. The journal of the Youth Workers' Alliance called out for 'ourselves to socialize: Socialism Now!', after a maxim by the Dutch Socialist Peter Jelles Troelstra. The opinion of chief editor Thuur De Swemer of *The Young Comrade*, that capitalism should 'not just be challenged at an economical level' had also taken root here. Capitalism was a 'mentality' that had its effect on the smallest details of human interaction. 'If man doesn't change his inner self', then the hoped for 'new world order' could never be found. The social revolution thus had a particular immediate character. It was but the implementation of a very individual, conscious act of will. 'Seek and acquire the new, socialist way of life' – that was 'the urgent task'. However, what seemed so close within reach, was at the same time not very tangible. The AJV leaders advocated a spirit of personal sacrifice and forsaking. They proclaimed a spirit of extremism towards life. They outlined a path of reform, a path 'of simplicity leading towards beauty and of truth leading towards love'. A socialist rebellion was recognizable in this rhetoric: it was a fight against the capitalism that tries to impose an attitude of 'bend and believe'. Yet, at the same time, this language depicted the young socialists as angelic figures, as 'new humans' who, 'now that we see a shameful culture collapse', 'need to be preachers as well as carriers of the new light'.

Diploma Internationales Amateur Wett-Schwimmen am 4 juli 1909 In der Badanstalt Mundsburg, 1909. Sportimonium, Hofstade

It was almost a Christian language, which, from the very beginning, was kept in balance by a language of the body. Of course, the ascent of the socialistic youth in a democratizing society begged for more tangible results: thus, socialism also constructed new bodies, with the help of a new body culture. De Man started his introduction in *The Psychology* with a call from Nietzsche: to 'write with your blood – to learn that blood is spirit'. If cultural and spiritual socialism didn't want to fall for idealistic twaddle, or, with the words of the authors of '*The Young Comrade*', for 'the incense for the loftiness of one's spirit and heart', it needed to call for action. Who, in the battle to create a socialist society, wanted to function as a lever instead of a hindrance, needed to show self-mastery. Especially physical training helped 'overcome the obstacle of unconquered I-ness'. From an early age on, the young socialists needed to be trained in 'the most difficult of all struggles: the victory over ourselves'. Abstaining from alcohol and tobacco were important steps in the battle, but a minority within the AJV also experimented with vegetarianism. Gymnastics and other sports were part of the program. Active sports – instead of being a passive observer at big tournaments – were the recommendations of the *Young Comrade* for a wholesome 'defence against the dominance of the mechanism' in modern society. The socialists tried to remove the competitive element, as much as possible, from the visual spectacle related to the democratization of the urban culture of leisure. Again, the practice of joint activity should prevail, rather than the 'ego-instincts' and the 'useless striving for titles and championships'. In the striving for a strong youth at the campgrounds and on Sunday meetings, a new future became visible in their communal physical appearance. The youth left 'nothing in the unconscious', according to *The Young Comrade*. Their bodies were, as was suggested by the propaganda, transparent.

Nevertheless, a physical reflection of the aspired spiritual reform was not easy to achieve. The relationship between the two variables was ambiguous. The Antwerp art dancer Lea Daan, who often coached the AJV'ers with their calisthenics, wrote that the body was a means to serve a higher purpose. Physical activities helped bring 'the dynamic of present-day life' into the socialist movement. It made quick work of the 'intellectualistic reflections and stylish sensations of the previous 'rigid' generations. Especially the so-called lay dance, a group dance with a rather loose pattern, was an effective means to recover the inner harmony between body and spirit in the youthful, vital people who revolted against the conventional attitudes of the pre-war generations. Again, the balance could not entirely be found within oneself. The relationship could only be restored in the heart of the community. And the people in the dancing community, Daan stressed, were expressly not the same as the mass that was packed on the bleachers of a soccer game. Here was, on the contrary, a 'personality who dared to resist every form of dullness and homogeneousness'. This was a dance form that, like the socialist future, was still developing. And therefore, it was also partially undefined. Daan taught her audience that the new dance form, in contrast to the traditional folk dance which was also practiced in the Youth Workers' Movement, contained a formal modernism. Like the pure emotions, and with De Man, the socialist dance was a 'new fact' that made its way, via a 'jumble of decadent music and experimental art' and the 'chaos of the degeneration of social relations', into the future.

The description illustrates that what had started as a physical exercise to serve a spiritual purpose, apparently had changed into its opposite. A barely tangible experience was sought for in the community dance, rather than a clearly articulated program, let alone a political program. Maybe it was quite attractive, like Daan was trying to convey, to surrender the will to a higher psyche – 'the will of the community'. However, that did not clarify what exactly 'the will of the community' meant. Although the psychological and physical images evoked strong feelings, they proved to be too empty to provide the participants with information about a realistic future. The adulation of the self, that the leaders of the AJV had tried to avoid, was too often exactly what it produced. The Tower of Comradery as a symbol (Vorstellungssymbol) every year at the annual Whitsun and Summer Camps, showed this very clearly. A wooden construction was erected for the duration of the event, and was anxiously guarded to stay up in all weather conditions. Countless reports were published in The Young Comrade that described severe winds and the courageous rescues that kept the Tower up. Invariably, the danger was always noticed in time by an observant soul, and no comrade ever hesitated to act. Group leader Octaaf de Swaef reported about one summer camp in 1928, that 'fifty boys, most of them barefoot, in a bathing suit or even with bare chest, helped straightening our Tower'. 'The tense but bright faces of those fifty young and strong chaps under a dark sky who, with all their muscle power leaned against the tower, in lightning and in sweeping rain', according to the article, 'was a worthy subject for a piece of art'. It goes without saying that that the reporter and his readers 'had learned to put their whole heart into this image'. Nonetheless, what these sculpted bodies (and the emotions they evoked) exactly had to do with socialism, remained an unanswered question.

OPTIMISM WITHOUT GROUND?

It can be concluded that there was an intriguing problem behind the Youth Workers' movement's optimistic exposé about the body and the mind. From the beginning, the relationship between the democratization of society and the new methods of the youth movements had been obvious to the AJV propagandists. The cultural-socialist approach seemed to offer the most appropriate method to make a livable new world. That was also how the main characters of the AJV experiment recalled it later. When former leader Bert van Kerckhoven, at the occasion of the fiftieth anniversary of the AJV in 1973, looked back on the optimism of the early years, he reiterated that the socialist youth, after the first World War, faced the task of educating (i.e. forming) 'socialist people permeated with a socialist mind', rather than 'budding politicians'. He was proud to remember that the workers' youth of the AJV had learned to show 'in day to day life' that the common interests of society rose above those of an individual'. The relationship between political values, spiritual reform and physical exercise was, again, evident. Community life was for '*young* people, not for sticks', a matter of 'free and abundant living'. In Van Kerckhoven's memory, and in that of most other participants of the ceremony in 1973, 'playing, singing, dancing, and speech and movement choirs' had become specific socialist tools. It had dominated the rhythm, style, and even the 'sense of life' of the AJV youth. Looking in the rear mirror, 'simplicity and truth' were upgraded to be cornerstones of an entire culture.[3]

And yet it was not that simple. Since the first World War, the exact same culture was also experienced within an entirely different context, far removed from the socialist youth movement. Folk dance, camping and hiking were also watchwords in the catholic youth movement, as well as in pluralist organs such as youth hostels, the Flemish Camping Community, or the so-called 'free youth movement'. Not everything was the same as within the AJV. Catholic youth leaders, for example Ernest Van Der Hallen, applied the rhetoric of 'extremism in life' within a less optimistic and anti-modern discourse. He also sharply rejected coeducation – the sexes stayed separate in the free life of the youth in catholic circles. On a much larger scale this also applied to the Catholic Workers' Youth. Other variations existed within the youth hostels, or the organized folk dance movements. A tension was noticeable in the debates between the socialist and (Flemish) nationalists. Finally, a revolutionary ideology materialized in the body and spirit culture of the very small, non-segregated network of the 'free youth movement'. A small minority within the 'free youth movement' molded itself by the end of the 1920's by fitting the body culture within a communist ideology. The majority within the loose and free youth movement network, however, evolved in an opposite direction, that is, to the radical right. For small groups, such as the Antwerp Wunihild, the new body culture became a fascist social project. Mussolini, and next Hitler, became crowns of an entirely new, racially defined health.

It was even more problematic that the new spirit and body culture served the logic of 'democratization" within the rivaling political contexts as well – although here it was understood in a very different way. Radical right wing hijackers wanted to bring an entirely different – racially defined – 'people' into power. New and conflicting notions of people's sovereignty and of democracy proved to be at stake in the new youth movement. It led, especially in the far left and right wings, to a return of revolutionary styles of thinking. This awareness only surfaced with some delay within the AJV groups. In the 1920's, the Youth Workers Association participated in several events of the youth hostel, folk dance or camping movements that crossed segregational boundaries. A superficial collaboration with youth groups with a radically different ideological profile, according to reports in The Young Comrade, did not necessarily have to lead to problems. But the association's magazine reported in 1933, shortly after Hitler came into power, with great horror that some Antwerp free youth movements sympathized with the Nazi ideology. A member of one of the groups at a pluralist camping gathering had raised the swastika flag. It confronted the AJV'ers with a fact that the optimistic democrats wished they had not seen. Leaders of the AJV from then on warned their members against the ideological character of the many 'Flemish nationalist youth groups', and collaboration with the Flemish Camping Community was, consequently, forbidden. The socialist youth had to experience that their political opponents loaded the new community that they advocated, with entirely different meanings. This transfer indirectly showed how elitism controlled the language of forms of 'cultural socialism'. The socialist mind and body culture provided a powerful means for an optimistic belief in a new, democratic society. However, it was not a dam that could hold the thrust of the new fascism. Even the most dedicated readers of De Man could not escape this conclusion in May of 1940.

Bibliography

The citations are derived from:

De Jonge Kameraad. Orgaan van het Arbeidersjeugdverbond, België, 1926-1933.

De Man, H., *Zur Psychologie des Sozialismus*, Jena, E. Diederichs, 1926.

Claeys-Van Haegendoren, M., *Hendrik De Man. Biografie*, Antwerpen, Nederlandse Boekhandel, 1972, pp. 118-145.

Dooms, C., *De arbeidersjeugdbeweging in het interbellum (1923-1940)*, onuitgegeven licentiaatsverhandeling, Gent, 1984.

Dodge, P., *Beyond Marxism: the Faith and Works of Hendrik de Man*, Den Haag, Martinus Nijhoff, 1966.

Dodge, P., *A documentary study of Hendrik de Man, socialist critic of Marxism*, Princeton University Press, 1979.

Harmsen, G., *Blauwe en rode jeugd. Een bijdrage tot de geschiedenis van de Nederlandse jeugdbeweging tussen 1853 en 1940*, Assen, Van Gorcum, 1963.

Hartveld, L., De Jong Edz., F. & Kuperus, D., *De arbeidersjeugdcentrale A.J.C., 1918-1940/1945-1959*, Amsterdam, Van Gennep, 1982 (De Nederlandse arbeidersbeweging 11).

Maebe, J., *De jeugdherberg: van ideologische logiesvorm tot kruispunt van belangen*, onuitgegeven licentiaatsverhandeling, Brugge, 1992.

Steppe, J.A., *Vivo: het Vlaams Instituut voor Volksdans en Volksmuziek, 1935-1945. Het ontstaan van de volksdansbeweging in Vlaanderen*, onuitgegeven licentiaatsverhandeling, Leuven, 1998.

Van Doorselaer, M., *Vrije jeugbeweging, volksdansbeweging en jeugdherbergen in Vlaanderen, 1918-1940*, onuitgegeven licentiaatsverhandeling, Gent, 1980.

Van Doorselaer, M. & Vandermeersch, P., *Alternatief jeugdleven in Vlaanderen (1918-1940)*, *Spieghel Historiael* 21, 1986, pp. 192-198.

Vermandere, M., *Vrijheid door verantwoordelijkheid: Coëducatie in de Arbeidersjeugdbeweging*, in: Deweerdt, D. (red.), *Begeerte heeft ons aangeraakt. Socialisten, sekse en seksualiteit*, Gent, Provinciebestuur Oost-Vlaanderen, 1999, pp. 311-343 (Bijdragen Museum van de Vlaamse Sociale Strijd, 16).

Vermandere, M., *Door gelijke drang bewogen? De socialistische partij en haar jeugdbeweging, 1886-1944*, *Bijdragen tot de Eigentijdse Geschiedenis* 8, 2001, pp. 225-256.

Van der Laarse, R. & Melching, W. (red.), *De hang naar zuiverheid. De cultuur van het moderne Europa*, Amsterdam, het Spinhuis, 1998, pp. 15-50.

Wiedijk, C.H., *Het 'nieuwe socialisme' van de jaren dertig*, Amsterdam, IISG, 2000 (IISG Research Paper 38).

Notes

1 Vos, L., *Jeugdbeweging*, in: R. de Schryver e.a. (ed.), *Nieuwe Encyclopedie van de Vlaamse Beweging*, dl. 2, Tielt, 1998, pp. 1556-1569.

2 See a.o. Eley, G., *Forging Democracy. The History of the Left in Europe, 1750-2000*, New York, 2002, pp. 201-234.

3 *Gedenkboek 1923-1973. Van de nationale bijeenkomst van oud-leden van de arbeidersjeugd op zaterdag 1 september 1973, Antwerpen, 1973*, pp. 19-20.

WALTER VANDEREYCKEN & RON VAN DETH

WELL-ROUNDED:

A History through Thick and Thin

'Well-rounded', according to dictionary, means: slender, with round forms. It is a modern euphemism for those to whom the word 'thick' sounds abusive. One can also say plump, filled-out, well-fed, well-padded. Overweight, in the course of history, has been described in many ways: in layman's language as gluttony, obesity, corpulence, and (grand) embonpoint; and in medical terminology as obesity and adopositas (in Latin texts also pinguedo or polysarcia).

MORALLY JUDGED AND MEDICALLY WEIGHTED

A moral judgment about corpulence is already noticeable in the earliest medical writings. In the second century, following the tradition of Hippocrates, Galen of Pergamum distinguished between natural and morbid obesity, where he regarded the latter to be a personal shortcoming as a result of disobeying the healthy laws of nature. This was the leading view until the sixteenth and seventeenth century when the first medical treatises appeared that were specifically devoted to obesity. Despite newer interpretations, the basic understanding of the causes of obesity remained largely the same. Most symptoms were usually seen as the manifestation of an imbalance in the body, particularly in the relationship or interaction between body fluids (blood, urine, bile), heat and air (breathing) and digestion (defecation). From this perspective a doctor observed and interviewed his patients. This method of medicine, mainly based on the 'clinical eye', was common until well into the nineteenth century.

The eighteenth century in particular is characterized by zealous attempts to categorize a great diversity of diseases and symptoms. Following the Swedish biologist Linnaeus, who classified the plant world, doctors designed an increasingly complex system of disease classifications. Notable exponents of this nosological approach were William Cullen (1710-1790) in Edinburgh, and François Boissier de Sauvages (1706-1767) in Montpellier. Strangely enough they both categorize obesity under the 'cachexies', that is, forms of emaciation or atrophy of the body, but place them in a separate group of 'swellings' of the body (in addition to hydropsy or ascites, an abnormal accumulation of fluid in the body). They speak of a disease, however they criticize the lifestyle of the obese. Boissier de Sauvages for example writes in his *Nosology Méthodique* (1775): "The well-being of the stomach, the tasty and abundant meals that are used, a limp body posture [...], a cheerful, easy and lazy life, are the causes of corpulence". This moral undertone of stigma and guilt induction, by referring to the 'weaknesses' of the person (especially greediness and laziness), continues to resonate for a long time in many medical texts on obesity.

This ambiguous description of a disease for which the patient (partially) shares responsibility can also be found in the first British monograph on the subject. Thomas Short in *A discourse concerning the causes and effects of corpulency* (1727), points out the thickening of the blood as a major cause, next to the breathing of moist air, but also plenty of eating and drinking, sleeping too much and lack of normal movement, which he describes as manifestations of laziness and vanity. A contemporary, Malcolm Flemyng, has a slightly more nuanced view. In *A discourse on the nature, causes and cure of corpulency* (1760) he stresses that gluttony is certainly not a sine qua non for obesity: "Not all obese people are big eaters, nor are all thin people scanty eaters. We see daily examples of the contrary." Up to the early nineteenth century it was still unclear which form or degree of obesity should be regarded as pathological. The German Christoph Wilhelm Hufeland (1762-1836), one of the most famous physicians of his time, described obesity ('adiposis') in the tradition of his predecessors. However, in his widely used handbook *Enchiridion Medicum, oder Anleitung zur medizinischen Praxis* (1836) (Enchiridion Medicum, The Practice of Medicine), he noted: "In general a congenital disposition has a great influence; hence some men stay lean though supplied with the richest food, and others grow fat though subject to restriction."

The rise of laboratory medicine began in the second half of the nineteenth century. Disease processes were analyzed and new diagnostic methods were developed with the use of animal experiments and a variety of technical equipment. Increasingly, the clinical eye was replaced by observational methods with which the doctor could penetrate the body. A better understanding of the energy metabolism of the body unfolded, the development of fat cells was discovered, and various hormonal abnormalities were detected that could be associated with obesity. A scientific approach evolved with emphasis on systematic and objective observation under the motto 'measuring is knowing'. And out of this also developed the tendency to express normality and health in numbers. A typical exponent was Francis Galton (1822-1911). Strongly influenced by Darwin's evolution theory, he published a study in 1884 about three successive generations of British nobility. He determined that contemporaries from the upper social classes of England gained weight more slowly than their fathers and grandfathers, but by the end of their lives they reached about the same average weight. Galton had obtained his information from a leading grocery store and wine shop in London, which had a scale 'for the use and entertainment of its customers'. This was not at all unusual for these days: scales appeared in many common places in the last quarter of the nineteenth century and were very frequently used by the public. In the same period, doctors began to regularly weigh their patients and developed multiple theories about body weight and physical appearance as indicators of mental disorder or criminal disposition. Expressing man in metrics was the motto of anthropometry, which took a flight through the pioneering work of a Belgian scientist.

Adolphe Quetelet (1796-1874), a versatile scientist from Ghent, is best known as the father of modern applied statistics. Besides his original work in astronomy he was, along with Galton, the first to apply mathematical and statistical methods to social phenomena (e.g. crime and suicide). His publication *Sur l'homme et le développement de ses Facultés, ou essai de physique sociale* (1835) (A Treatise of Man and the development of his faculties) was groundbreaking. In it he introduced the concept of the "average man" (l'homme moyen), which referred to his finding of a predictable development pattern under a normal curve (bell-shaped, and now known as the Gaussian curve) for measurements of various human characteristics in different populations. Based on numerous measurements, including of his own children, he searched for a mathematical formula to express the different growth rate for height and weight. In his book of 1835 he concluded "que les poids des individus développés et de hauteurs différentes, sont à peu près comme les carrés des tailles" (the body weight of adults of different heights is more or less constant to the square of their height). This became the basis of what was later called the Quetelet index and is now widely known as the Body Mass Index (BMI): weight (kg) divided by the square of height (m). According to the World Health Organization a 'normal' index is 20 to 25. An index higher than 25 indicates overweight. The term obesity is officially used for a BMI above 30 (and at 40 it is called 'morbid obesity'). What Quetelet measured for the 'average' man seems, today, rather a measure for the 'ideal' man, at least medically. Aesthetically ideal measurements don't have much to do with such indices.

MIRROR, MIRROR...

In addition to fitness training, laxatives, appetite suppressants and dubious slimming preparations, countless women today try the most diverse diets to achieve the 'ideal weight' as soon as possible. The large scale of this obsession with slenderness is a modern phenomenon. In a not so distant past, the majority of the population could not even afford the luxury of dieting. Daily life was foremost about surviving: gathering enough food so as not to starve. In such an uncertain existence, which up into the nineteenth century could be plagued by famine, the pursuit of thinness would have been unusual. Just as thinness was associated with poverty, disease and misery, so was plumpness associated with affluence, health and prosperity. In times of enduring threat of food shortages, it was not at all advisable to seek a slim line, especially for women whose bodies were taxed with daily work, several pregnancies and prolonged breastfeeding. Folk medicine, therefore, offered many remedies to combat leanness: for centuries 'increasing' instead of 'decreasing' weight was the creed.

The wealthy London undertaker William Banting (1797-1878) suffered from severe obesity for years, but to his great frustration, a variety of medical regimes did not bring the desired results. At age 65 he weighed 91 kg (with a length of 168cm and a BMI of 34) he succeeded to shed 22 kg with a diet low in carbohydrates. He was so pleased with the results that he published a pamphlet at his own expense for the general public: *Letter on corpulence* (1863). This was the first popularized weight loss diet that quickly became well-known – Bantingism became an expression – but it also generated medical skepticism. Doctors at that time warned that weight loss, especially among women, could lead to a widespread nerve disease: neurasthenia. The American neurologist Silas Weir Mitchell (1829-1914) was the best known specialist in the field of nervous disorders of his time, and advised a rest-cure (absolute rest in bed) and frequent and abundant feeding. His book *Fat and blood, and how to make them* (1877) became popular. It was translated and reprinted many times, with the ninth and last edition appearing in 1905. The medical and public interest in diets for weight gain was then over.

Towards the end of the nineteenth century we see a growing interest in the size of the body and, parallel with that, a growing aversion against obesity. Evolution theory provided an argument especially for the health of men, by placing it in the context of 'survival of the fittest': progress would not be served by pigs and greedy-guts. For women there was a gradual emerging – initially only in the upper classes – of a new beauty ideal. Although some amount of roundness still was the dominant norm, it was around 1900 that the modern ideal of slenderness began to develop. However, the history of beauty standards for women cannot be interpreted merely in terms of a chronicle of human aesthetics. The imbalance of power that women in a male society have experienced for centuries, and their efforts to overcome this inequality, can be recognized in common beauty ideals. Western society has idealized three types of female figures since the fifteenth century. The first was the feminine figure of reproduction, clearly corpulent with an emphasis on the belly as a symbol of fertility. A maternal figure came forward in the seventeenth century, still rotund, but now accentuating the breasts and buttocks. Striking is the change around the end of the nineteenth century, of which we still find the characteristics today. While men still preferred the maternal figure – especially her breasts – women started to develop their own image of beauty, removed from any symbolic accentuation of fertility or motherhood.

Using a corset, women began to create the 'wasp waist' or 'hourglass figure'. And while the fashion and trade in corsets developed, doctors began to hit out against the dangers of this disfiguring habit. The emerging women's movement was struggling with the corset craze and the fast changing clothing fashion, exactly in bourgeois circles to which also the first feminists belonged. These women, in their drive towards liberation, rejected the corset: they literally and figuratively desired more freedom. Clothing needed to be adapted to an active lifestyle. Along with the demand for more physical activity, women wanted to participate in sports. Once admitted to this male territory, women also became enthralled with competition. Body control, competition and performance became the new elements of the bourgeois beauty compulsion. Newspapers and magazines displayed this model, and advertised with means to achieve the desired goal. The styling of one's body was in essence based on observation, comparison and correction. In nineteenth century bourgeois houses, mirrors were no longer an ornament, but an indispensable element of the furnishing. They performed the role of critical judges and silent witnesses that women conversed with, in delight or with dismay. Emerging photography reinforced the demand for precision and correction, because the camera mercilessly recorded every aberration!

In *A system of medicine* (1905), Thomas Clifford Allbutt, professor of medicine at the University of Cambridge, noted that girls at the beginning of the twentieth century were afflicted with the obsession of slenderness: "Many young women fall prey to a terror for obesity when their body develops, and do not only limit their intake of food, but also take vinegar and other so-called remedies against fatness." It would take several more decades for the mass media to pay attention to the fashion of being slender and its possible excesses. An American journalist of the *Saturday Evening Post* remarked that around 1912 the world could still be divided in two groups: large people who tried to lose weight, and thin people who wanted to gain weight. Now that he took another look in 1927, he noticed a radical change: having weight is entirely unfashionable. We have arrived in the age of losing weight, especially among women. An analysis of fashion photographs and images in American women's magazines from this period shows a marked increase in lean body shapes and also a rise in the number of articles on obesity. The ideal of a tight straight-lined silhouette for women in the nineteen-twenties supplanted the previously popular hourglass model (slim waist and curving of hips and bust). Statistics of U.S. universities showed the impact of the new fashion among female students from this time: their average weight decreased!

Until the second half of the nineteenth century, success was still embodied by roundness and avoiding thinness. Around 1900, this balance began to shift, and another half century later this image had totally been reversed. In the popular women's magazines of the last century one can note a gradual increase in the number of articles about dieting and slenderness: still limited in the period 1930-1940, it becomes clearer after 1950, striking from 1970 on and highly significant since 1980. In the last decades of the twentieth century, the 'ideal' woman became taller and leaner, but a 'normal' woman under thirty is, on average, heavier than her peer of the fifties. This growing tension between wish and reality, fueled by advertising and the mass media, was cleverly exploited by the diet industry, for example Weight Watchers & Weight Controllers. Meanwhile, large-scale surveys prove the extent of this slimness obsession and its excesses, with more and more references to an epidemic and culture-bound spread of a 'fashionable' disorder: anorexia nervosa and its variants.

THE DESIRE TO BE THIN: MEDICAL AND FASHIONABLE

Empress Elisabeth of Austria (1837-1898), better known as 'Sisi', was, in her time, a beauty icon celebrated for her super slim waist. She was remarkably tall with her 1m72, but never weighed more than 50 kg: the 'ideal' measurements of a modern mannequin... She was on a strict low calorie diet and fanatically practiced sports and gymnastics. One could read her beauty obsession from her unusual collection of photography, which contained many portraits of ballerinas! Sisi showed that severe fasts and Spartan physical exercise made a corset redundant. Thus, the modern slenderness ideal as a fashion phenomenon was born at the same time that also a particular disease came to attention: anorexia nervosa, or the desire to be thin. However, self-starvation and leanness have a much older history.

For many centuries, extreme fasts were an ascetic practice of devout Christians. In the late Middle Ages, self-starvation became one of the forms of penance, which many religious women self-imposed to share the sufferings of Christ. The Roman Catholic Church encouraged such practices for a long time by recognizing many 'fasting saints'. Self-starvation took a more secular form in the early modern period, with the appearance of the so-called 'miraculous maidens'. Initially these cases of 'miraculous fasting' were perceived as a sign of God's presence on earth. Gradually, doctors also began to search for natural causes. Seemingly, these macerated people could live from air alone. This often turned out to be a form of entertainment: people came from far to see the fasting saints with their own eyes. It brought in some extra money for family and town! Sceptics began to suspect that the pursuit of profit could be the real motive. Doctors were involved to observe the miraculous maidens, and increasingly they were unmasked. Rather than a miracle, according to doctors, these were pathological forms of deception and attention seeking, which closely resembled hysteria.

Food refusal and emaciation were known for centuries as signs of various diseases, such as hysteria, mania, melancholia, hypochondria, and chlorosis or greensickness. Most feared, however, was the often deadly tuberculosis or consumption. The British physician Richard Morton (1637-1698) was consulted for an eighteen year old girl who ate badly, visibly emaciated, no longer had menses, and showed recurrent fainting. He was bewildered when he saw her emaciated body and could not find a physical cause for it. He prescribed several medications for her, but she refused to take them and died. This made a deep impression on Morton, who began his authoritative book on tuberculosis, *Phthisiologia* (1689), with a discussion of an unusual and rare variant: 'nervous emaciation' (phthisis nervosa, nervous consumption), a form of weight loss due to emotional stimulation.

However, Morton's case study was soon forgotten, and it took until the second half of the nineteenth century before self-starvation acquired its own entry in pathology. Parisian clinician Ernest-Charles Lasègue (1816-1883) and London physician William Withey Gull (1816-1890) independently described the new syndrome. In 1873 the Frenchman published his article on 'anorexie hystérique', and in 1874 Gull's contribution appeared under the new name 'anorexia nervosa'. Both descriptions contained a set of characteristics that are still in use. Firstly, it is predominantly found in girls or young women (especially between 15 and 20 years of age). Physically, there is a remarkable weight loss due to a significantly reduced food intake. Thirdly, there is a marked drive for activity, lack of disease awareness and a sometimes stubborn resistance to treatment. And finally, no physical causes for the symptoms can be found. Interestingly, any reference to a desire to lose weight or a fear of being fat is missing in the publications of both Gull and Lasègue.

It was not long before a link was made between anorexia nervosa and a changed body culture: the desire to be thin was gradually recognized as a morbid caricature of the fear of obesity. In an influential manual on neuroses in 1883, Henri Huchard (1844-1910) mentioned as the cause "a special mental state which is important to recognize: some hysterics have an exaggerated fear of being well-fed (embonpoint)." But it was the well-known neurologist Jean-Martin Charcot (1825-1893) who drew attention to the fear of thickening. After he discovered that one patient carried a ribbon tightly wrapped around her waist, like a measure not to be exceeded, he searched among all thin patients for such a ribbon! Nevertheless, the pathology remained a rare disease, or a diagnosis was often overlooked.

In *Hygiène de la beauté* ((1924), the French physician Ernest Monin wrote: "The persistent fashion of the slim line has made a woman have less of a sweet tooth, moderate, austere, and only inclined to drink water and tea. This fashion turned the fair sex to physical activity, which is indispensible for maintaining a slender silhouette. This is also impossible to achieve for a woman who spends the day in bed. But – and that's the other side of the coin – this fashion also encouraged the use of: laxatives, which causes inflammation of the small intestine, starvation diets, which make city-dwelling women susceptible to anemia, tuberculosis, and disturbance of the nervous system. And then I am not even mentioning the women who, in order to keep their waistline, poison themselves with thyroid preparations." Morris Fishbein, for years chief editor of the Journal of the American Medical Association (JAMA), devoted a chapter in his book *The new medical follies* (1927) to 'the cult of beauty', in which he mocks plastic surgeons. The next chapter is about 'the craze of reduction', in which he writes: "There seems indeed among the women of America a veritable craze for reduction which has passed the bounds of normality and driven women and young girls to a type of self-mutilation impossible to explain on any other basis than the faddism of the mob." Monin nor Fishbein make mention at that point of anorexia nervosa, but their warnings sound, almost a century later, very familiar.

END BALANCE

A history of the body 'through thick and thin' gives us inevitably a look in a socio-cultural mirror. Today, one is judged on appearance, in terms of beauty as well as in terms of personality, health, and profitability. It is the most visible norm that western society imposes upon itself. Many other standards and expectations can be camouflaged or kept private. Just think of sexual preference or emotional expressions. But the battle for the right weight cannot be avoided. It is fought out in public and one is continuously reminded of the rules of the game through comments about appearance and messages in commercials and media campaigns. The diet industry, the fitness craze and plastic surgery are the exponents of our body culture. We embody ourselves to such an extent that our body expresses who we are. Or rather maybe: who we want to be in the eyes of others. Our body not only narrates our personal biography, but also a social history. We therefore have to learn to 'read' a body: in the care and decoration, and up to a variety of scars, are a number of messages embedded that we need to decode. Women with eating disorders embody an almost prototypical story: in their mirrors is our society exhibited, and on their scales the male/female balance is weighed. But the mirror of eating disorders shows more than the image of women with problems. Is it not equally about the 'unbearable lightness' of being: the lives of many seem so empty that the outer appearance gains in weight. In other words: the outer appearance – thick or thin – usually is hiding more than it is expressing.

Bibliography

Bray, G.A., 'Historical framework for the development of ideas about obesity', in: G.A. Bray, C. Bouchard & W.P.T. James (red.), *Handbook of obesity*, New York, Marcel Dekker, 1998.

Feixas, J., *Tour de taille. La petite histoire de l'embonpoint*, Genève, Éditions Liber, 1996.

Gilman, S.L., *Diets and dieting. A cultural encyclopedia*, Londen-New York, Routledge, 2007.

Gilman, S.L., *Fat. A cultural history of obesity*, Cambridge, Polity Press, 2008.

Klotter, C., *Adipositas als wissenschaftliches und politisches Problem. Zur Geschichtlichkeit des Übergewichts*, Heidelberg, Roland Asanger, 1990.

Merta, S., *Schlank! Ein Körperkult der Moderne*, Stuttgart, Franz Steiner Verlag, 2008.

Stearns, P.N., *Fat history. Bodies and beauty in the modern West*, New York, New York University Press, 1997.

Van Deth, R., *Geschiedenis*, in: W. Vandereycken & G. Noordenbos (red.), *Handboek eetstoornissen*, Utrecht, De Tijdstroom, 2008.

Van Deth, R. & Vandereycken, W., *Van vastenwonder tot magerzucht. Anorexia nervosa in historisch perspectief*, Meppel-Amsterdam, Boom, 1988.

MYRIAM VERVAET

THE 'PERFECT' BODY AS A SHIELD AGAINST MENTAL DISQUIET

Looking back on Thirty Years of Eating Disorders.

I was 14 years old. The year was 1970 and, since I grew up in a village, the "May of '68" had just dawned on us. My anarchistic behavior was limited to dodging the school uniform and smuggling in sweets ordered by my classmates at boarding school. Since I lived directly opposite the school, I was allowed to take care of the test mice in the school laboratory on weekends. That is probably where my interest in research initially blossomed. I put the mice on different diets and watched how their weight changed or didn't change, as the case may have been. Unfortunately, my experiments were not very systematic or ethical. The number of mice fell drastically and our chemistry teacher put a stop to my pioneering work. Life rolled on, filled with dancing, hopscotch, debates and roller-skating. Neither drugs nor smoking, nor alcohol nor diets were an issue. Every day was filled with long lines of hundreds of different girls in gray uniforms, on the way to math class or Latin class... without a care in the world.

Until one day, when the school was shocked by two senior year students who were suffering from a strange illness. They had both lost a lot of weight very quickly – around the same time – which left them walking around the playground looking like two skeletons. The same two girls who did not stand out in any way, except for the fact that one or other of them were always top of the class. There were never any problems with them, whether at home or at school. They vanished from school and the rumor was that there was something wrong with their pituitary glands. The commotion vanished too, but I was left with a lot of questions. Two girls from the same class with an illness of the brain. Did that mean it was contagious? Why did the light disappear from their eyes at the same time? And was it just a coincidence that they happened to be the two cleverest girls at school? Did that mean that being clever was also dangerous?

Yet my questions were to remain unanswered and my focus was drawn elsewhere by having to choose a study, by the struggle to be allowed to find student accommodation for myself and by my desire to study at the university of Ghent (and definitely not at the university of Leuven, as girls from good boarding schools ought to do). In the end, I decided to study psychology. It was 1974 and my father bitterly regretted my choice as it was 'not a serious profession', the local pastor objected to the 'the godless professors' in the name of Heaven and Earth and (as a result) neither did the class teacher think it was a suitable study for me. However, the greater the resistance, the more convinced I seemed to become. Was this an expression of rebellion or intuition?

Between 1974 and 1979, my psychological insight developed within a scientific culture as part of which we eagerly devoured the products of 'antipsychiatry', shot down every genetic basis for the personality to the ground and praised the anti-authoritarian upbringing to high heaven. This was all set against the background of a student life that was enriched by poker, card games and philosophical reflections on the world that went on until the early hours of the morning at cinema Studio Skoop. Meanwhile, we argued in favor of democratization and liberalization, until the start of the Easter Fair St. Peter's Square. It was at that moment that I, like all of the other students, realized that it was actually too late...

However, what had originally started out as a daring choice, ended five years later with a special curiosity about that subject they call psychology. It was not just that I myself was falling more and more in love with it: the subject itself was outgrowing its infancy. Both socially and scientifically, psychology began to break away from philosophy. And although Freud and Lacan had been my great teachers, I was also fascinated by the experimental studies within learning theory: 'back to the mice'. Before my final exams, I received an offer to stay on at the university. Like a gift from heaven, I was made assistant to Professor Emeritus Evrard. He belonged to that generation of professors to whom you never thought of saying 'Hi...' or 'Dear...' or 'I think that you...' The only thing you had was a great respect for his intellectual background and silence, as he sank into deep thoughts on the illness schizophrenia. The workload was never too heavy: there was simply a lot of encouragement to search for qualitative human functioning within that especially rich field of disorders and problems.

It was within this environment that I saw my very first anorexia nervosa patient. Without any experience or knowledge – but supervised by the head of my department – and without realizing it at the time, I started my studies and clinical work in the field of eating disorders that lasted for many years. She was a young, 22-year-old woman who identified completely with the singer Vicky Leandros, who was famous at the time. She weighed 35 kg, she was starving herself and she had daily binges which she would then regurgitate. She was intelligent, she had an excellent capacity for introspection and she let me into her exciting yet strange world of thoughts. I was totally unaware of what psychotherapy involved: I could make psychological analyses but I did not have the expertise to guide her in how to function effectively. She had never been in treatment before and I had never treated a patient. Yet she kept coming, every week.

It was 1982. I had to and needed to learn to understand this aberrant way of thinking. No books, no articles... Only one specialist in Flanders: Professor Walter Vandereycken in Kortenberg. He introduced me to the clinic for eating disorders. I started studying, followed systematic and behavioral therapy, and I read and read and read. In this way I learnt that throughout history, there has always been a strange fascination for people who starve themselves. Not only is eating a basic need but most people endured food shortages for decades. As a result, the 'voluntary renunciation' of this biological need – when there is enough food for everyone – summons great admiration. Therefore, it is natural for people to view anorexia nervosa as something divine, something sublime, something superhuman. At the same time, for most people there was something scary about it, possibly something to do with witchcraft. Later on, as a result of this 'superhuman' association, it also became an 'attraction'. In 1924, the illness was beautifully depicted by none other than Franz Kafka in his book *The Hunger Artist*, a story about a man who imprisons himself in a cage without any food. He is only allowed to wet his lips and he has to last at this for forty days. People come to see him, just like a funfair attraction, but they gradually lose their interest. In the end, he dies in his cage. This is a remarkable story, especially since it is a depiction (a self-portrait, perhaps?) of a man who is starving himself. In fact, up until this time, it was mainly young women with this strange behavior who were depicted. Nevertheless, the strange nature of this phenomenon takes on another significance during the time of Sisi, Empress of Austria, in the late nineteenth century. In her case, diets and sports were rather viewed as expressions of her emancipation, although she did demonstrate clear signs of depression and suicidal tendencies before she was murdered.

Psychoanalysis carries out the first systematic studies that will attempt to provide an explanation for the phenomenon. From now on, anorexia nervosa is understood as a state of 'mental illness' that has a hysterical character. The first 'case studies' were depicted and treated by notorious psychoanalysts (Freud's daughter had anorexia nervosa too) and the symptoms were understood as a rejection of sexuality and maturity. However, the studies were limited to the phenomenon of anorexia nervosa and other eating disorders were barely mentioned or not mentioned at all.

The idea of 'being trapped' in a cage was used again in 1978, when Hilde Bruch published the book *Unlocking the golden cage*. The book became a bestseller, as a result of which information about this disorder, about which very little was known up until then, reached the public at large. This psychiatrist also views the disorder from the perspective of the mothers. Although psychoanalysis had carried out pioneering work and removed the phenomenon of anorexia nervosa from the moralizing angle, it was scientifically innovative to no longer view the 'mental illness' as a disorder within the individual but rather to broaden this vision to the context of the family and to interactions with the individual. The systematic therapists Minuchin and Selvini Palazolla go one step further by referring to 'the anorexic family'. Although they emphasize the way in which interactions within a family maintain the disorder, this hypothesis is often interpreted as a causality model. As a result, the opinion among lay people is that mothers are the cause of the disorder. This has far-reaching negative consequences. The daughters view starving themselves as the solution and the mothers, whose main task up until that point was raising their children, suffer from feelings of guilt and failure. Without a shadow of a doubt, this leads to a wide gap between the carers and the patients. The patient thinks that she is not sick and, therefore, that she does not need any help. The mother tries even harder to find the solution herself.

In the midst of this stalemate, behavioral therapy makes its entrance into the study of eating disorders. Based on learning theory and experimental research, one should look for the way in which behaviors are learnt. In particular, one should look to answer questions such as: what triggers certain behaviors and what causes one to repeat these behaviors? The assumption is that 'disordered' (dysfunctional) behavior is subject to the same laws of learning as 'healthy' (functional) behavior.

Psychiatric research is becoming more objective and more systematic thanks to a well-defined classification system. In this way, bulimia nervosa was also classified as a specific eating disorder, in addition to anorexia nervosa (Russell, 1979). Moreover, a more general group of eating disorders was classified too. The symptomatic behavior, i.e. the dysfunctional eating behavior, was examined within the syndrome of the disorder, while the family of the patient and the society in which the patient lives were viewed as contextual influences.

I wanted to use those insights from the '80s to find an explanation for the fact that an intelligent young woman, without any prior psychiatric history and who comes from an upper-middle-class family, 'chooses' to starve herself. This intention is not motivated by the wish to die; it is not based on any lack of lust for life, nor is it intended to charm others or get attention. On the contrary, the intention is driven by the wish and the desire to achieve the highest form of self-discipline possible, to 'distinguish' oneself, by not giving in to one's needs and daily longings... As with all anorexic girls, this wish is not inspired by God or one's parents, school or friends. The only one making this demand is the girl herself. While some people seem to achieve this ascetism and perfectionism (restrictive anorexia nervosa), others become immersed in feelings of guilt if they do not succeed in this (bulimic forms of eating disorders).

It is now 2010. Two doctorates, a number of books and many articles are all a testament to my continuing search. Not least, however, did I learn from the more than two thousand patients whom I treated personally over the course of the years. Expertise is an essential prerequisite and professional training must be the basis for all psychological interventions, whether or not these are combined with the prescription of psychotropic drugs. To date, things are not as obvious as they seem in Belgium. Therefore, many patients lose precious time by consulting pseudo-therapists or as a result of unilateral treatments that only focus on the eating behaviors, as a result of which the disease only becomes more resistant. This erro-

neous state of affairs is compounded by the fact that as of yet, the government does not recognize psychotherapeutic expertise, which means that patients are not reimbursed for the costs of the care they receive from university-trained specialists. This means that by and large, the costs of treating a psychiatric illness which has the highest mortality rate and extensive physical morbidity, which primarily affects young women and for which treatment can take years, must be borne by the patient's family itself.

Although expertise is an essential prerequisite, it is by no means guaranteed. At the time, I compared living with an eating disorder to a kind of 'safe hell', which harks back to the association of 'being trapped'. As a result of the fear of being considered 'not good enough', these girls withdraw from what is for them a threatening world of expectations and assessments into a world in which they set the rules that they have to comply with. That world seems safe to them and they observe its rules convulsively and stubbornly, yet unfortunately it is precisely this place of refuge that becomes the detriment of their physical, psychological and social well-being. In search of perfection, they end up stranded on a desolate island, where all communication with the outside world gets cut off. One can interpret their behavior as a fad, a kind of superficial, adolescent desire to be thin, as this is the only thing that seems to keep them occupied and it is the only thing they communicate about. Even the girls themselves are often convinced that that is what they want. To a certain extent, they also become alienated from what motivates them to become ill and weary, in particular avoiding that which they do not want: 'not being considered good enough'! That is not difficult in a world in which the 'bon ton' is to make negative pronouncements about people, to make quick judgments about whether someone is grandiose or a loser, in a world in which children grow up with great expectations of big accomplishments and where commercial interests seem to offer them the tools to acquire these status symbols.

It is not difficult to understand that in a world like this, the fear of 'not being considered good enough' is increasing. That is why it is necessary for clinicians to build a relationship of trust – first and foremost – on the basis of which they will be let into the cocoons that the patients have spun around themselves. One does not gain that kind of trust automatically, rather it is something that has to be earned by quietly building up the level of contact and communication with the patient and, where necessary, repairing this. That requires engagement, patience, interest and openness. Those are not the kind of attitudes one can just buy or acquire but rather they are attitudes that one develops, day after day, year after year...

One doesn't learn how to live based on ten tips.

Yvonne Thein, Zonder titel, nr. 2 (32 kg),
c-print op alu-dibond, 2006-2008. Courtesy Galerie Voss, Düsseldorf

PIETER BONTE

THE FANTASTIC HUMAN BODY

On Making his Own Body: his Dignity, his Madness

God grant me the serenity
to accept the things I cannot change;
courage to change the things I can;
and wisdom to know the difference.
Serenity Prayer, of unknown origin

In this contribution I would like to make a short, clear exploration of a pressing moral issue: the importance that we attach to living a *natural* and *authentic* life. Those terms are often invoked as a touchstone to determine whether certain deviant behaviours are sick or morally reprehensible. That anorexia could be a positive lifestyle choice – which is how the proponents of the 'pro-ana' movement present it – is often disputed on the basis of the *unnaturalness* of the behaviour and the *falseness* of the way of thinking. Ascetic monks, on the other hand, are elevated to a state of holiness – their behaviour is suddenly cited as *supernatural* and having greater *authenticity*. After all, they follow a purely spiritual path of divine guidance, having freed themselves from natural, earthly passions. Therefore, 'naturalness' plays a profoundly dualistic role: on the one hand, the great ideal and on the other, the great evil. To get to the heart of the matter and to achieve transparency, I will open up the perspective to the fundamental question: are we allowed to drastically reform our bodies and spirits? And if so, in what ways and how far should we go? To put it another way, what means and what kind of bodies are forbidden? These questions are becoming evermore pressing in an era that has seen the development of more and more technologies which we can use to directly intervene in the state of our bodies in order to 'improve' ourselves.

THE RISE IN 'THE SCIENCE OF IMPROVEMENT' AND THE EROSION OF NATURAL ROMANCE

We can now go to great lengths to doctor our bodies from head to toe. Anyone dealt an unfair hand by Mother Nature no longer has to resign himself to his biological mould. Gather your courage (and your money), and then you can improve your lot – your body. A multifaceted 'science of improvement' is on the increase in our culture: cosmetic surgery for a more beautiful or more unique body; doping for more pep and fitness; drugs or electronic implants for a better emotional life and more powerful thoughts; and ultimately, even the improvement of the most fundamental building blocks of our existence: the improvement of our genes, also known as eugenics.

This rise in the science of improvement is an affront to many people. It seems to be fundamentally flawed in two respects: it is completely unnatural and it is the product of imposed illusions of perfection. One of the spiritual fathers of this kind of thinking is Jean-Jacques Rousseau, the eighteenth-century philosopher who was also the forerunner of romanticism. "Man is born free, and everywhere he is in chains." That sums up his programme well: we must free ourselves from all external pressures so that we can develop according to our natural dispositions, which are innately good – that is our birthright. It is a powerful intuition that clearly reveals what the good life is all about: being natural and being your authentic self.

Yet sometimes, strange things happen, if you rethink moral intuitions. For someone with a clear view of the origins and effects of human nature, the following 'cascade argument' may seem inevitable. Starting with Rousseau's credo, we will proceed through a six-step cascade argument and arrive at a deeper understanding of the subject matter, which – ironically enough – is diametrically opposed to the point of departure on 'good nature'.

(1) First of all: there is no stronger force than that which nature exerts on you. After all, your biological mould sets all the starting and maximum conditions of your existence, making them a foregone conclusion. You can probably have an immensely creative influence on this by exercising your own willpower and as a result of the social influence of others. But no matter how much you may wish to refashion yourself, there are numerous biological markers that weigh you down like lead and that you cannot get rid of – no matter how much you might wish, nor how hard you try. Do we want to retain those biological markers? Are people comfortable in their own skin? How 'well-built' are they? Well enough to be able to survive and to become civilised in some way but apart from that, we are getting everything distorted.

(2) Therefore, the evolutionary processes from which the *homo sapiens* emerged around 250,000 years ago are, in and of themselves, blind, aimless and meaningless events of random genetic mutation and merciless natural selection – not quite a morale-building story for us to make us persevere.

(3) In addition, each individual birth is the result of a new round of 'reproductive roulette': blind coincidence dictates which sperm fertilises which egg, and a lot of things can get derailed during the conception process.

(4) Then take another look at the kind of brutal injustices that occur due to the way in which Mother Nature distributes her blessings among mankind. As a result of the aforesaid senseless evolutionary processes, one person gets blessed with impressive talents, while another is burdened by all kinds of physical deficiencies and so many people remain powerless to transcend mediocrity. Although we cannot overcome this to any great degree (and, for the time being, would be better off putting up with it), that does not take away from the fact that it is a shocking injustice.[1]

(5) So here we are, the half-baked result of a senseless past. And we are all half-baked because even if you are one of the prime specimens of the *homo sapiens* on Earth – a Vitruvian copy like the Da Vinci model – then you will still have to deal with all sorts of evolutionary madness in your constitution. On the one hand, it is built into the *homo sapiens* to go through life with painfully weak backs or painfully small pelvises, for example, as that was the best that the natural selection processes, in their blindness, could come up with. On the other hand, the human psyche is overrun with instincts that thwart us on a daily basis in our attempts to build more valuable lives, which range from our insatiable craving for sugars and fats to our inveterate tendencies for short-sightedness, prejudice, lust and aggression. These pre-moral instincts did have their raw usefulness in a world ruled by scarcity and survival of the fittest but nowadays, these are at odds with both our material welfare state and our moral ideal of civilisation. And as stated previously, we cannot 'talk' our way out of this entirely. More drastic interventions for our bodies are called for.

(6) Finally, and quite simply, imagine that we were not encumbered by this entire evolutionary reality, and that we could believe that man was created as a result of meaningful processes, to be a good and happy creature in harmony with his environment. Then why shouldn't these beautiful creatures we call people ennoble their existence even further?

Conclusion: the burden of proof is overwhelming, and the belief in a guiding moral nature now seems to be in tatters:

What we know from evolution, from Darwin's day on, is that the way we are is an interesting accident. And it tells us certain things about what will make us function well, but it doesn't tell us anything about the way we should be or what we should become or how we should decide to change ourselves.

Bioethicist Arthur Caplan

Therefore, Rousseau's credo can be seen in a new, more penetrating light: Man is born free but everywhere he is tied up in social *and biological* chains. But the good news is that it's not all bad news. This sobering perspective on our nature gives us renewed hope. After all, wouldn't it be a blessing if we could surgically remove all of those evolutionary imperfections? If we could vouchsafe our descendants so that they would not longer have to be reproduced by random recombination? If we could see to it that natural talents were no longer distributed via the senseless natural lottery, which inconveniences so many people, so as to replace it with a policy of 'equal natural opportunities'?

Seen in this light, our human dignity seems to consist of the following: becoming entirely self-made, in terms of the individual, the family and society. A *homo faber sui* who assumes his responsibilities and carves deeper and deeper into himself to reshape himself in accordance with a more moral model. A human being that no longer bows to evolutionary laws but rather to moral laws alone. A person who frees himself from the brutal natural moral code of survival of the fittest or of *homo homini lupus* [man as a wolf to (his fellow) man].

This new moral tone seems to echo that original humanist text, *The oration on the dignity of man*, which was courageously penned by Pico della Mirandola in 1486. In the text, allegorical Creators address mankind as follows:

As a free and sovereign artist, you should be your own sculptor, as it were, and you should mould yourself in the form of your choosing. You can slip into the lower forms, the animal, but through your own acts of will, you can also be reborn into the higher forms, which are divine.

Using the evolutionary image of man and considering the science of improvement, gerontologist Raymond Tallis takes up this idea, leaving no room for doubt as to what this means for our self-image, for our 'human nature' and for our moral commitment to authenticity:

If, as I believe, the distinctive genius of humanity is to establish an identity that lies at an ever-increasing distance from our organic nature, we should rejoice in the expression of human possibility in ever-advancing technology. After all, the organic world is one in which life is nasty, brutish and short, and dominated by experien-

ces which are inhumanly unpleasant. Human technology is less alien to us than nature [...]

It is an inference that would silence Jean-Jacques Rousseau, because this ironic development seems to floor his entire philosophy. However, does that mean that not even a trace of the belief in the 'goodness of human nature' remains? The debate on this is still raging but from what I have established, unfortunately, many natural philosophers are holding on to the naïve expressions that *basic science* is making firewood of. Nonetheless, it still looks as though a crucial role has been carved out for naturalness as a basic moral value, albeit only in a strictly non-biological sense. In fact, this is only true if it refers to *authenticity*. Therefore, we can still salvage something from the old ideal of naturalism, which can be demonstrated in the following three short expeditions.

THE SCIENCE OF IMPROVEMENT AS AN ECSTACY OF THE SOUL

This last demolition raises the question: if we cannot identify with our biological nature like Caplan, Tallis and co. indicate, then where does our identity actually come from? What is the deeper 'source of the Self'? That is one of the biggest questions of our time, and big books have been published on the subject, including *Sources of the Self* by Charles Taylor, *Reasons and Persons* by Derek Parfit and *The Mind's I* by Douglas Hofstadter and Daniel Dennett. On this occasion I will largely limit my response to warmly recommending those works, but I also wish to highlight the bizarre identification practices that arise among those philosophers (fantasists?) who live with the expectation that it will be possible to 'fashion' mankind down to its very core in the foreseeable future. By that I am referring to the 'transhumanists': philosophical curiosities who are working hard on their PR to be recognised as a serious movement, yet whose toughest critics say that the best place to treat them is in institutions such as doctor Guislain's.

These transhumanists fully agree with the scientific cascade reasoning outlined above; however, unlike the average scientist, they link that vision of mankind to an extremely optimistic estimation of the speed of technological progress. According to them, that progress will continue to accelerate *exponentially* and as a result, they are already living in the blissful expectation that we will soon be able to replace these arbitrarily cobbled together *homo sapiens* bodies of ours with new, ever-improving versions.

By following such trains of thoughts, they experience a remarkable transformation of their self-image. They consider themselves *the future living in the past* (this is also the credo of the *Second Life*[2] division of the *World Transhumanist Association*). With those convictions in the back of their minds, they consider life today in the year 2010 an immature affair that they have been forced to make their way through because 'the time has not yet come', yet that is why they radically *disidentify* with this life. They disparagingly view their own bodies, those of the poor *homo sapiens* variety, as a 'meat bag' – often with disdain and disgust – a senseless bag of flesh that oppresses us and prevents us from leading our higher, transhuman lives.

Les extrêmes se touchent. Although the transhumanists reasoning stems from a highly materialistic image of mankind and only considers purely material means, their train of thought still gravitates towards that of a religious doctrine of redemption.

The analogy is not only visible in the contempt for our current bodies. This also overlaps with the description of what our actual identity is. If the transhumanists slacken the reins on the extrapolation, they will reach the conclusion that the only thing that we can really identify with is our higher brain activities. That is a biological process but according to the transhumanists, that does not necessarily have to stay that way. The most outrageous transhumanists (who often go through life as 'singularists') stake their souls on the conviction that thought processes are so abstract that in principal, not only can they 'travel' on a biological carrier (the brain) but they can also travel just as well (and ultimately even incomparably better) on a technological carrier. Taking that bet/leap of faith quite literally, some people freeze their bodies (or, if they don't have enough money, just their heads) in the hope of being resurrected as soon as we have developed the technology to reanimate the contents of the brain.[3] The technology for '*mind uploading*' is their holy grail. If you can transfer the thoughts and feelings (or 'software') from your biological brain (your 'wetware') to supercomputers (your new body, which is now 'hardware'), then you will in fact become quasi-immortal and while this may not be omnipotent, it is still especially pluripotent. In short, you will lead the life of an angel.

How does this link back to the issue of our authenticity? In this transhuman image of mankind, what is our 'true self'? It is the immaterial soul that resides in our higher brain activity: it really exists and its existence is provable, as it may even be possible to digitalise it one day. Meanwhile, while waiting on technological redemption, mankind as it exists now seems to be burdened by its evolutionary heritage, a blindly cobbled together, biological trifle. And you pray for the day when technology – that divinely inspired human creation – will redeem you from this.

You could be forgiven for being sarcastic about quite a lot of authors on transhuman thought, but anyone who cites their 'extremist extrapolation' in order to write off the entire problem of the science of improvement as much too fantastical will have gone one step too far. The science of improvement is a real, acute issue that is gradually making its presence felt in all aspects of our daily lives. I will now extricate two matters that seem to represent a threat to the ideal of authenticity: on the one hand, the possibility of 'breeding' our children and on the other, the individual who is refashioning his own body and mind by the force of his self-will.

NATURAL VERSUS ARTIFICIAL CHILDREN – A CONTRADICTION THAT DOESN'T EXIST

Improvement techniques are already being developed for unborn children too. In this way, the influence of 'pre-implantation genetic diagnosis' (PGD) on the characteristics of children is increasing slowly but surely: you create a series of embryos, scan them for their quality, select what seems like the best one (in the interest of the child's welfare, we should hope), implant it into the mother, and an 'improved' child will see the light of day.[4]

PGD and its associated reproductive improvement technologies give way to the following moral dilemma:

The parent — in partnership with the IVF doctor or genetic counsellor — becomes in some measure the master of the child's fate, in ways that are without precedent. This leads to the question of what it might mean for a child to live with a chosen genotype: he may feel grateful to his parents for having gone to such trouble to spare him the burden of various genetic defects; but he might also have to deal with the sense that he is not just a gift born of his parents' love but also, in some degree, a product of their will.

U.S. Presidential Council on Bioethics

This prospect of a 'child drawing board' caused the influential philosopher Jürgen Habermas to write a book protesting against it, entitled *The Future of Human Nature* and published in 2003. Parents who determine how their children are made up: that would rob those children of the feeling of authenticity, of 'being oneself'. After all, they would bear the seal of their makers' preferences right down to the core of their identity: their sharp intellect, athletic abilities or happy nature – they would never be able to fully own these personality traits, make them their own, as these would always belong – at least in part – to those others who deliberately imprinted them in their genome. And that state of alienation from the most intimate parts of oneself is a humiliating, degrading way to be in life. Therefore, we should prohibit the targeted improvement of offspring, as Belgian law has provided for since 2007.

It seems like a compelling rationale: reproductive improvement techniques are not morally conceivable as they run counter to the authenticity of the child. Therefore, they should be resolutely banned. However, this compelling argument must overcome two major problems, if it wants to be well thought out. (1) Is it not logically untenable that parents should be held liable if they choose to intervene in a targeted way but that they should not be if they choose to allow the natural course of affairs to proceed its own way? (2) Is it true that these kinds of interventions cause irreparable damage to the self-image of the 'designer' child?

(1) In fact, there is much more reproductive freedom nowadays and, as a result, much more responsibility. For as soon as a technology becomes available, people need to decide whether they are going to use it or not. What you cannot escape is that it is available. Deciding not to use it is also a choice. That is the case, whether you make an active decision not to use these technologies or – and this is absolutely crucial – if you fail to make a conscious choice (due to carelessness, indifference, escapism, etc.), thereby allowing the normal, natural course of affairs to proceed unchanged. You cannot stay in the dark. That is along the lines of an 'irresponsible cowardice in the face of the unknown'.

This leads us to the equally inevitable and shocking conclusion that all children born in an era in which reproductive improvement techniques are possible are 'artificial' children, even those who are processed 'naturally'. This startling conclusion was the focus of Buchanan et al. in their impressive reference work *From Chance to Choice:*

We understand the distinction between the social and the natural as that between what is subject to human control and what is not. [...] Paradoxically, nature brought within human control is no longer nature.

The public debate would already be a good bit further along, if this prior knowledge was widespread and given continuous attention. After all, you can't avoid it: when it comes to our conception, we are 'sentenced to trust' (Peter Sloterdijk). Any attempts to blind ourselves to that knowledge, so as to rescue a form of 'natural authenticity,' are bitterly ironic, as that will install the illusion of a fake naturalness, a concept of self that is even more artificial and degrading – if that is possible – than that of the person who at least clearly sees that he is the product of other people's choice – of their actions and their failures.

(2) Therefore, it seems *more authentic* not to want to ignore our 'sentence to trust' and to look for ways in which we can bear this with dignity. That does not take away from the fact that we actually need to be especially vigilant in relation to two dangers that have been pointed out by alarmists: on the one hand, that parents – or even worse, political or cultural rulers – *would use* their offspring as instruments for the purpose of their own goals and, on the other hand, that – even though people's reasoning in relation to conception is completely selfless and in the interest of the child and even though the living child is unconditionally accepted, regardless of any pattern of expectations – the designer child will feel alienated from itself because its parents' decisions will feel like an unacceptable intrusion.

I do not pretend that I can offer a satisfactory answer to these issues. Perhaps these are the tragic, quite unavoidable shadow sides of our new freedoms. What I wanted to demonstrate is that family life is threatened not only by frivolous or downright malicious 'designer thinking' but also equally by the extreme counterreaction to this, in which respect the new de facto responsibilities are blurred and we willingly and knowingly continue to entrust our children to the blind randomness of nature. In short, the matter currently at hand is to sharpen our parental and ethical duty of care on this point in such a way that our offspring cannot accuse us of either censoriousness or neglect. That is no mean feat.

BECOMING WHO YOU ARE – MAINTAINING THE BALANCE BETWEEN SELF-REALISATION AND SELF-ALIENATION

And what about the individual who takes his well-being into his own hands? If you improve your physical performance by doping yourself, or make your appearance more beautiful by getting not only a haircut but also by having a cosmetic surgeon cut your skin, then in the year 2010 you might react badly to the fact that some people will still greet you with disdain or even disgust. Your silicon breasts or your glowing performance that is the result of EPO in the bloodstream – some people find it really disgusting, even though they often find it quite difficult to say exactly why.[5] Whenever people have to account for that disgust, they say that it is just a gut feeling that says that there should be a moral duty to 'stay true to your nature'. If this 'nature' is understood in terms of biology, then one can apply the same cascade reasoning used earlier, which makes it difficult to maintain such a stance. However, it could also be interpreted as a kind of being true to yourself, in the sense that your performances and attributes should come from yourself. In short, this is another appeal for authenticity.

The bioethicist Carl Elliot dedicated an entire book to the curious reply that those who dope themselves or have cosmetic surgery make to that accusation that they are fake. It may come as a surprise, but they will often fully agree with their critics: that it is about authenticity. In fact, it was precisely because they had their sights set on a higher authenticity that they turned to improvement techniques. In *Better Than Well*, Elliot gathers a whole range f their testimonies together, which can be roughly divided into wo categories. The first category of 'improved' people experience heir transformation as the *awakening* of an *original*, more authentic self – a core of being which they always had within themelves but which was never able to successfully emerge in their natral body. A striking expression of that train of thought can be ound in the testimony of the transsexual character Agrado in the lm *Todo Sobre mi Madre* by Pedro Almodovar: "the more a woman egins to look the way she has always dreamed of looking, the more uthentic she becomes." The second category experiences its ransformations the other way around: for those people, it is more ke the creation or discovery of a completely new and better self – omething which they never had in themselves before then but which has now been added to them and enriches them. That is the way it happened to Sam Fussel, for example. In his book *Muscle*, he eveals how steroids and extreme exercise transformed him. For omeone who was originally a good, well-behaved bookworm, not only did he develop chunky muscles as a result of that regime but e also developed a completely new personality: he became anoher new person, a more assertive show-off – and he quite liked hat new personality.

Those self-declarations are intriguing but in and of themselves, hey do not explain the ambiguity, suspicion and resentment that xist in relation to lifting the lid on the science of improvements. To obtain genuine clarity about these strong but vague feelings, we should focus on the techniques that do what the aforementioned nterventions do, be it laterally, by directly engaging our feelings and thoughts. This thorough introspection seems like a fertile arena o adequately put this deep-rooted resistance to the science of improvement into words. And that could help bring the supporters and opponents to a new, constructive consensus.

I suppose that this resistance primarily stems from the fear of any forms of 'emotional short-circuiting'. Emotions have a function that is vital to a successful social life. Cognitive psychology refers to them as 'hard to fake commitments'. Emotions are a way for people to engage deeply with both themselves and others in such a way that they will keep fulfilling those commitments 'against their better judgement'. As such, they are also the cornerstones of our moral instincts, our conscience. That is why we consider drinking away feelings of guilt morally reprehensible. That drug – alcohol – interrupts the spontaneous emotional course of affairs, which would be for your conscience to force you to get rid of your feelings of guilt by trying to right the wrong that was committed (or the crack in your self-image). You cannot short-circuit this wholesome but often difficult process by detaching yourself from reality with alcohol intoxication. One of the fundamental problems associated with the science of emotional improvement (which, nowadays, includes the use of Prozac, Paxil and such) is that they will generate much more effective, accurate means of proliferating such emotional short-circuits. Therefore, it seems inevitable that we will have to prohibit the free use of all kinds of designer drugs and any other disruptive medicines.

At the same time, this high level of vigilance – which is necessary – should not turn into a prohibition on the science of emotional improvement per se. After all, we cannot just refer to human emotionality as a soothing and finely tuned system. In principle, it would seem sensible to be open to both improvement techniques that temper such destructive or oppressive aspects of human emotionality as vengefulness or undue depression (with the necessary caution) and to improvement techniques that open up entirely new emotional and intellectual landscapes for us. In this way, the psychiatrist Peter Kramer convincingly demonstrates in his taboo-breaking book *Listening to Prozac* how some people are already opening up in almost miraculous ways and are finding new, sustainable *joie de vivre* by using Prozac sensibly.

Besides the fear of unlawful medicines, the resistance to the science of improvement also seems to be rooted in the fear of unlawful purposes. For example, the American Presidential Council for Bioethics has warned against the improper use of targeted 'memory blockers' (which are currently being developed to help patients with post-traumatic stress disorder) on soldiers or those guilty of violent crime. This would allow them to take a memory blocker before carrying out a murder mission or brutal attack and then commit their violent deed with a comfortably numbed conscience, without ever having to experience the full force of the tough reality of their deeds. In this way, they would not have to process what they did through their conscience – that process of processing emotions would have been outsourced to the memory blocker. Therefore, it seems equally inevitable that we will have to declare certain physical and psychological states – like this unscrupulousness – 'off limits'.

Therefore, we will have to draw up a list of prohibited medicines in one column and prohibited body types in the other. But what criteria should we use to make this critical distinction between those improvement techniques that we prohibit and those that we allow? Again, it is important not to lapse into judging everything that seems 'unnatural'. The distinction should be made on the basis of sufficiently 'denaturalised' and independent ethics. To this end, we will have to study the possibility of a successful incorporation in the following test compilation: if you can quickly identify with the influence which any given improvement technique has upon your body – and that could be on your mood, your thoughts or your physical attributes – without becoming alienated from yourself or your sense of self, in such a way that you can incorporate that improvement technique into yourself as a spontaneous part of your identity, then you are dealing with an improvement technique for which a case could be made to make it freely available. It seems to me that the real key question is this issue of incorporation. And there is still a lot of work to be done on this issue. If we want to get past the scare-mongering, then we will have to carry out penetrating studies that reveal the exact moral, psychological processes that appear among people who drastically transform themselves by way of material intervention, to the same degree as, for example, those anorexic eating patterns that are currently being put under the microscope.

A FUTURE GLIMPSE INTO 'SELF-IMPROVEMENT HEALTHCARE'

Although self-improvement techniques might seem 'unnatural' at first glance, they also seem to hold the key to improving our fate, although some 'transhumanists' lose all sense of proportion in this respect. At the same time, there is also a lot of danger inherent in the natural way of thinking: it threatens to derail into an irrational denunciation of individuals who are in fact only trying to create a more authentic life in their own way. Nonetheless, improvement techniques that are not carried out well can deeply undermine human authenticity. That seemed to be the case in three instances: 'breeding' children in an overly controlled fashion, snubbing healthy emotional bonds and cutting oneself off from all of one's moral capabilities.

Therefore, it does not seem sensible to have a completely free flow of improvement techniques and a permissive policy. It will require pro-active action to introduce improvement techniques – and the new uniformities and pluralities that they will generate – in a peaceful and beneficial way. In this regard, I think it would be sensible to develop protocols for the proper use of self-improvement techniques before letting them loose on society. Furthermore, people's individual capacity for decent and principled self-governance will have to be strengthened through all kinds of (emancipatory) education.

This pro-active action also means paternalism. And such paternalistic intervention must also be set up quite carefully. For now, we might still be able to organize it as a subcategory of our drugs policy, but once the development of improvement techniques really takes off, it will have to become a much more comprehensive, independent branch of policy-making. In addition to the current healthcare system, we will also have to develop a 'self-improvement healthcare' system. As far as I am concerned, the best way to do this is to base it on a principal of enthusiasm about the possibility of being emancipated from the burden of our evolutionary inheritance, considerably tempered by both healthy scientific scepticism about the speed of progress and a significant moral alertness to the many ways in which people could abuse improvement techniques. One thing is certain: the time is ripe for outlining the initial moral and legal guidelines for improvement techniques.

Bibliography

Buchanan, A., Brock, D.W., Daniels, N. & Wikler, D., *From Chance to Choice. Genetics & Justice*, Cambridge University Press, 2000.

Elliot, C., *Better Than Well. American Medicine Meats the American Dream*, New York-Londen, W.W. Norton & Company, 2003.

Koops, B-J., Lüthy, C., Nelis, A. & Sieburgh, C. (red.), *De Maakbare Mens. Tussen fictie en Fascinatie*, Amsterdam, Bert Bakker, 2010.

Missa, J-N. & Perbal, L. (red.), *'Enhancement' – Éthique et Philosophie de la Médicine d'Amélioration*, Parijs, Librairie Philosophique J. Vrin, 2009.

Pinker, S., *The Blank Slate: The Modern Denial of Human Nature*, New York, Viking Press-Penguin Group, 2002.

President's Council on Bioethics, *Beyond Therapy. Biotechnology and the Pursuit of Happiness*, Washington D.C., The President's Council on Bioethics, 2003.

Savulescu, J. & Bostrom, N. (red.), *Human Enhancement*, Oxford University Press, 2009.

Notes

1 Until recently, we were totally powerless to free ourselves from this biological yoke; nor could we imagine the progress that would one day present us with the means of achieving that freedom. As a result, the bodies we were born with seemed to be *unalterable*. And therefore – keeping in mind the aforementioned *Serenity Prayer* – we did everything we could 'to accept the things we (apparently) cannot change'. The fastest way to acceptance was (and still is) repeating mantras such as 'That's the way God wants it' or 'that's the way Mother Nature intended'. However, there is not enough insight into the fact that those superstitions are based on a 'whitewashed deification' of Nature's cruel processes. In the past, this kind of consecration of the raw violence of Nature paved the way for state eugenics programmes such as those carried out during the Nazi regime (with its destruction – in accordance with the dictates of Nature – of *lives that were unworthy of life*, of all *Ballastexistenz*), and, in a less rabid form, in numerous other countries, at the top of which the U.S. – see *From Chance to Choice* by Buchanan et al.

2 An enormous virtual world in which you can pose as the character of your dreams, which can be experienced on http://secondlife.com.

3 This freezing process is called *cryonics*, and it is offered by the company *Alcor*, which is a *Life Extension Foundation. See* http://www.alcor.org.

4 It must be said that as of yet, PGD can only be applied to a small number of symptoms and characteristics, and moreover, that since 2007, Belgian law provides that this can only be used for therapeutic purposes and never for self-improvement purposes. The former is permitted but the latter is not, because the lawmakers have stated explicitly that this constitutes *eugenics*, which are considered unacceptable by their very nature.

5 Leon Kass, former chairman of the *President's Council on Bioethics* – which has now been abolished by Barack Obama – legitimises this visceral, instinctive disgust reflex by postulating that it represents a *wisdom of repugnance*. According to him, there does not need to be a rational reason for this disgust, because it is *the emotional expression of deep wisdom, beyond reason's power fully to articulate it*.

Lichaamsbeweging op de werkvloer, foto, ca. 1970. Sportimonium, Hofstade

The Saturday Evening Post. (Rockwell *Weighing in*). 28 januari 1938. Privécollectie

PERSONALIA

PATRICK ALLEGAERT is artistiek directeur van het Museum Dr. Guislain. Hij is voorzitter van de Beoordelingscommissie Theater (Vlaamse Gemeenschap) en van de Adviescommissie Cultureel Erfgoed (Vlaamse Gemeenschap).

PIETER BONTE is doctorandus aan de Universiteit Gent, waar hij zoekt naar een waardige omgang met de technieken die ons lichaam en geest ingrijpend hertekenen. Daarnaast werkt hij binnen diverse verenigingen aan een her(r)ijking van het vrijzinnige leven.

ANNEMIE CAILLIAU is directeur van het Museum Dr. Guislain, coauteur en coredacteur van verschillende publicaties van het Museum Dr. Guislain.

ALEXANDER COUCKHUYT is verantwoordelijke bruiklenen van het Museum Dr. Guislain en coredacteur van verschillende publicaties van het Museum Dr. Guislain.

RONNY DELRUE is beeldend kunstenaar. Hij is docent aan de Hogeschool voor Wetenschap en Kunst, Campus Sint-Lucas Gent.

IGNAAS DEVISCH is als filosoof verbonden aan de Universiteit Gent en de Arteveldehogeschool. Hij is tevens voorzitter van de Maakbare Mens. Hij doceert sociale filosofie, medische filosofie en ethiek en publiceert regelmatig in binnen- en buitenland over deze thema's.

UUS KNOPS is psychiater. Een deel van haar opleiding volbracht ze in het Centrum voor Eetstoornissen in het Universitair Ziekenhuis Gent.

YOON HEE LAMOT is wetenschappelijk medewerkster van het Museum Dr. Guislain. Zij is betrokken bij de tijdelijke tentoonstellingen.

MARLEEN LEPÉE is ergotherapeute bij de dienst Eetstoornissen in het Gentse Universitair Ziekenhuis. Daarnaast is ze opgeleid in relax therapie en meditatieve eutonie. Op creatief gebied bekwaamt ze zich verder in het beeldhouwen, zowel in steen als in hout.

BART MARIUS is wetenschappelijk medewerker van het Museum Dr. Guislain. Hij is betrokken bij de tijdelijke tentoonstellingen.

EVERT PEETERS is als historicus verbonden aan het SOMA (Studie- en documentatiecentrum Oorlog en hedendaagse Maatschappij). Hij publiceerde eerder over de geschiedenis van lichamelijkheid in de twintigste eeuw.

BARBARA SAFAROVA is afkomstig uit Tsjechië. Ze maakt documentaires en schrijft essays. Ze is voorzitster van de Parijse vereniging ab (art brut connaissance & diffusion). Haar doctoraalscriptie was gewijd aan kunstenaar actief op het terrein van de art brut.

RENÉ STOCKMAN is doctor in de maatschappelijke gezondheidszorg. Hij is generale overste van Broeders van Liefde. Als oprichter en conserv van het Museum Dr. Guislain wil hij een bijdr leveren tot de studie van en het debat over de geschiedenis van de psychiatrie.

WALTER VANDEREYCKEN is psychiater-psychotherapeut, buitengewoon hoogleraar aan de K.U.Leuven en hoofd van de afdeling eetstoornissen van de Psychiatrische Kliniek Broeders Alexianen in Tienen.

RON VAN DETH is psycholoog, eindredacteur van *Psyc Praktijk* en stafmedewerker van het Europee Instituut voor Educatie in Driebergen (NL).

MYRIAM VERVAET is hoofddocent aan de faculteit Geneeskunde van de Universiteit Gent. Zij is coördinator van het Centrum voor Eetstoornissen van het Universitair Ziekenhuis in Gent en zetelt als expert in de commissies en werkgroepen voor eetstoornissen.